Gespräche mit der Ebene II

Die kindliche Psyche

Gespräche mit Harald II

als Impulse für eine ganzheitliche
Betreuung, Erziehung und Förderung
des entstehenden Menschen bis hin zur Jugend

DIE KINDLICHE PSYCHE

Entstehung, Entwicklung und Entfaltung menschlichen Bewußtseins

Harald Wessbecher
Erika Schütte

© 1995 by Harald Wessbecher
© 1995 by Erika Schütte

Alle Rechte, auch die der auszugsweisen Veröffentlichung,
gleich durch welche Medien, vorbehalten.

Umschlagentwurf: Harald Wessbecher
Umschlagbild: Thomas Brandt

Herstellung: THS Verlag, Hannover

Printed in Germany
... auf chlorfrei gebleichtem Papier

ISBN 3-928333-05-4

Gewidmet

in Liebe und Dankbarkeit
meiner Partnerin Patricia und unserem Sohn Christian Aaron,
die in mir eine neue Dimension des Mensch-Seins öffneten.

Harald Wessbecher

Inhalt

Woher kommt der Mensch? Warum wird er zu einer bestimmten Zeit in die Welt geboren? Wie sind die Beziehungen zwischen dem Baby, den Eltern und dem Umfeld? Antworten auf Fragen zur Entstehung und Entwicklung menschlichen Bewußtseins.

Wie nimmt das Baby sein Umfeld wahr? Was bestimmt sein Reaktionsverhalten und seinen Ausdruck? Welche Bedürfnisse und Eigenheiten besitzt der kleine Körper des Babies? Antworten auf Fragen über die erste Zeit der Eingewöhnung des Babies und seines Körpers in die neue Wirklichkeit.

9

Anhang II

*Harald II benutzt in seinen Erläuterungen Begriffe wie Seele,
Bewußtsein, persönliches Ich und andere in einer für ihn typischen
Form. Um ein besseres Verständnis seiner Aussagen zu ermöglichen,
verdeutlicht er seinen Sprachgebrauch.*

Inhaltsbeschreibung

Biographie der Autoren

Vorwort von Harald Wessbecher

Wir leben in einem Zeitalter der Umwandlung. Die Menschen suchen neue Werte und beginnen, sich an ihre größeren Fähigkeiten zu erinnern. Aber es ist nicht leicht! Gewohnte Sichtweisen über sich selbst und die Wirklichkeit haben zu Ausdrucks- und Wahrnehmungsmustern im täglichen Leben geführt, die man nicht so einfach verlassen kann. Viele von uns ahnen, daß man sein Leben sinnvoller leben könnte und daß sich die gewohnte Ernsthaftigkeit mit mehr Leichtigkeit und Spaß paaren lassen würde, aber das "alte Selbst", das sich von Kindheit an aufgebaut hat, stellt sich hinderlich in den Weg. Wir können uns natürlich von unserem alten Selbstverständnis lösen und über ein umfassendes Selbstverständnis unserer Psyche und ihrer Gesetzmäßigkeit zu mehr Selbstbewußtsein gelangen und unser Leben freiheitlich gestalten, wie ich auch in meinem Buch "Individualität und Freiheit" aufgezeigt habe, aber es erfordert Mühe und Zeit. Viel einfacher wäre es, wenn wir erst gar nicht zu solch hemmenden Sichtweisen über uns, unseren Wert, unsere Fähigkeiten und unsere Wirklichkeit gekommen wären, wenn wir als Kind die Information und die Betreuung erhalten hätten, die uns in Kontakt zu unserem Potential und unserem Lebenssinn gebracht hätten. Nun, die Vergangenheit und unsere persönliche Geschichte läßt sich so nicht mehr ungeschehen machen, wir können uns nur von ihr lösen. Aber unseren Kindern könnten wir helfen, einen leichteren Weg zu einem sinnvollen, zufriedenen und erfolgreichen Leben zu finden und unsere Welt in eine liebevolle Ordnung zu bringen, wenn wir wüßten, wie man die menschliche Psyche zur bestmöglichen Entfaltung bringen kann.

Die traditionelle Kinderpsychologie alleine scheint dazu nicht in der Lage gewesen zu sein, es braucht also neue Impulse!

Ich selbst habe bis zur Entstehung dieses Buches keine eigenen Kinder gehabt und mich auch nicht speziell mit der Entwicklungspsychologie von Kindern auseinandergesetzt. Die Idee zu den Gesprächen und diesem Buch kamen damals ausschließlich von Erika Schütte, die gerade ihr zweites Kind bekommen hatte und sowohl beruflich als auch privat immer in engem Kontakt zu Kindern stand.

Doch während der Entstehung dieses Buches sind meine Partnerin Patricia und ich selbst Eltern von Christian Aaron geworden, und unser persönliches Interesse an den Aussagen von Harald II ist entsprechend schlagartig gewachsen.

Viele Ideen und Hinweise von Harald II scheinen auf Anhieb einleuchtend, sind aber dann in der Praxis nicht ganz einfach umzusetzen, viele Aussagen klingen extrem und fordern unsere übliche, von der traditionellen Kinder- und Entwicklungspsychologie geprägte Sichtweise heraus und erfordern ein Umdenken, aber alles Grundsätzliche scheint sich direkt in die Praxis übertragen zu lassen und bestätigt sich an unserem Sohn, soweit ich es bis jetzt beurteilen kann.

Der Inhalt dieses Buches stellt sich mitunter genauso extrem dar wie die Art seiner Entstehung, aber ich bin, wie schon beim ersten Band der "Impulse der Ebene II" überzeugt, daß der Inhalt der Aussagen entscheidend ist und die Quelle der Information dabei völlig in den Hintergrund rückt.

Was Patricia und mich betrifft, wir werden auf jeden Fall versuchen, Christian die Freiheit und Verspieltheit, die Spontaneität und Impulsivität einzuräumen, die ihn ständig nach Veränderung suchen lassen wird und ihm den Freiraum und die Leichtigkeit gibt, in der er "sich selbst und die anderen liebevoll lassen kann".

Ich freue mich, daß Erika Schütte mich zu diesem Buch überzeugt hat, weil ich glaube, daß wir unseren Kindern und der zukünftigen Welt mit diesen Impulsen viel Hilfreiches geben können.

Einführung von Erika Schütte

Vor einigen Jahren gab es eine Phase in meinem Leben, in der ich ein großes Bedürfnis hatte, mich selbst und meine Lebensumstände stark zu verändern.

In dieser Zeit der Umorientierung lernte ich Harald Wessbecher kennen, der damals in Heidelberg Übungsabende zur Entwicklung paranormaler Fähigkeiten anbot. Auf Empfehlung eines Freundes besuchte ich zusammen mit meinem Mann diese Abende, ohne allzuviel davon zu erwarten. Entsprechend meiner Einstellung schrieb ich auch die ersten verblüffenden Übungserfolge meiner ausgeprägten Menschenkenntnis zu und nicht irgendwelchen gesteigerten paranormalen Fähigkeiten, deren Existenz ich grundsätzlich anzweifelte. Was mir aber an diesen Abenden sehr gefiel, war die lockere Atmosphäre und Haralds unkomplizierte und undogmatische Art, seine Erfahrungen und Inhalte zu vermitteln. Er drängte niemandem seine Ideen und Sichtweisen auf, sondern bot sie den Teilnehmern als Denkanstoß und Hilfe an, weil sie ihm selbst geholfen hatten und er sie deshalb auch anderen Menschen zur Verfügung stellen wollte.

Einige Zeit später, an Ostern 1985, besuchte ich dann eines seiner Wochenendseminare und hatte dort dann Erlebnisse, die meine noch vorhandene Skepsis nahezu auflösten. Eine Teilnehmerin des Seminars, die nichts von mir oder meiner Vergangenheit wußte, erzählte mir in einer Übung Details über mich und mein Leben, die mich fast aus der Fassung brachten. Aber was mich noch mehr überraschte, war die Tatsache, daß mir selbst in einigen Übungen Informationen über die Vergangenheit und Gegenwart von Personen, deren Beruf, Privatleben, Gesundheitszustand und dergleichen in den Sinn kamen, die konkret und nachprüfbar waren, indem ich mich lediglich auf eine anwesende Person oder Gegenstände, die einer Person gehörten, konzentrierte. All dies war nicht mit Menschenkenntnis zu erklären und brachte mein damaliges Weltbild ins Wanken.

Nach diesem Seminar war Harald einige Monate in verschiedenen Ländern Europas und den USA auf Reisen, um Seminare zu halten und Beratungen zu geben, und wir hatten keinen Kontakt mehr. Außerdem trat ein unerwartetes freudiges Ereignis in mein Leben, das alles andere vergessen ließ.

Nachdem ich eine Hormonkur erfolglos abgebrochen hatte, und mich beruflich voll auf eine neue Aufgabe konzentrierte, wurde ich schwanger. Da es immer ein großer Wunsch gewesen war, eigene Kinder zu haben, war ich hierüber besonders glücklich.

Ich war bereits im vierten Monat schwanger, als Harald nach langer Pause im Februar 1986 wieder nach Heidelberg kam und ein Abend-Seminar zum Thema "Gesundheit" anbot, das meinen Mann Rolf und mich sehr interessierte.

Als wir am ersten Abend teilnahmen, erzählte Harald ein bißchen von seiner Zeit in Amerika und besonders von einer neuen Entwicklung, die er an sich während seiner Arbeit am Monroe Institut erlebt hatte. Mit Entwicklung meinte er die überraschende Entdeckung eines für ihn neuen Bewußtseinszustandes, eine Art Traum- und Trance-Zustand, in dem durch ihn scheinbar eine andere Informations- oder Energiequelle sprach als sein normales Tagesbewußtsein. Er konnte den neuen Bewußtseinszustand und auch die Informationsquelle noch nicht näher beschreiben, aber er sagte, daß er willentlich in diesen Zustand gehen könnte und dann Informationen durch ihn hindurchfließen würden, die sehr interessant und zum Teil auch für sein eigenes Tagesbewußtsein neu wären. Auf die Frage, ob diese Quelle ein Teil des eigenen Unterbewußtseins oder eine fremde Quelle sei, wußte er keine eindeutige Antwort, aber er erklärte, daß diese Quelle von sich sagte, sie sei noch nie in Raum und Zeit verkörpert gewesen, sie sei kein eigenes Wesen und auch nicht Bewußtsein und Energie, so wie wir es verstehen. Da sie keinen Namen besitzt und eher eine Bewußtseinsqualität oder Bewußtseinsebene darstelle, wolle sie die Ebene II von Harald oder einfach Harald II genannt werden.

Für mich war das alles sehr weit hergeholt, und meine alte Skepsis stellte sich wieder ein, obwohl ich von Haralds Arbeit und seiner Art, paranormale Wahrnehmungsfähigkeiten zu vermitteln, inzwischen recht überzeugt war.

Am Ende dieses Seminartages bot Harald auf einiges Nachfragen hin dann an, eine Demonstration für uns Teilnehmer zu machen, die uns die Möglichkeit geben sollte, das neue Phänomen selbst erleben zu können. Wir sollten uns Fragen für seine Trancequelle Harald II überlegen und uns ansonsten still verhalten. Es vergingen etwa zehn Minuten, in denen Harald einfach dasaß und einzuschlafen schien. Plötzlich begann er heftig zu atmen, sein Oberkörper beugte sich nach vorn und bei geschlossenen Augen begann er dann mit einer stark veränderten und sehr kräftigen Stimme loszudonnern in einer Lautstärke, die mich völlig verblüffte, weil Haralds Stimme eher sanft und leise ist. Ich selbst und auch einige andere von uns wußten zunächst überhaupt nicht, was wir davon halten sollten, ob Harald uns gar zum Narren hielt oder ob es sich um eine Persönlichkeitsspaltung handelte.

Es verging einige Zeit, bis ich den merkwürdigen Rahmen etwas vergessen und mich auf das Gespräch mit Harald II konzentrieren konnte. Harald II sprach in einer für mein Empfinden etwas provozierenden Weise über die Ursachen von Krankheit und lud uns dann zu Fragen ein. Was er sagte, war sehr einleuchtend, aber was mich wirklich beeindruckte war die Schnelligkeit und Konsequenz, mit der er auf die gestellten Fragen und den Frager einging. Seine Antworten waren umfassend, vom Inhalt manchmal sehr verblüffend, aber immer von absoluter intellektueller Klarheit und Logik.

Die Fragen waren sehr unterschiedlich, angefangen von Fragen zum Thema Gesundheit, über Fragen zum Lebenssinn, Schicksal, Wiedergeburt und sogar zu den sogenannten schwarzen Löchern. Fast eine Stunde dauerte dieser Austausch, der sich übrigens dann auch an anderen Seminarabenden wiederholte. Mit jedem Abend faszinierten mich die Aussagen und Antworten von Harald II mehr und ich beschloß, meine Skepsis fallen zu lassen und mich auf die Qualität der Aussagen zu konzentrieren, ohne mir allzuviele Gedanken über deren Ursprung und die Merkwürdigkeit des Phänomens zu machen.

Nach diesem Seminar mußte ich eine längere Seminarpause einschieben, da im August 1986 meine erste Tochter geboren wurde und gleichzeitig meine Mutter an Krebs erkrankte und ich mich auch ihr widmen wollte.

Erst am Ende meiner zweiten Schwangerschaft im September 1988 nahm ich an einer Seth-Gruppe in der Nähe von Heidelberg teil, in der wir über den Inhalt und die praktische Anwendung des Seth-Materials sprachen. Seth war offensichtlich ebenfalls eine Trancequelle, die über viele Jahre durch das amerikanische Medium Jane Roberts gesprochen hatte und viele wertvolle Informationen über den Menschen und seine Wirklichkeit gab. Zu einem dieser Diskussionsabende wurde Harald Wessbecher eingeladen, um als Harald II eine Diskussion zu führen. Harald erzählte in seiner Einführung zum Abend, daß er in der Zwischenzeit schon viele öffentliche Harald II-Sitzungen abgehalten habe und diese in der Regel so aufgebaut waren, daß Harald II zunächst einen Vortrag hielt zu einem Thema, das seiner Wahrnehmung nach für alle Zuhörer interessant war und anschließend zu Fragen zum Thema einlud. An diesem speziellen Abend sprach er über die weiblichen und männlichen Aspekte im Menschen, was mir sehr gefiel, und ich hatte auch Gelegenheit, etwas persönlichere Fragen zu Schwangerschaft, zum geschlechtsbezogenen Rollenverständnis in einer Familie und zur Kindererziehung zu stellen. Seine ganzheitlich angesetzten Antworten leuchteten mir ein und konnte ich in vielen Bereichen aus meiner Praxis als Lehrerin bestätigen. Meine ursprüngliche Skepsis und Vorsicht ihm und dem Phänomen des Kanal-Seins allgemein gegenüber blieben verschwunden.

Im November 1988 wurde unsere zweite Tochter Mira geboren. Rolf und ich hatten in der folgenden Zeit einige persönliche Beratungen mit Harald und Harald II über private Themen, auch über unsere Kinder, und seine Hinweise waren so hilfreich, daß irgendwann während eines Spaziergangs die Idee kam, mit Harald II ein Buch zusammenzustellen mit Informationen über die Entwicklung des kindlichen Menschen. Es sollte als Hilfestellung und Leitfaden dienen für all diejenigen, die beruflich und privat mit Kindern beziehungsweise mit deren Erziehung und Betreuung zu tun haben. Ich wollte dazu ein Fragenkonzept erstellen, eigene Erfahrungen einfließen lassen und die Antworten und Sichtweisen von Harald II dazu thematisch ordnen. Ich fand diese Idee faszinierend, weil die Sichtweisen von Harald II immer ganzheitlich und sehr ungewöhnlich waren, voller wertvoller Impulse und Hilfestellungen, mit denen man seine alten Einstellungen korrigieren und erfolgreich neue Wege gehen konnte.

Nach einem Gespräch mit meinem Mann beschloß ich, Harald meine Idee mitzuteilen, und während ich einen Brief an ihn schrieb, strömten mehr und mehr Gedanken und Ideen zu diesem Buch ein, sodaß am Ende des Briefes eine komplette inhaltliche Gliederung vorhanden war.

Haralds Antwort lies lange auf sich warten, weil er zu dieser Zeit gerade in Brasilien war. Als aber dann sein grundsätzliches "ja" zu diesem Buch kam, trafen wir uns wenig später am 26. Juli 1989 zu unserer ersten gemeinsamen Sitzung. Ich war sehr aufgeregt, denn viele Fragen für diese erste Sitzung entsprangen meinen eigenen Erfahrungen und Nöten während der vergangenen Monate.

Ursprünglich hatten Harald und ich beabsichtigt, die einzelnen Sitzungen chronologisch zusammenzustellen, um die Entwicklung unserer Zusammenarbeit ebenfalls darzustellen, also nicht nur den Inhalt wiederzugeben. Aber da viele meiner Fragen oft doch sehr persönlich waren und nicht immer zum angesetzten Thema paßten, haben wir es vorgezogen, unabhängig vom Ablauf unserer Sitzungen die Informationen so zusammenzustellen, daß sie das gegebene Thema erfüllen und das spätere persönliche Suchen nach konkreten Aussagen erleichtert wird.

Wichtige Begriffe oder Aussagen im Text tauchen im Sachregister als Stichworte auf, um innerhalb eines Kapitels bestimmte Themen leichter finden zu können. Vieles von der ursprünglichen Atmosphäre unserer Sitzungen ist damit nicht mehr spürbar, aber wir glauben, daß es letztendlich wichtiger ist, eine übersichtliche Ideensammlung von Harald II zu haben, die auch als praktisches Arbeitsbuch gleich nutzbar ist.

Für mich selbst waren diese Gespräche mit Harald II über mein theoretisches Interesse hinaus sehr praktisch wertvoll. Sie haben mein Leben entscheidend beeinflußt und mir geholfen, viele Probleme in mir selbst, aber auch von meinem Mann und meinen beiden Töchtern zu lösen, angefangen bei gesundheitlichen Problemen bis hin zu einer leichteren und erfolgreicheren Lebensgestaltung mit viel mehr Spaß. Und dafür bin ich dieser Ebene II sehr dankbar.

Ich hoffe, daß die Impulse in diesem Buch so offen angenommen werden können, wie sie es von mir wurden, ohne die eigentliche Quelle der Informationen und die Art der Entstehung dieses Buches zu sehr in den Vordergrund zu rücken. Ich würde mich auch sehr über ein persönliches Echo darüber freuen, welchen Einfluß dieses Buch beim Leser hatte.

An dieser Stelle möchte ich Harald Wessbecher ganz besonders danken, daß er sich für die vielen Sitzungen nicht nur zur Verfügung stellte, sondern trotz Zeitmangel bereit war, das Buch beziehungsweise die Sitzungsprotokolle zu überarbeiten und die von Harald II sprachlich teilweise eigenwilligen Formulierungen ohne Sinnveränderung in eine für Außenstehende lesbare Form zu bringen.

1. Kapitel

Inkarnation einer Seele,
ihre Zeit im Mutterleib und ihre Geburt

Sei gegrüßt, liebste Freundin.

Sei gegrüßt, lieber Harald.

In dieser ersten Sitzung zu unserem gemeinsamen Buch möchte ich Euch bitten, zur Inkarnation einer Seele, ihrer Zeit im Mutterleib und ihrer Geburt Eure Perspektive zu geben. Ich möchte dann später meine speziellen Fragen dazu stellen, die auch stark aus meiner eigenen Erfahrung stammen. Diese Informationen sollen das erste Kapitel von insgesamt sieben füllen.

Wenn ein Mensch eintaucht in diese Wirklichkeit von Raum und Zeit, dann kommt er aus einer Ebene, in der Raum und Zeit keine Gültigkeit haben so wie hier. Er kommt aus einer Ebene, die nicht polar ist in ihrem Wesen so wie diese Wirklichkeit, sondern aus einer Ebene, die in sich eins und einzigartig ist, wo alles auch im kleinsten Teil ist, wo es keine Unterschiede gibt, wo auch das Ich und Du verschmelzen zu einem gemeinsamen Sein. In dieser Wirklichkeitsform erlebt sich das Sein nicht als Individualität, sondern als Großes Ganzes. Es ist ein Sein ohne Widersprüche. Es ist ein Sein ohne Energie, wie ihr sie kennt und ohne Bewußtsein, wie ihr es kennt. In diesem vollkommenen Sein des Ganzen gibt es nun die Tendenz zum Polaren, zum Entgegengesetzten, wo das Sein gewissermaßen auseinanderfällt in einzelne Aspekte, die nun die Möglichkeit haben, sich selbst am anderen Aspekt zu erkennen, wodurch das Bewußtsein geschaffen wird. Dieses Auseinanderfallen des Großen Ganzen in einzelne Aspekte geschieht in dem, was ihr polare Wirklichkeit nennt. Und dieser spezielle Bereich von Raum und Zeit ist eben in dieser Form auch ein Bereich der Polarität, indem das Große Ganze auseinanderfällt in Teilaspekte und wohlgemerkt nicht nur in zwei, sondern in viele Teilaspekte, wo sich nun jeder Aspekt über die anderen Aspekte als solcher Aspekt erkennen kann. Es entsteht eine scheinbare Trennung der Aspekte, die dieses Erkennen und miteinander Umgehen möglich macht. Es entsteht das, was man Individualität nennt.

Das Große Ganze hat Identität, es ist identisch in sich, mit allem eins. Die Individualität erkennt sich als Aspekt im Unterschied zu anderen Aspekten. Die Individualität hat zwar auch eine Identität, aber in einer begrenzten Weise, nämlich in der Betrachtungsweise der Unterschiedlichkeit. Das Erkennen der Aspekte an sich und das Bewußtsein treten allerdings erst dann ein, wenn die einzelnen Aspekte des Großen Ganzen zueinander in Bezug kommen, sich zueinander in Bezug bringen, sich zueinander in Bezug setzen, wenn ein Aspekt sich auf den anderen bezieht, sich austauscht, wenn in den einzelnen Aspekten eine Energie zu fließen beginnt. Damit ist die treibende Kraft dieser Wirklichkeit, die Dynamik der Unterschiedlichkeit, die Unterschiede der einzelnen Aspekte zueinander gemeint oder anders formuliert: die Tatsache des Individuellen schafft eine Dynamik, die ihr als Energie kennt. Energie ist der Fluß der Unterschiedlichkeit zwischen den Aspekten. Und dann, wenn diese Energie ins Fließen kommt und die einzelnen Aspekte sich zueinander in Bezug setzen und der scheinbare Unterschied der Individualität der beiden identischen Aspekte erkannt wird, entsteht Bewußtsein. Bewußtsein und Energie sind identisch miteinander verbunden.

Wenn nun die menschliche Idee geboren wird, was ihr den Menschen nennt, heißt das, daß etwas, das vorher identisch eins war mit allem was ist, in Aspekte zerfällt und sich aspektiv an den anderen Aspekten erkennen muß; eine Situation, durch die dann Bewußtsein entsteht. Das heißt, der höhere Sinn dieser polaren Wirklichkeit ist das Entstehen von Bewußtsein, und über das bewußte Sein das Sich-Erkennen des Identischen über die Individualität. Das ist der tiefere Grund, warum es diese polare Wirklichkeit gibt und warum es Aspekte gibt, die aus dem großen Zusammenhang des Ganzen herausfallen in die Illusion der Individualität, um sich gerade über das, was man Bewußtsein nennt, selbst zu erkennen. Wann immer ein Individuum existiert in dieser Form der Polarität, ist alles, was sich in Bezug setzt zu diesem Individuum, ein Aspekt von ihm selbst. Der Aspekt des Individuums spiegelt sich am Erlebnis des anderen wider. Was immer hier existiert für dich und in deinen Erlebnisbereich eintritt, ist ein Teil von dir selbst und dient dazu, daß Du dich selbst erkennst, ist ein Spiegel von Dir. Und der Sinn dieses Spiegels, des Spiegels der persönlichen Wirklichkeit, ist Selbsterkenntnis und Selbstausdruck von Aspekten des Großen Ganzen. Diese Wirklichkeit, in der der Mensch als Individuum lebt, ist eine Wirklichkeit des Ausdrucks, des Spiels, sich selbst zu erkennen. Und das ist der tiefere Sinn eines menschlichen Lebens und jeden anderen Lebens in individueller Form.

Das bedeutet, daß alles, was mir begegnet, auch von mir angezogen ist, so, wie beispielsweise dann sogar ein Opfer seinen Täter anzieht und Täter und Opfer sich gegenseitig bedingen, um eine gemeinsame Erfahrung zu machen.

Alle Personen, die mir begegnen oder die mich anziehen, sind dann auch in irgendeiner Form wichtig für mich, damit ich mich selbst erkenne, eine Art Spiegel von mir?

Dieses wäre eine mögliche Betrachtungsweise. Oder Du könntest auch sagen, daß alles, was dir widerfährt in deinem Leben, alles, was dir eine Erfahrung ermöglicht, ein Aspekt von dir selbst ist, von dir geschaffen, nur durch dich möglich. Du suchst Aspekte, weil Du Erfahrungen machen möchtest.

Und jede Erfahrung ist in sich aus diesem Grunde nicht bewertbar, sondern dient als Ausdruck Deiner selbst, der Selbsterkenntnis fördert.

Diese Aussage halte ich für ganz wichtig, denn ich glaube, das ist für die meisten Menschen mit das Schwierigste, wirklich jeden so zu nehmen wie er ist, ohne ihn zu bewerten oder gar abzuwerten, beziehungsweise das Leben überhaupt.

Ich habe in diesem Zusammenhang eine Frage zur Befruchtung? Inkarniert sich dabei schon die Seele und welche Entscheidungen fällt sie und wie vollzieht sich der geistige Prozeß zu einem neuen Menschen überhaupt?

Die einzelnen Aspekte, wenn sie aus dem Großen Ganzen herausfallen und zur Individualität werden, besitzen schon eine Individualität, bevor die Zeugung im physischen Sinne stattgefunden hat. Es formen sich aus dem Großen Ganzen Funken von Individualität, die sich durch die Räume der Zeit zerstreuen, es gibt Bewußtseinspartikel, Bewußtseinsqualitäten oder sozusagen energetische Qualitäten mit Bewußtsein, die über Raum und Zeit verteilt sind, unendlich und ohne physische Ausdrucksform. Und abhängig davon, welche Ausdrucksform nun gesucht wird von diesen Teilchen, wählen sich einige einen physischen Ausdruck im materiellen Sinne, so wie ihr Materie, den Körper oder das Physische versteht, oder sie wählen sich eher geistige Ausdrucksformen in einer Weise, wie ihr sie im Moment nicht nachvollziehen könnt. Diese Ausdrucksformen oder Ausdrucksmittel gleichen nicht einem physischen Körper, sondern sind eher als Qualität im Sinne von Energie oder Energie-austausch zu verstehen. Wenn sich nun ein solches Teilchen entschließt, einen physischen Ausdruck zu suchen, dann wählt es damit nicht nur den physischen Ausdruck, sondern es wählt sich auch die besondere Ebene, auf welcher dieser physische Ausdruck erfolgen soll.

Diese eure Ebene zum Beispiel wird bestimmt durch Qualitäten von Raum und Zeit. Die gewählten Qualitäten bestimmen dann auch, in welcher Form ein physischer Körper geschaffen wird, wie dieser physische Körper aussehen soll, welche Qualitäten er haben soll, wie er einen Ausdruck ermöglichen soll bezogen auf das Umfeld und wie das Umfeld sein soll, um diesen Ausdruck zu ermöglichen. Wenn diese Randbedingungen gewählt sind, wird dieses Teilchen dann in den eigentlichen Prozeß des Geborenwerdens gehen.

Physisch geboren zu werden heißt, die Entscheidung gefällt zu haben, sein größeres Wissen, das noch trotz der entstehenden Individualität in Form des Geistes vorhanden ist, vorübergehend aufzugeben und sich nun mit dem zu identifizieren, was ihr die Materie nennt. Dieser Identifikationsprozeß beginnt mit der Zeugung, in der ein kleiner Körper als neues Ausdrucksmittel zu wachsen beginnt, über den und durch den sich der jeweilige Aspekt in der gewählten Ausdrucksebene der Materie auszudrücken beginnt.

Der jeweilige Aspekt beziehungsweise die sich daraus entwickelnde Individualität sucht sich sozusagen vor der Zeugung schon die Eltern aus, die ein bestimmtes Umfeld ermöglichen und auch die entsprechenden Erbanlagen bereitstellen, die später zu den erwünschten Fähigkeiten und dem Ausdruck im Leben führen.

Aber nicht nur das elterliche Umfeld, sondern das gesamte Umfeld als Ausdrucksebene wird bestimmt, mit allen passenden Raum-Zeit-Qualitäten. Die Geburtszeit wird bestimmt, der passende Zeitraum, Räumlichkeiten, Klimazonen, soziale, religiöse und ethische Hintergründe; und auch Personen, mit denen er sich austauschen möchte zusammen mit den Eltern, über die er die neue Individualität lernen möchte, sich mit dieser Wirklichkeit oder mit dieser Materie zu identifizieren. Dieser Entscheidungsprozeß ist vergleichbar mit einer großen Spirale, in der das eigentliche Erlebnisfeld langsam eingekreist wird und sich zuspitzt, bis die Spitze erreicht ist. Und die Spitze der Spirale ist der Zeugungsprozeß. Innerhalb der Spirale gibt es beispielweise mehrere Elternpaare, mehrere Zeiträume, mehrere Länder, die in Frage kommen. Und langsam kreist der individualisierte Aspekt seine Ausdrucksebene ein, bis alle Faktoren exakt zu dem passen, wie er sich ausdrücken möchte. Und genau wenn dieser Punkt erreicht ist, geschieht die Zeugung. Deshalb kann zu Beginn möglicherweise ein individueller Aspekt bei mehreren Eltern zu finden sein, solange bis eben die einkreisende Spirale den höchsten Punkt erreicht hat und die endgültige Entscheidung gefällt wird und er dann genau dort geboren wird, wo alle Umstände optimal vorhanden sind.

Auch das Geburtsdatum, der Tag, die Stunde und der Ort und alle kosmischen Einflüsse sind präzise entschieden und beschreiben Grundqualitäten des jeweiligen Lebens.

In dem Zusammenhang habe ich noch eine persönliche Frage. Bevor ich das zweite Mal schwanger wurde, hatten wir das Gefühl, daß wir einen Sohn bekommen werden, und auch Harald hatte dies gefühlsmäßig bestätigt. Er beschrieb einmal in einer Sitzung diesen Sohn im Alter von 20 Jahren, so wie er ihn geistig gesehen hatte. Wir waren entsprechend überrascht, als uns eine Tochter geboren wurde. Hatte Harald in diesem Fall eine mögliche Zukunft gesehen, die aber nicht eintreffen mußte, so wie auch viele Freunde da-

*von überzeugt waren, daß wir einen Sohn bekommen würden? Oder gab es
gar einen kurzfristigen Austausch der Seelen vor der Zeugung aus irgendwelchen Gründen?*

Wahrscheinlich war dieser "Sohn" als Seele tatsächlich da und hatte auch über geraume Zeit ernsthaft in Erwägung gezogen, mit euch
geboren zu werden, sich aber dann entschieden zu warten und
anderswo geboren zu werden, weil sich hier nicht alle Faktoren optimal kreuzten. Ähnliches geschieht häufig. Jedes Elternpaar hat in
der Regel eine Alternative von etwa vier oder fünf Seelchen, die ab-
warten, ob und bis sich der optimale Kreuzungspunkt ereignet, und
dann erst kommt es plötzlich zur Zeugung. Bis dahin ist es schwierig zu entscheiden, welches dieser Seelchen dann auch tatsächlich
geboren werden wird.

In einigen Fällen hat sich vielleicht ein Seelchen zunächst zur Geburt entschieden, muß dann aber feststellen, daß doch nicht der optimale Punkt erreicht ist, steigt wieder aus seinem Körper aus und
es kommt zu einer Fehlgeburt. Manchmal wird ein Seelchen, das sich
dann doch nicht zur Geburt entscheidet, dann auch ausgetauscht
durch ein anderes Seelchen, was sich bereits entschieden hat.

*Vor meiner ersten Schwangerschaft hatte ich eine Fehlgeburt, die mich
damals sehr stark beschäftigte, und ich weiß auch von anderen Frauen, die
eine Fehlgeburt erlitten, daß sie große Probleme damit hatten. Ich denke mir,
daß diese Information auch für all diese eine Hilfe sein wird, ihre Erfahrungen besser zu verkraften.*

Ja, zumal fast jede Frau ohne ihr Wissen mehrere Fehlgeburten
erleidet, indem ein neues Körperchen am Wachsen ist und dann aber
wieder abgestoßen wird, bevor es überhaupt von der Mutter bewußt
bemerkt werden kann, was aber unbewußt trotzdem die Psyche
belastet. In der Regel gibt es viele Versuche des Eintauchens, aber

31

auch viele Abbrüche, die frühzeitig und ganz natürlich geschehen. Eine Fehlgeburt ist ein später und deshalb eben ein extremer Fall eines Abbruchs des Erdendaseins, mehr noch das frühe Sterben von Kindern überhaupt.

Die Ursache für solche Fehlgeburten oder Abbrüche sind oft aber auch darin begründet, daß eben nicht nur für diese Seelchen die Bedingungen nicht reif sind, sondern daß auch die Eltern noch nicht bereit und fähig sind, Eltern zu sein. Wenn die Eltern nicht bereit sind, stimmen die Bedingungen nicht für das Seelchen, auch wenn alle anderen Randbedingungen optimal scheinen.

Das ist interessant und auch für Eltern wichtig zu wissen und ich habe auch das Gefühl, daß dies bei uns der Fall gewesen sein könnte.

Was sind die Hintergründe und Folgen von Abtreibungsversuchen? Wird da ein Aspekt, der sich verkörpern will, herausgedrängt gegen seinen Willen oder kann man eine Abtreibung als Umkehrprozeß mit allseitigem Verständnis von Mutter und Kind wie bei einer Fehlgeburt verstehen?

Eine Abtreibung ist ein ähnlicher Prozeß wie eine Fehlgeburt. Abgetrieben wird die Seele nur dann, wenn sie sich dazu entschieden hat und eine bewußte oder unbewußte Vereinbarung mit der Mutter existiert. Nur dann kommt es zu einer erfolgreichen Abtreibung. Aber wenn es zu einer Abtreibung kommt, zeugt dies von Unverständnis und von fehlendem Kontakt zwischen dem Kind und der Mutter. Denn wenn eine Abtreibung tatsächlich angebracht ist, weil die Umstände nicht passend sind und die Seele dies erkennt, würde sie ohnehin in einer Fehlgeburt, in einer natürlichen Fehlgeburt, abgetrieben werden, ohne daß eine künstliche Einleitung notwendig wäre.

*Die Zeit der Schwangerschaft scheint mir bei Menschen relativ lange zu
dauern. Warum ist das so? Wozu ist die lange Austragungszeit notwendig?*

Wenn ein Seelchen gezeugt wird, dann besteht die schwierigste
Aufgabe darin, daß es aus dem relativ großen Überblick des Seelen-
aspektes herausgehen muß in ein Identifikationsverhalten. Und
dazu wird nun das junge Körperchen ausgetragen. Das Austragen
hat den Sinn, daß das Seelchen während dieser Zeit aus dem Körper eintauchen und austauchen kann und sich so Schritt für Schritt
an ihn gewöhnt und sich allmählich dann mit dem Ausdruckskörper
identifiziert. Normalerweise reichen neun Monate dazu, um diese
Identifikation zu lernen. Bei einigen reichen die neun Monate nicht,
aber der Körper muß geboren werden, weil er eine gewisse Größe
hat. In einem solchen Fall wird eben das Ein- und Austreten auch
nach der Geburt noch vollzogen. Bei einigen ist die Identifikation
schon nach vier Monaten erreicht und das Seelchen bleibt in dem
jungen Körper, auch wenn er noch ausgetragen werden muß, um
seine vollständige körperliche Reife zu bekommen. In den Fällen, wo
die Identifikation frühzeitig abgeschlossen ist, wird ein sehr leben-
diges Baby geboren, das nicht viel Schlaf zu brauchen scheint. Dort,
wo die Identifikation bei der Geburt noch mäßig ist, wird man feststellen, daß das Baby ein großes Schlafbedürfnis hat, das sehr unre-
gelmäßig und zu den merkwürdigsten Zeiten auftritt. Auch das
Aufwachen als das Eintauchen in diese Wirklichkeit erfolgt dann
wieder zu jeder beliebigen Zeit, und der Schlaf wird unterbrochen.

*Ist es sinnvoll, eine Geburt künstlich einzuleiten, wenn ein Kind den
Zeitpunkt doch selbst bestimmen will?*

In der Regel nicht. Denn wenn ein Kind glaubt, die Zeit sei reif,
das Licht der Welt zu erblicken und sich tatsächlich physisch auseinanderzusetzen mit dieser Wirklichkeit, dann wird die Geburt normalerweise natürlich stattfinden. Es kann allerdings sein, daß der

33

Kontakt zwischen Mutter und dem Baby unvollkommen ist und so das Baby der Mutter nicht eindeutig vermitteln kann, daß es kommen will, daß sich die Mutter innerlich sperrt und verkrampft und gewissermaßen eine Kommunikationssperre vorliegt. In einem solchen Falle könnte es sinnvoll sein, das Baby zusätzlich zu unterstützen. Aber normalerweise wird, wenn es der Mutter gelingt, mit dem Baby in Kontakt zu stehen und sich darauf einzustellen, jede Geburt normal und problemlos verlaufen zum richtigen Zeitpunkt und am richtigen Ort.

Dieser Zeitpunkt kann sehr viel später sein als der vorgesehene Geburtszeitpunkt nach medizinischer Betrachtungsweise oder auch sehr viel früher, aber er wird genau rechtzeitig sein. Allerdings sind die meisten Menschen von Regeln und Systemen so geprägt, daß sie keinen natürlichen Rhythmus mehr zu ihrem Körper finden, sondern meinen, jeder Körper müßte sich gleich verhalten. Dadurch entstehen Ängste, die dann bei der Mutter auch oft die Kommunikation mit dem Baby stören können. Viele Vorinformationen nehmen Müttern häufig das natürliche Gefühl für ihren Körper und die Bedürfnisse des Babies.

Bringt der Mensch oder die Seele, die sich inkarniert, Anlagen, Fähigkeiten oder Erlerntes aus früheren Leben in das neue Leben wieder mit, gibt es Verbindungen zu anderen Leben?

Jeder Aspekt, der in diese Wirklichkeit geboren werden will, verbindet damit eine Absicht. Er wird als Seelchen, als Psyche geboren in einen physischen Körper hinein, um sich in einer gewissen Form durch diesen Körper auszudrücken. Alle Qualitäten, die notwendig sind für diesen Ausdruck, sowohl körperliche als auch geistige, bringt dieses Seelchen bereits mit in diese Wirklichkeit. Diese Qualitäten haben nicht notwendigerweise etwas zu tun mit anderen Leben, vergangenen, zukünftigen oder gleichzeitigen, sondern sind vielleicht allein und ausschließlich für dieses eine Leben geschaffen.

Da aber normalerweise jeder Aspekt für seine Individualität viele Leben braucht, um all das auszudrücken, was er gerne in dieser Polarität ausdrücken will, ist es oft so, daß ein gemeinsames Energiethema oder gemeinsame Eigenschaften in verschiedenen Leben auftreten und ausgelebt werden und daß es dann im Verlaufe eines Lebens immer wieder zu Kontaktaufnahmen zu eben diesen Leben kommt, um den Faden der Gemeinsamkeit über verschiedene Leben hinweg auch gemeinsam zum Ausdruck bringen zu können. Es könnte also sein, daß ein Kind eine gewisse Fähigkeit in diesem Leben ausdrückt und gleichzeitig den Bezug zu anderen Leben herstellt, in welchen es sich mit den gleichen Fähigkeiten zum Ausdruck bringt, aber möglicherweise in einer anderen Form. Was immer nun das Kind mit diesen Fähigkeiten im jetzigen Leben macht, prägt auch die Leben, in denen die gleichen Fähigkeiten zum Ausdruck kommen, und was immer dort mit diesen Fähigkeiten zum Ausdruck gebracht wird, prägt auch den Ausdruck in dem derzeitigen Leben. Es herrscht ein intensiver Austausch von Erkenntnis und von Erfahrung.

Die Menschen scheinen in einer Wirklichkeit von Raum und Zeit zu leben, aber außerhalb dieser Erlebnisperspektive gibt es weder Raum noch Zeit, und somit würden alle Leben, die von einem Aspekt gelebt werden, parallel existieren und ablaufen.

Selbst wenn sich der Mensch dieser Idee nur sehr schwer anschließen kann, da das menschliche Denken linear aufgebaut ist, könnte er sich trotzdem vielleicht der Idee anschließen, daß, obwohl die Vergangenheit vorbei ist und das zukünftige physische Leben noch nicht existiert, es doch eine bewußtseinsmäßige Verbindung gibt über die

Grenzen der Zeit hinaus mit der Vergangenheit sowohl als auch mit der Zukunft.

Und es ist eben diese bewußtseinsmäßige Verbindung, die den ganzheitlichen Aspekt liefert für das individuelle Seelchen und ihm damit auch die Sicherheit und die Beständigkeit für alle Fähigkeiten, Wünsche und Bedürfnisse gibt, für alle Qualitäten, die diese Individualität in einem jeweiligen Leben zum Ausdruck bringen will.

Wenn es eine Wechselwirkung gibt zwischen diesem Leben und den Erfahrungen in anderen Leben und sich die Erfahrungen der einzelnen Leben einander beeinflussen, bestehen dann auch Wechselwirkungen zu Personen, mit denen ich jetzt im Leben wieder Kontakt habe, wie zum Beispiel zu Harald, zu dem ich - nach eurer Aussage - auch schon früher Kontakt hatte?

Ja, aber es ist weniger die Person als Ganzes, sondern individuelle Teilchen, die sich in der jeweiligen Person zum Ausdruck bringen und dir bekannt sind. Sehr häufig wirst Du mit Menschen konfrontiert und tauschst dich mit ihnen aus, die Du als solche aus anderen Leben nicht kennst, aber wohl einige Aspekte dieser Personen, die dir in anderen Leben schon begegnet sind und in anderen Personen verkörpert waren. Es sind zwar die gleichen Aspekte, aber in unterschiedlichen Konstellationen oder Mischungen.

Sehr häufig liest man in esoterischer Literatur über das Prinzip von Karma. Man versteht unter Karma wohl die Theorie, daß belastende Elemente aus sogenannten früheren Leben in das neue Leben wieder mitgebracht werden und wirken, daß zum Beispiel jemand, der etwas Schlechtes getan hat, diese Tat als belastenden Einfluß in seine weiteren Erdenleben miteinbringt und auflösen muß. Was meint Ihr dazu? Gibt das noch einen Sinn nach Eurer vorigen Aussage?

Was immer Du tust, gleich in welchem Leben, ist ein Teil deines Ganzen, ein Teil von dir. Und aus diesem Grunde ist alles, was sich in vergangenen Leben oder zukünftigen Leben abspielt und von dir verursacht wird, ein Teil von dir selbst und prägt und beeinflußt möglicherweise dein Denken, dein Fühlen und dein Handeln, aber nicht immer. Es ist abhängig davon, was Du als Mensch im jetzigen Leben tust, denn Du bindest Energien aus denjenigen anderen Leben an dich, die mit dem gleichen Thema, der gleichen Energie zu tun hatten. Das Karma ist also kein notwendiger Prozeß von Ursache und Wirkung, sondern umschreibt eher die Möglichkeit eines energetischen Austausches mit anderen Leben, der wiederum alleine und ausschließlich von der Entscheidung in diesem Leben bestimmt wird, zu jedem Zeitpunkt dich in einer gewählten Form zum Ausdruck zu bringen. Was immer Du jetzt tust in diesem Leben, öffnet Kanäle zu anderen Leben und bringt dich in Kontakt mit genau den Energien dort, die deinen Energien entsprechen, die Du im Moment zum Ausdruck bringst und bringen möchtest. Du bist in jedem Leben frei und kannst Deine Erfahrungen frei wählen, der Kontakt zu anderen Leben ist veränderbar, indem Du Dich im Jetzt veränderst.

Karma ist nicht die Last aus vergangenen Leben, oder gar eine Bestrafung, sondern der Bezug zu anderen Leben und kann beliebig verändert werden, indem der Ausdruck im gegenwärtigen Leben verändert wird.

Wann taucht die Seele in den kleinen Körper beziehungsweise den Embryo ein? Ist bereits vor der Befruchtung der Eizelle die Seele anwesend und leitet sie die Befruchtung ein?

Die Befruchtung erfolgt durch die Anwesenheit der Seele. Aber das ist nicht gleichbedeutend damit, daß die neue Seele auch in dem kleinen Körperchen weilt bzw. bleibt, sondern die Seele taucht wiederholt ein und aus und versucht ganz langsam zu lernen, sich mit der Begrenztheit des physischen Ausdrucks zu identifizieren. Die einen Seelen brauchen dafür länger, die anderen nicht so lange.

Welche Bedeutung haben Vater und Mutter während der Schwangerschaft für das werdende Kind?

Wenn die Seele jetzt sich mit dem Umfeld anzufreunden beginnt und das Umfeld als die Ebene verstanden wird, auf welcher der physische Ausdruck erfolgen soll, dann erfolgt dieses Anfreunden, diese Identifikation zunächst durch Nachahmung, das heißt, die kleine Seele empfängt alle Eindrücke, alle Impulse, die in seinem direkten physischen Umfeld ausgesendet werden und beginnt diese zu kopieren. Deshalb ist alles, was sich längere Zeit im Umkreis der Seele aufhält, eine Stimulans für das Ausdrucksverhalten, insbesondere natürlich die Mutter, da das Kind immerhin neun Monate ganz intensiv mit der Mutter in Kontakt steht, in Verbindung damit ist aber natürlich auch ganz wichtig der Vater. In eurer Wirklichkeit ist Energie grundsätzlich in zwei Aspekte unterteilt, die als weibliche und als männliche Aspekte auftreten, als weibliche und männliche Energieprinzipien. Das weibliche Energieprinzip ist das aufnehmende, das zulassende, das ganzheitlich betrachtende, das gefühlvolle, das intuitive, das kreative, das lassende, empfindsame, das nährende und das bemutternde Prinzip. Das väterliche Prinzip hingegen ist das aggressiv dynamische, das analytische, bestimmende, das logisch sachliche, das linear zeitliche, gegenwarts-, vergangenheits- und zukunftsorientierte Prinzip. Das weibliche Prinzip lebt in der Gegenwart, das männliche Prinzip verbindet die Vergangenheit und Zukunft zur Gegenwart. Das männliche Prinzip ist das beeinflussende, bestimmende Prinzip, das weibliche das lassende Prinzip.

In dem Umfeld, in das die Seele hineingeboren wird, muß sie lernen, sich mit diesen Energieprinzipien zu identifizieren und zu vereinen. In jedem Menschen sind beide Prinzipien natürlich vorhanden, aber nicht in jedem Menschen werden die männlichen und weiblichen Prinzipien in gleicher Weise gelebt. Bei den meisten Menschen ist es so, daß die Frau das weibliche Prinzip und der Mann das männliche Prinzip gesteigert lebt, und insofern spielen also Vater und Mutter auch dahingehend eine wichtige Rolle, daß sie diese zwei Prinzipien symbolisieren und vorleben.

Vater und Mutter und überhaupt das ganze Umfeld sollten als Vorbilder möglichst einladend sein und ausgeglichen und möglichst reichhaltig Reize bereithalten, die auf das Kind einwirken und für später eine große Basis geben können, auf der es seinen Ausdruck und sein Leben aufbauen kann.

Dabei ist nicht so sehr bedeutsam die Qualität der Reize, ob sie gut oder schlecht scheinen, sondern die Vielfalt der Reize, aus denen das Kind auswählen kann, womit es sich identifizieren will.

Ist es für die Mutter während der Schwangerschaft wichtig, auf eine bestimmte Zusammensetzung der Ernährung zu achten, sind gewisse Nahrungsmittel zu meiden?

Die Zusammensetzung der Ernährung ist nicht so wichtig, solange sie nur vielseitig ist. Viel entscheidender ist, daß sich schon der Embryo an das Eßverhalten der Eltern gewöhnt und es später imitiert. In dem Kind entstehen Wünsche nach allem, was die Eltern zu sich nehmen. Und deshalb sollten die Eltern versuchen, sich möglichst vielfältig und ganzheitlich zu ernähren und nur zu essen, was ihnen auch schmeckt, um dieses Ernährungsprinzip auf das Kind übertragen zu können. Man sollte nicht zu viel essen und nicht zu wenig, sondern vernünftig immer dann essen, wenn der Hunger sich meldet, damit auch das Kind lernt, seine Eßbedürfnisse später entsprechend zu beachten und auch nur dann etwas zu essen, wenn es Hunger hat.

Es kommt nicht so sehr darauf an, daß die werdende Mutter nur bestimmte gesunde Dinge ißt und andere meidet, sondern es ist wichtig, auf sein eigenes Lustprinzip zu achten und wirklich nur die Menge und das zu essen, wonach einem ist. Der Körper meldet seine Bedürfnisse natürlich an.

Es tauchen zum Beispiel in der Schwangerschaft manchmal starke Eßgelüste oder Abneigungen auf, die die momentanen Bedürfnisse der Körper von Kind und Mutter genau wiederspiegeln und beachtet werden sollten.

Warum kommt es bisweilen zum Erbrechen in der Schwangerschaft oder überhaupt zu Übelkeit?

Wenn Frauen schwanger werden, kann die Einstellung dem Kind gegenüber sehr unterschiedlich sein. Manche Frauen sind stolz darauf, Mutter zu sein. Sie haben das Kind und zeigen es mit Stolz und freuen sich darauf, wie dieses Kind ihr Leben verändern wird. Und es wird selten sein, daß solche Mütter Übelkeit haben oder sich gar erbrechen. Manchmal wird das Kind aber auch als bedrohlich empfunden, man glaubt, daß vieles sich im Leben verändern muß, was aber ungern verändert wird, man glaubt, daß das Kind gewissermaßen aus einem Zufall heraus oder möglicherweise sogar absichtlich vom Mann erzeugt worden ist, um die Frau zu binden, ihr die Freiheit wegzunehmen oder sie in die frauliche Rolle zu drängen.

In solchen Fällen kann die Mutter unbewußt eine Ablehnung dem Kind gegenüber haben, und das kann der Grund für das Erbrechen sein. Es kann zu einer Ablehnung gegenüber der Schwangerschaft kommen, gegenüber dem Kind, gegenüber dem Vater oder aber gegenüber der mütterlichen Rolle, so wie sie verstanden wird, ob dies begründet ist oder nicht, ist dabei gleichgültig.

Der weibliche Wunsch nach Kindern ist selbst bei Frauen, die sich anscheinend für ein Leben ohne Kinder entschieden haben, häufig sehr stark ausgeprägt. Handelt es sich hierbei um einen Art Urtrieb oder hat es andere Gründe?

Das weibliche Prinzip ist eben auch das mütterliche Prinzip, und aus diesem Grunde ist es so, daß die meisten weiblichen Menschen das Bedürfnis nach "Bemuttern" haben. Auf der anderen Seite aber haben die männlichen Menschen auch das Bedürfnis nach "Bevatern", um es so auszudrücken. Das "Bemuttern" muß nicht notwendigerweise über ein Kind geschehen, es kann auch über Ersatzkinder, zum Beispiel auch über Tiere, über Pflanzen oder über Menschen, mit denen man arbeitet, zum Ausdruck kommen.

Sicher ist das Energieprinzip des "Bemutterns" in den meisten Frauen vorhanden, so wie das "Bevatern" eben in den meisten Männern vorhanden ist, aber es muß nicht durch die physische Geburt eines Kindes zum Ausdruck kommen.

Warum sind manche Geburten leicht und schmerzarm andere aber schmerzhaft? Und wie erlebt ein Kind die Geburt?

Eine Geburt muß durchaus nicht schmerzhaft sein, aber ist in eurem Kulturkreis in der Regel schmerzhaft, weil ihr davon ausgeht, es müßte schmerzhaft sein. Wenn es der Mutter gelingt, mit dem Kind wirklich in einem engen Austausch zu sein, dann weiß die Mutter, daß Gebären Loslassen heißt, und Loslassen in der Gegenwart sollte nie schmerzhaft sein. Sie läßt also los, und es entsteht der befreiende Prozeß des Gebärens von etwas Neuem, der Geburt. Das Schmerzhafte an der Geburt entsteht durch Verkrampfung, durch

Nicht-Loslassen wollen, durch Angst. Das Kind wird in seinem Geburtserlebnis ganz stark geprägt von der Einstellung der Mutter. Hat die Mutter Angst, hat das Kind Angst. Wenn die Mutter Kontakt aufnehmen kann mit dem Kind und es darauf vorbereitet, daß es jetzt bald das Licht der Welt erblicken und ein neues schönes Ausdrucksfeld finden wird, dann wird das Kind neugierig nach außen drängen und es wird eine leichte, schnelle Geburt werden. Hat die Mutter die Einstellung, daß das Kind in eine feindliche Welt kommt und alles schlecht ist in der Welt, kalt und ungemütlich, dann wird natürlich der Wunsch des Kindes, nach außen zu kommen, eher zurückhaltend sein. Es hat Zweifel, was in der Welt zu erwarten ist. Die Einstellung der Mutter zum Kind, zur Geburt und zur Welt an sich ist von ganz entscheidender Bedeutung für den Ablauf der Geburt, weit mehr von Bedeutung als beispielsweise die Haltung der Mutter während der Geburt. Je entspannter und zuversichtlicher die Mutter ist, je freier der Geburtskanal, zum Beispiel in einer hockenden Haltung wie bei den Naturvölkern, desto entspannter und mutiger ist auch das Baby während der Geburt.

Welche Bedeutung hat das Träumen für den Embryo beziehungsweise für das werdende Kind? Was spielt sich dort ab? Bereitet es sich schon auf das zukünftige Leben vor?

Der Mensch schläft und träumt, um dieser wachbewußten Ebene zu entgehen, dieser Ebene des polaren Ausdrucks, dieser Ebene der Begrenztheit von Raum und Zeit. Die Traumebene ist eine von vielen Dimensionen, durch die die Seele reist, um Erfahrungen zu sammeln, andere Perspektiven zu gewinnen und von Verhaltens- und Wahrnehmungshypnosen befreit zu werden. In diesem Sinne sind die Traumebenen vergleichbare Erlebnisebenen und für die Seele übliche Ausdrucksebenen. Eure physische Wirklichkeit hat zu Beginn der Inkarnation nur nebensächliche Bedeutung für den Ausdruck und wird erst allmählich wichtig. Aus diesem Grunde folgt der

Zeit der Anfreundung und der Auseinandersetzung mit dieser Wirklichkeit eine Fluchtzeit der Seele, in der sie in Traumebenen und entsprechenden Wirklichkeitsebenen Freiheit von eurer Begrenzung sucht, um nicht überfordert zu sein von den Schranken der Polarität von Raum und Zeit. Deshalb sind Träume in diesem Zusammenhang nicht so sehr symbolisch zu betrachten, sondern eher als tatsächliche Erlebnisse der Seele auf tatsächlichen Ebenen des Erlebens.

Weltweit werden mehr und mehr Babies geboren. Welche Gründe gibt es für die derzeitige Zunahme der Weltbevölkerung und welche Auswirkungen wird dies für den einzelnen Menschen und die gesamte Menschheit haben?

Die Geschichte der Menschheit ist, ganzheitlich betrachtet, wesentlich älter als Ihr glaubt, und in dieser Zeit, in welcher - linear betrachtet - die Welt existiert hat, ist es immer wieder zu Perioden gekommen, in denen es Bevölkerungsexplosionen gab, wie die von Dir angesprochene. Es waren Zeiten, die sehr viele Möglichkeiten zum materiellen Ausdruck gaben und Verhältnisse darboten, die überhaupt erst eine Bevölkerungsexplosion ermöglichten, zum Beispiel in dem Sinne, daß genügend Nahrungsmittel vorhanden waren, die medizinischen Möglichkeiten gut waren, daß das Klima geeignet war und so rein äußerlich das physische Leben der Menschen gesichert war. Gleichzeitig war auch auf Grund des wissenschaftlich-philosophischen Verständnisses für eine Vielzahl von Menschen die Möglichkeit gegeben, ihrem geistigen Ausdruck nachzukommen. Und dieses Verfolgen des geistigen Ausdruckes ist nicht immer einzuordnen in Kategorien wie "gut", "schlecht", "sinnvoll" oder "nicht sinnvoll", sondern allenfalls in Kategorien der Vielfalt. Heutzutage ist es durchaus so, daß eure Welt unendlich viele Möglichkeiten für den Ausdruck bietet und sie es für viele Menschen ermöglicht, zu überleben, und dies in der Zukunft noch weit mehr.

Auf Grund der Vielfalt und der Unterschiedlichkeit ihrer verschiedenen Aspekte, die alle miteinander verknüpft sind, zum Teil sich aber auch voneinander isoliert ereignen, um in ihrer Intensität erhalten zu bleiben, ermöglicht sie, neue Erfahrungen gleichzeitig in verschiedenen Bereichen auf ihr zu machen. Die Welt wird immer kleiner heutzutage; intensiver Austausch ist möglich, aber trotz der relativen Kleinheit von ihr gibt es auch vollkommene Isolation, in der sich das eigene Selbst zum Ausdruck bringen kann. Interessanterweise war die Isolation unter den Menschen selten so groß wie im Moment, wo es so viele von ihnen gibt, denn die Isolation ist ein Versuch, die eigene Individualität zu bewahren.

Die Folgen der Bevölkerungsexplosion sind im Moment möglicherweise in vielen Bereichen unangenehm, aber auch deshalb, weil niemand so genau weiß, wohin sie führen wird. Es wird die Zeit kommen, in der die Menschheit weiter explodieren wird bis zu dem Maße, wo die Welt flächenmäßig zu klein sein wird und sie gezwungen ist, auszuwandern, aber nicht in ein anderes Land, sondern den Planeten verlassen wird. Es wird die Zeit des Reisens kommen, der Völkerwanderung hinein in den Weltraum, in das All, auf künstliche Planeten, auf andere Planeten. Die Bevölkerungsexplosion im Moment ist geballte Kraft des Geistes, die sich in verschiedenster Weise zum Ausdruck bringt und die gipfeln wird in der Kraft, die letztlich das Menschliche dazu bringen wird, eine zusätzliche Heimat zu suchen und zu finden und sie auch finden wird.

Das klingt sehr phantastisch, aber was mich besonders überrascht, ist Eure Aussage, daß es bereits schon Bevölkerungsexplosionen gegeben hat. Bislang ist man davon ausgegangen, daß die Menschheit immer mehr wird, in einem linearen Prozeß. Was geschah in diesen Zeiten der Überbevölkerung?

Mehrmals sind die Völker auf Reisen gegangen und haben die Erde verlassen, aber mehrmals sind sie auch zugrunde gegangen durch Katastrophen. Das Menschsein entwickelt sich zyklisch und nicht linear. Wie überhaupt alles, was sich hier auf eurer Welt abspielt, einem zyklischen Rhythmus folgt und sich durchaus nicht linear und schon garnicht linear in eine verderbliche Richtung entwickelt.

Im Laufe der Menschheitsgeschichte gab es immer wieder regulierende Faktoren, die sicherstellten, daß die Menschheit nicht zu schnell in einer gewissen Zeiteinheit explodiert. Diese Regulatoren waren Krankheiten, waren Naturkatastrophen oder Seuchen oder eben auch Knappheit an Nahrungsmitteln, Knappheit an Wasser, überhöhte Strahlung kosmischer Natur oder Klimaveränderungen. Diese Regulatoren sind wichtig und normal. In der jetzigen Zeit sind Hunger und Katastrophen besonders auffällig, weil die Menschen scheinbar so vieles unter Kontrolle zu haben glauben, was aber durchaus nicht so ist und noch niemals so war in der menschlichen Entwicklung.

Vieles, was Ihr sagtet, ist nicht ganz leicht zu verstehen, aber es ist irgendwie insgesamt sehr einleuchtend. Ich möchte dieses Kapitel damit beenden und Euch für Eure Informationen danken.

Es war uns ein Vergnügen.

2. Kapitel

Betreuung und Förderung
des Babies im ersten Lebensjahr

Sei gegrüßt, liebste Freundin.

Sei gegrüßt, lieber Harald.

In diesem Kapitel möchte ich das erste Lebensjahr in den Vordergrund stellen und Euch bitten, mit einer allgemeinen Antwort zu beginnen.

Welche Entwicklung und welche Lernprozesse vollziehen sich im ersten Lebensjahr?

Die Zeit im Mutterleib, ist die Zeit, in der das Baby lernt, sich als größeres Bewußtsein zu identifizieren mit einem mehr individuell begrenzten Bewußtsein, was bereits in einer Raum-Zeit-Struktur inkarniert ist. Das Bewußtsein des Kindes ist noch kein individuelles, begrenztes Bewußtsein in den ersten Monaten, sondern ein Bewußtsein von gigantischem Ausmaße und äußerster Komplexität. Es lernt sich erst allmählich zu identifizieren mit einem menschlichen Bewußtsein, insbesondere mit den weiblichen Aspekten der Mutter, mit dem aufnehmenden, weichen und zulassenden Prinzip, was gerade in der heutigen Zeit besonders wichtig ist, weil es den ursprünglichen Qualitäten von Bewußtsein wesentlich näher steht. Das lassende, intuitive Prinzip ist heute allerdings mehr ausgeprägt im weiblichen Bestandteil der Menschheit als im männlichen, ohne daß dies natürlicherweise so sein müßte. Das Baby verbringt die erste Zeit im Mutterleib und lernt so über die Identifikation mit der Psyche der Mutter sich langsam als menschliche Psyche und Individualität zu empfinden und dieses Empfinden dann umzusetzen in eine Raum-Zeit-Struktur hinein. Die Zeit im Mutterleib gibt die Möglichkeit, sich an das Menschsein, das Menschlich-werden zu gewöhnen, Zeit, um sich selbst als menschliche Struktur, als menschliches Bewußtsein empfinden zu können. Während dieses Prozesses wird der physische Körper herangebildet, ohne daß dieser zunächst noch genutzt wird. Der Körper ist gewissermaßen ein Produkt der Mutter, der für das Kind aufgebaut wird, aber von der Psyche des Kindes nur ganz vage als Körper erkannt und genutzt werden kann. Die neun Monate sind im Grunde genommen dafür da, damit das Bewußtsein als Psyche in die Welt von Raum und Zeit hineinschauen und wahrnehmen lernt, so wie die anderen menschlichen Psychen in dieser Wirklichkeit wahrnehmen.

Nach der Geburt ändert sich dies erheblich. Der Mensch wird jetzt als Körper aus einem Körper in das Umfeld hineingeboren, und er muß lernen, sich als menschliche Psyche nicht mehr körperlos ausufernd und ohne Grenzen zu empfinden, sondern jetzt begrenzt durch den Körper wahrzunehmen und durch den Körper die Wirklichkeit zu erfahren. Während zu Beginn das große Bewußtsein in der Zeugung langsam eingeschränkt wurde und eine Identifikation mit der Psyche der Mutter erfolgte, wird jetzt die Eingrenzung noch größer, indem auch der Körper als eingrenzendes Mittel hinzugezogen wird und das kindliche Bewußtsein letztendlich lernt, die Wirklichkeit nicht mehr als alles durchdringendes Bewußtsein zu erkennen, sondern über den Filter des Körpers wahrzunehmen.

Die Zeit nach der Geburt und besonders die ersten zwölf Monate bis zu zwei Jahren dient im wesentlichen dazu, zu lernen, diese Wirklichkeit durch einen physischen Körper wahrzunehmen, sie über den Körper zu erfahren und sich auszudrücken durch den Körper. Dieser Prozeß geschieht im wesentlichen durch Imitation, aber nicht nur durch die Imitation dessen, was sich im direkten Umfeld des Kindes abspielt, sondern auch durch die Imitation von dem, was als geistige Impulse in das Kind hineinfließt, von dem, was gedacht und gefühlt wird im Umfeld des Kindes. Das Kind lernt also im ersten Jahr einen Körper zu haben und sich durch diesen Körper in der Begrenztheit auszudrücken und die Wirklichkeit so wahrzunehmen.

Welche Bedeutung hat das soziale Umfeld in diesem ersten Jahr? Ist der enge Kontakt zur Mutter besonders wichtig oder kann er auch von einer anderen Person übernommen werden, zum Beispiel vom Vater, der Oma oder einer Pflegemutter? Wie kann der Kontakt und Austausch mit dem Baby sinnvoll gestaltet werden, wie kann es gefördert werden?

Im Grunde genommen sind die neun Monate des Austragens die Zeit, in der sich das Kind mit der Mutter identifiziert, besonders mit der Psyche der Mutter. Das erste Jahr nach der Geburt ist für die Identifikation mit dem Körper und für den körperlichen Austausch mit dem Umfeld gedacht. Aus diesem Grunde wäre es für das Kind nach der Geburt sinnvoll, nicht nur eine starke Mutterbindung zu haben, die zweifellos wichtig ist, sondern auch von außen über den Vater oder über Geschwister oder auch über Nachbarn zusätzlich Impulse zu bekommen. Besonders wichtig ist in dieser Zeit, daß mit dem Kind körperlich umgegangen wird, daß man ihm hilft, den Körper zu erkennen und zu begreifen, daß es lernt, was es mit dem Körper machen kann und wie der Körper empfindet. Es gibt einige Bereiche im Körper, die besonders empfänglich sind, zum Beispiel der Mund, die Ohren, die Nase, die Augen, die Hände und die Füße, aber auch insgesamt die Haut.

Der gesamte Körper sollte in jeder nur möglichen Form gereizt und als Austauschmittel benutzt werden.

Wenn man den kleinen Körper genau betrachtet, wird man feststellen, daß es bestimmte Bereiche gibt, die dazu reizen, sie anzufassen, damit zu spielen. Sie sollten gestreichelt und gereizt werden, damit es lernt, daß Reize von außen Gefühle verursachen können. Das Kind sollte körperlich gereizt werden in jeder nur möglichen Form, damit es ganzheitlich sehen, hören, fühlen, tasten und wahrnehmen lernt. Was man vermeiden sollte, ist eine Überflutung durch Reize, genauso wie eine Armut an Reizen, die für die Entwicklung des Kindes sehr hinderlich wäre. Aber genau diese Armut an Reizen wird sehr häufig praktiziert, weil man glaubt, das Kind müßte sich möglichst bei der Mutter aufhalten, um geborgen zu sein. Man hält es möglichst von fremden Einflüssen fern, um Vertrautheit zu erzeugen. Ganz im Gegenteil dazu wäre mehr Abwechslung grundsätzlich besser, aber ohne dabei extrem zu sein, um das Kind nicht zu überfordern. Das Sicherheitsbedürfnis im Kind ist nicht so groß, wie man unterstellt, aber das Abenteuerbedürfnis im Sinne von Auskundschaften und Neues erkennen dagegen sehr groß.

Was sind die Vor- und Nachteile einer wechselnden Betreuung, eines wechselnden Umfeldes? Haben Babies, deren Mütter wenige Wochen nach der Geburt wieder arbeiten gehen und deshalb ihre Kinder weggeben oder zu Hause die Betreuung des Babies einer anderen Person übertragen müssen oder wollen, Nachteile? Ich dachte hierbei besonders an Verlustängste, Identifikationsschwierigkeiten und Geborgenheitsprobleme.

Entscheidend dabei ist nicht so sehr, ob das Kind weggegeben wird, sondern vielmehr, zu wem das Kind gegeben wird und was dabei genau die Umstände sind. Ein Kind, was bei der Mutter bleibt, aber wenige Reize hat bzw. immer einen gleichförmigen, vielleicht sogar hinderlichen Reiz im extremen Fall hat, wird viel schlechter lernen mit der Welt umzugehen als ein Kind, das weggegeben wird, hinein in ein Umfeld, das reizvoll, angenehm und harmonisch ist.

Die Frage wäre also weniger, ob das Kind weggegeben werden soll oder nicht, sondern eher, in welches Umfeld hinein.

Was sind die Hintergründe des sogenannten Fremdelns, das bei Babies häufig im Alter ab etwa sieben Monate gegenüber fremden Menschen einsetzt? Wie kann man sinnvoll damit umgehen?

In den ersten neun Monaten identifiziert sich das Kind mit der Mutter. In den ersten Monaten nach der Geburt versucht das Kind, sich auf den Körper zu konzentrieren und die Welt um sich herum körperlich wahrzunehmen, und danach - teilweise schon sehr früh - versucht das Kind jetzt auch seine eigene Individualität zu finden. Nun kommt es zu der schwierigen Phase, wo es alles unbegrenzt aufnehmen will und gleichzeitig aber auch sich abgrenzen muß, um seine Identität zu behalten. Dieses Sich-Abgrenzen und gleichzeitig alles aufnehmen wollen ist oft eine Entwicklungsphase des Kindes, die bereits mit drei bis vier Monaten beginnen kann und sich manchmal über Jahre hinzieht. Nicht viele Kinder haben extreme Schwierigkeiten damit, die meisten fremdeln, wie ihr sagt, vielleicht nur über einige Monate hinweg und haben das Problem dann gelöst, haben ein Gleichgewicht gefunden zwischen Sich-Abgrenzen und zwischen Aufnehmenwollen. Einige lernen es aber sehr spät, wenn überhaupt und schleppen dieses Problem sogar mit in das Erwachsensein hinein.

In der Psychologie gibt es u. a. die Erklärung, daß ein Kind in dem Alter gelernt hat, zu differenzieren zwischen Personen, die zu ihm gehören und zwischen Personen, die außerhalb stehen und daß es, so betrachtet, wichtig wäre, daß ein Kind diese Phase durchläuft. Was meint Ihr dazu?

In den ersten Monaten nach der Geburt lernt das Kind die Welt als eine von ihm getrennte Wirklichkeit zu erleben, was für das alles durchdringende Bewußtsein ein völlig neues Wirklichkeitsgefühl ist.

Es ist deshalb grundsätzlich zwar gierig nach Eindrücken in jeder Form, auch nach dem Kontakt mit vielen Menschen, auf der anderen Seite aber entwickelt sich auch das Bedürfnis, mehr und mehr eine Individualität leben zu wollen und sich abzugrenzen, etwas als fremd zu betrachten - wie das Wort "fremdeln" auch sagt. Der Drang zu "fremdeln" ist ein Ausdruck für das Bedürfnis nach Individualität, nicht nur bei Menschen, sondern auch bei gewissen Umständen oder ungewohnten Situationen. Ungewohnte Dinge heben vielleicht die Reizflut für das Kind auf ein kritisches Niveau, das den Drang nach Individualität bedrohen kann, und das Kind zieht sich zurück. Es ist dann wichtig, die Reizflut zurückzunehmen, wenn dies geschieht, um dem Kind zu erlauben, mit dem, was es bisher gelernt hat, langsam zurechtzukommen und es zu verarbeiten. Dies darf aber nicht als grundsätzliche Angst vor dem Neuen interpretiert werden, so daß man alle Reize ausschließt und immer wieder die gleichen Reize auf das Kind losschickt. Dann wird das Fremdeln zum Dauerzustand werden, und es fällt in eine innere Isolation, sein Ausdruck und das Bedürfnis, Neues aufzunehmen, gehen verloren.

Ganz langsam sollte man die Reize steigern, damit das Kind lernt damit umzugehen, ein Gleichgewicht zwischen Abgrenzen und Verschmelzen zu finden.

Das Fremdeln ist eine Phase, die normalerweise von selbst aufhört, wenn die Reizflut nicht abgestellt wird, aber man dem Kind einen gewissen Freiraum der Ruhe gewährt und es auch immer wieder ermuntert, sich auszudrücken und mehr zu suchen. Sehr häufig, um vielleicht noch eine Nebenbemerkung zu machen, wird dieses Fremdeln unterstützt durch die Einstellung der Mutter oder des Vaters, die das Kind gerne als jemanden sehen, das weiß, wo es hingehört und deshalb nur wirklich mit den Eltern ganz vertraut sein will und Fremde ablehnt. Ein gewisses Bedürfnis nach elterlichem Stolz und dem Ausdruck von eindeutiger Zugehörigkeit zum Ursprung und dem Erzeuger. Sehen die Eltern dagegen ihr Kind eher als eigenständige Persönlichkeit, für die sie zwar da sind, aber deren selbständige Entwicklung und Unabhängigkeit sie stolz verfolgen, meistert das Kind diese problematische Phase einfacher.

Ich möchte Euch ganz allgemein zur Ernährung befragen. Ist es wichtig, Babies in den ersten Lebenswochen beziehungsweise -Monaten zu stillen oder ist Flaschennahrung als gleichwertig zu betrachten?

Das Stillen des Babies ist ein natürlicher Prozeß, in dem das Kind den Kontakt mit der Mutter sucht , aber insbesondere mit dem mütterlichen Körper. Es versucht den Austausch von Geben und Nehmen auch auf körperlicher Ebene nachzuvollziehen und es wäre mit Sicherheit für die Psyche des Kindes zu Beginn ein Verlust, diesen körperlichen Austausch nicht pflegen zu können.

Die Flasche kann diese Erfahrung durchaus ergänzen, aber das Bedürfnis nach körperlicher Nähe und nach Saugen an der Brust der Mutter ist eben nicht nur um der Ernährung willen, sondern entspricht einem Austauschbedürfnis, einem Zurückkehrenwollen an den gewohnten Ort der Zuwendung und der Geborgenheit.

Es fühlt wieder den Körper der Mutter, wo Schutz, Nahrung und Ruhe eins sind. Dieses Bedürfnis kann die Flasche niemals alleine geben. Ein Kind ernährt sich nicht, nur um zu essen, sondern es ißt, um sich auszutauschen.

Angeblich ist Muttermilch nach einer Ärzteempfehlung nur bis zum sechsten Lebensmonat vertretbar, da die Schadstoffkonzentration der Muttermilch durch die heutige Umweltbelastung zu groß ist.

In eurer derzeitigen Welt gibt es kaum noch naturbelassene Nahrungsmittel und insofern, wenn auch Schadstoffe in der Muttermilch sein sollten, ist Milch immer noch ein natürlicheres Produkt, direkt von der Quelle und durch nichts anderes zu ersetzen. Die angesprochene ärztliche Betrachtungsweise ist entsprechend einseitig und schon deshalb oberflächlich, weil der kleine Körper an Umfeldeinflüsse und Schadstoffe ohnehin gewöhnt werden muß.

Wovon ist es abhängig, wie lange man ein Baby stillen sollte?

Das hängt davon ab, wie stark das Bedürfnis des Kindes nach diesem körperlichen Austausch ist und inwieweit dieses Bedürfnis nach Austausch - und wir wiederholen, das Saugen ist nicht nur ein Bedürfnis nach Nahrung, sondern auch nach körperlichem Austausch - auf andere Weise erfüllt werden kann.

Wenn beispielsweise Geschwister da sind, Freunde, der Vater und die Mutter und diese zärtlich veranlagt sind, wird man feststellen, daß das Kind wesentlich früher aufhört, an der Brust zu saugen, weil es dieses Bedürfnis nach Nähe und Geborgenheit und nach Zurückkehren zum behütenden Ursprung nicht mehr so deutlich empfindet.

Fehlt allerdings dieser Austausch nach außen und fühlt sich das Kind isoliert, mißverstanden oder gar überfordert, dann entsteht ein Fluchtverhalten zurück zum schützenden Ursprung und ein Bedürfnis, wesentlich länger an der Mutterbrust zu saugen. Eine allgemeine Regel zu geben ist schwer, aber zwischen fünf Monate und zwei Jahre ist es durchaus normal, je nach den Umständen. Bei einem Kind von zwei Jahren kann natürlich die Nahrung nicht nur aus der Brust kommen.

Ab dem wievielten Monat sollte man in die Ernährung Festnahrung, also Obst- und Gemüsebrei u. ä. einführen?

Auch hier gilt, sobald das Baby ein Bedürfnis danach entwickelt, denn grundsätzlich ißt das Baby auch später nicht nur, um zu essen, sondern auch, um sich mit dem Umfeld auszutauschen. Wird das Bedürfnis nach Austausch mit der äußeren Welt größer, weil entsprechend dieser Austausch im Umfeld unterstützt wird, ist es früher möglich, zusätzliche Nahrung zu geben. Ist das Bedürfnis nach Austausch mit dem Umfeld, weg von der Mutter, weniger schnell da, dann sollte Fremdnahrung auch nicht künstlich aufgedrängt werden.

Entsprechend ist es sinnvoll, immer wieder zu versuchen, wie groß das Bedürfnis nach erweitertem Austausch ist und ob das Baby Lust auf andere Nahrungsmittel bekommt.

Ähnlich kann die kindliche Reaktion auch bezogen auf Aktivitäten, auf Farben, auf Formen der Zuwendung oder auf Spiele ausgetestet werden. Es ist nicht sinnvoll, die Art der Ernährung des Kindes allzu sehr in den Vordergrund zu stellen, denn nicht nur was das Kind ißt, sondern auch in welcher Art es die Nahrung bekommt und in welchem Umfeld ist wichtig.

Ich glaube, daß Babies gern andere Menschen integrieren bei dem, was sie tun, und sich austauschen wollen, und daß Geschwister dieses Bedürfnis unterstützen und befriedigen können. Unsere jüngere Tochter läßt sich sehr gerne von der älteren füttern, und alles, was die ältere Tochter ißt, ist für sie auch interessant. Die Aktivitäten, die die ältere Tochter mit dem Baby unternimmt, sind ganz andere als die, die wir mit dem Baby machen. Und ich habe das Gefühl, daß die Kleine das genießt. Was meint Ihr dazu?

Durchaus. Wenn ältere Geschwister da sind, entsteht in der Regel das Bedürfnis nach Austausch viel schneller, es sei denn, wenn die Geschwister in ihrer Art eher einengend wirken und zum Beispiel Druck erzeugen, Angst ausdrücken oder eifersüchtig sind.

Dann wird eher ein Fluchtwunsch erzeugt. Aber im Grunde genommen regt ein Vorbild für das kleine Kind in seiner Nähe immer zu einem intensiveren und schnelleren Austausch an und dies geht auf allen Ausdrucksebenen, auch in der Motorik und der Sprache, oder der Ernährung. Es ist zusätzlich nochmals ein starker Anreiz zur Imitation gegeben durch einen älteren Geschwisterteil, der auch stark als Vorbild dient.

Ihr sagtet vorher, daß in unserer heutigen Zeit ja eigentlich jedes Nahrungsmittel in gewisser Weise ein künstliches Nahrungsmittel ist. Es gibt nun Ernährungsempfehlungen, zum Beispiel fleischlos zu essen oder solche Nahrungsmittel auszuwählen, die nach Möglichkeit chemisch unbehandelt sind.

Sind solche Empfehlungen überhaupt sinnvoll oder ist es nicht naheliegender, dem kleinen Körper von Anfang an alles zu geben, was es gibt an Nahrung, damit er lernen kann, damit gut fertigzuwerden?

Für eine sinnvolle Ernährung sollte der wesentliche Grundsatz sein, für Erwachsene sowohl als auch für Kinder, daß man das essen sollte, wonach einem der Sinn steht. Der Körper hat eine Eigendynamik, die grundsätzlich darüber eine Aussage macht, was er an Nahrungsmitteln braucht, zum Beispiel ob er ausgleichende Nahrung, auflösende Nahrung oder verdichtende Nahrung braucht, leicht verdauliche oder schwer verdauliche.

Im Grunde genommen ist es nicht so sehr wichtig zu wissen, welche Schadstoffe in welchen Produkten enthalten sind, sondern lediglich darauf zu achten, welche Nahrungsmittel zur Körperenergie am besten im Moment passen, und dies kann der Körper selbst am besten entscheiden. Der Appetit sagt mir, was für den Körper gerade gut ist, und ist sozusagen als Signal von meinem Körper zu verstehen.

Und aus diesem Grunde sollte man grundsätzlich das Bedürfnis des Kindes unterstützen, sich die Nahrung selbst auszusuchen.

Das wäre eine Ernährung nur nach dem Lustprinzip. Gilt dies auch dann, wenn das Bedürfnis zum Beispiel sehr stark auf Süßigkeiten ausgerichtet ist?

Im Prinzip ja, wobei normalerweise kein absolut starkes Bedürfnis nach Süßigkeiten entsteht, wenn das Kind möglichst frei das tun kann, was es möchte.

Und dazu kommt, daß all das reizt, was wenig vorhanden ist. Der Mensch ist grundsätzlich so veranlagt, daß er am allermeisten das sucht, was am wenigsten häufig vorkommt, denn von dort kommt der größte Reiz. Jeder Mensch hat in sich das Bedürfnis, sich zu reizen mit möglichst vielen Einflüssen von außen, und wenn er erkennt, daß bestimmte Reize kleiner sind als andere oder wenig häufig auftreten, wird er sich bevorzugt um diese kümmern, um sicherzugehen, daß er den Reiz dort auch sicher bekommt.

Man sollte dem Kind wirklich seine Freiheit geben und vertrauen, daß es diese mit der Zeit sinnvoll nutzt und es nur ganz sanft führen.

Manchmal taucht bei Eltern die Frage auf, ob das Saugen an Schnullern hinsichtlich der Kieferbildung günstiger ist als das Daumenlutschen beziehungsweise ob es überhaupt einen Unterschied zwischen beiden gibt? Was ist überhaupt die Bedeutung des Daumenlutschens und Schnullersaugens?

Grundsätzlich gibt es zwischen beidem keinen Unterschied. Ein Kind benutzt das Daumenlutschen oder das Lutschen an einem Schnuller dazu, ein Gefühl von Geborgenheit zu empfinden. Je mehr ein Kind das Gefühl von Geborgenheit und Harmonie um sich herum hat, je mehr ein Kind glaubt, es kann sich selbst sein, und je mehr es sich bedingungslos angenommen fühlt, desto weniger häufig und heftig wird dieses Saugen sein, weil weniger notwendig. Es kommt also weniger darauf an, ob ein Kind an seinem Daumen oder an einem Schnuller lutscht, sondern es kommt mehr darauf an, mit welcher Häufigkeit und Heftigkeit es dies tut. Es wird häufiger und heftiger gelutscht, wenn dieses Gefühl von natürlicher Geborgenheit nicht da ist, um es über das Lutschen dann künstlich zu erzeugen. Durch die fehlende Geborgenheit kann es zu einem mäßigen Selbstausdruck kommen, der sich dann in einer Mißbildung im Mundbereich äußert, was aber durchaus nicht immer der Fall sein muß.

Wenn ein Kind schlafen geht, ist der Wunsch nach Geborgenheit besonders groß. Statt es dann nur den Daumen lutschen oder den Schnuller nehmen zu lassen, ist es auch sinnvoll, für ein ganzheitliches Geborgenheitsgefühl die eigene Körpernähe zu geben, indem man das Kind zum Beispiel auf den Arm nimmt und ein Lied zum Einschlafen singt.

Warum schlafen manche Babies von Geburt an nachts zehn bis zwölf Stunden an einem Stück durch und andere unterbrechen den Schlaf mehrmals und weinen und schreien? Wie können Eltern hilfreich und sinnvoll mit solchen Schlafstörungen umgehen?

Im Schlaf hat ein Kind, wie jeder Mensch, die Tendenz, wegzugehen aus dieser Wirklichkeit, dorthin, wo es hergekommen ist, bevor es in einem Körper war. Der Schlaf ist nicht so sehr ein Mittel zum Erholen, ein Mittel zur Ruhe, sondern folgt vielmehr einem Bedürfnis des Menschen, die eigene Psyche und die Eindrücke, die aus dieser Welt von Raum und Zeit kommen, wieder ins Gleichgewicht zu setzen und Kontakt zu finden zu dem, was vorher dagewesen ist. Das Abtreten aus dieser Wirklichkeit und das Verarbeiten der Eindrücke im Schlaf ist ein Bedürfnis, was von Kind zu Kind sehr unterschiedlich ist. Das Kind hat keinen festen Rhythmus im Verarbeiten, sondern das Bearbeiten der Reize ist abhängig von der Flut der Eindrücke und der Art der Reize, die es aufnimmt, von dem Druck, unter dem es steht oder auch der Harmonie, in der es aufwächst. Es kann durchaus sein, daß es noch das Bedürfnis hat, Reize aufzunehmen, während die Eltern längst schon schlafen oder auch daß das Kind gewisse Eindrücke im Schlaf verarbeitet hat und aufwacht, um neue Reize zu finden, während die Eltern noch schlafen. Das Kind besitzt in den ersten vier Jahren einen enormen Hunger nach Reizen, nach Austausch, nach Lernen, es will diese Wirklichkeit aufsaugen. Es braucht dementsprechend auch viel Zeit, um diese Reize zu verarbeiten. Die Zeiten des Verarbeitens sind unterschiedlich und nicht an den Rhythmus von Erwachsenen gebunden. Es ist sicher schwierig, mit diesem wechselnden Bedürfnis von Aufsaugen und Verarbeiten umzugehen, aber es ist dabei wichtig zu wissen, daß, wenn das Bedürfnis nach Schlaf oder, anders ausgedrückt, das Bedürfnis nach Reizverarbeitung sich ständig ändert beim Kind, das kein Grund ist, alarmiert zu sein. Damit umzugehen allerdings kann schwierig sein, wenn man selbst einen anderen Rhythmus des Verarbeitens gefunden hat und man sich gestört fühlt. Man kann aber versuchen, das Kind im wachbewußten und auch im unbewußten Zustand dahin zu beeinflussen, daß es das eigene Bedürfnis nach Verarbeiten und Schlaf respektiert und auch dann, wenn es einen neuen Reiz sucht, es dies für sich alleine zu tun, ohne die Eltern zu stören.

Ich denke, das könnte dann zum Beispiel in der Form geschehen, daß beim Kind im Zimmer ein kleines Licht brennt und es Spielzeug als Angebot hat, womit es sich seinen Reiz selbst holen kann.

Oder auch, indem man etwas zum Trinken bereitstellt, denn auch das stellt ja einen Reiz dar und kann gleichzeitig Bedürfnisse nach Schnullern oder tatsächlichen Durst befriedigen.

Was kann man tun, wenn ein Kind nicht durchschläft. Ist es überhaupt sinnvoll, zu versuchen, es zum Durchschlafen zu bringen? Was haltet Ihr von dem Rat, ein Kind zwei Nächte einfach schreien zu lassen, bis es aufgibt und durchschläft, den ich persönlich als grausam empfinde.

Er zeugt zumindest von vollkommenem Unverständnis für die Psyche des Kindes und des Menschen überhaupt. Ein Erwachsener würde nämlich, wenn er die Möglichkeit dazu hätte, sich ebenfalls einen völlig unrhythmischen Ablauf seiner Reizverarbeitung suchen. Er würde dann nicht acht Stunden schlafen und die restliche Zeit wach sein, sondern mal zwei Stunden schlafen, mal eine Stunde schlafen, vielleicht mal sechs Stunden schlafen und einen ganz eigenen Rhythmus finden. Und es würde sich zeigen, daß ein Mensch, der diesen Rhythmus finden und sich beruflich arrangieren könnte, insgesamt mit viel weniger Schlaf auskäme und wesentlich dynamischer und wacher wäre. Ein Kind sucht sich seinen Rhythmus natürlich aus und entsprechend sollte man versuchen, auf diesen Rhythmus weitgehend einzugehen.

Wieviel Stunden Schlaf braucht denn eigentlich ein Kind, damit der Körper genügend Ruhe bekommt und sich regenerieren kann? Was ist das natürliche Schlafbedürfnis?

Drei Stunden sind vollkommen ausreichend, wobei natürlich in der Regel weder ein Baby noch ein Mensch mit drei Stunden Schlaf auskommen werden. Aber wir meinen, daß drei Stunden Schlaf an einem Stück reichen würden, um den Körper entsprechend in einem guten Zustand zu erhalten. Ob die Psyche in einem entsprechend guten Zustand ist, kann nur entschieden werden, wenn man die Reize betrachtet, denen das Baby oder auch ein Erwachsener ausgesetzt wird und inwieweit der einzelne Mensch damit umgehen kann.

Ein Mensch, der ausgeglichen ist, sich von Reizen nicht unter Druck setzen läßt und gewissermaßen über den Dingen steht, braucht viel weniger Schlaf, obwohl er genausoviel wach ist und genausoviel arbeitet wie vielleicht ein anderer, und zwar nur deshalb, weil er die Reize bereits dann ausgleicht und verarbeitet, wenn sie auftreten und nicht im Nachhinein.

Jeder Reiz, der belastet und unangenehm ist, braucht eine längere Zeit, um in der Psyche ausgeglichen zu werden, indem man Randenergien und Randinformationen herbeiholt, die das gesamte psychische Bild wieder ins Gleichgewicht setzen. Ein positiver Reiz ist im Grunde genommen ein Reiz, der der Seelenenergie entspricht und deshalb in sich nicht ausgeglichen werden muß.

In diesem Zusammenhang beschäftigt mich die Frage, ob der Mond, vor allem der Vollmond oder Neumond, einen Einfluß auf das Empfinden und Verhalten von Babies oder Menschen überhaupt hat?

Ich habe den Eindruck, daß Kinder vor allem auf Vollmond deutlich reagieren und sich auch deren Schlafverhalten verändert.

Grundsätzlich haben alle kosmischen Einflüsse eine Wirkung. Alles, was Energie ist und deshalb wirkt, beeinflußt auch. Wie ein Mensch reagiert, ist unterschiedlich und hängt von der jeweiligen Sensibilität und vor allem von der jeweiligen Stabilität ab. Wo immer Energien vorhanden sind und sich verändern, entsteht eine Wirkung und ein Einfluß. Der Mond hat in der Tat eine stark strahlende Kraft und kann auf Psyche und Körper Einfluß ausüben, aber nicht jeder reagiert darauf und auch nicht in der gleichen Weise und Intensität.

Zu dem Thema Betreuung und Pflege möchte ich zur Babyhaut etwas fragen: Wie kann man sie, zum Beispiel beim Baden pflegen, mit klarem Wasser oder mit Zusätzen oder, wie Du uns für unsere Tochter empfohlen hast, mit Salz-, mit Kleie- oder Kamillewasser? Und sollte man nach dem Baden ein Kind eincremen oder einfach die Haut so belassen wie sie ist?

Im Grunde genommen sollte man ein Bad nehmen mit möglichst klarem, vielleicht gefiltertem Wasser, ohne viele Zusatzstoffe wie Chlor und dergleichen, möglichst natürlich. Dann sollte möglichst keine Seife benutzt werden und auch keine Creme anschließend, um nicht die Hautporen zu verändern, bzw. ihre natürlichen Funktionen zu beeinflussen.

Die Haut ist ein Organ, das in sich selbst genau weiß, wann es was wie tun muß, wenn es alleine gelassen wird. Das Problem ist, daß die meisten Bäder durch Zusätze bereits aggressiv werden und die Haut verändern und daß dann wieder versucht wird, das, was verändert worden ist, von außen wieder zu korrigieren, indem man entsprechend etwas auf die Haut aufträgt. Damit wird ein Kreislauf von Abhängigkeiten geboren. Es wäre viel einfacher, ein Kind nur in Wasser zu baden und nur, wenn es sehr verschmutzt ist, vielleicht sanfte Hilfsmittel zu nehmen, möglichst wenige, damit die Haut so gelassen wird, wie sie ist und man nachträglich auch nichts auftragen muß oder nur an problematischen Stellen. In klarem Wasser könnte ein Baby beliebig oft baden und die Haut würde sich selbst ausgleichen.

Die Haut ist ein Organ des Austausches. Ein Mensch empfindet, spürt, riecht und duftet durch die Haut und mit der Haut. Dies gilt beim Baby noch mehr als beim Erwachsenen, weil das Baby erst noch lernen muß, die Haut zu benutzen, während der Erwachsene es gelernt hat und unbewußt tut. Je natürlicher die Haut belassen wird, desto mehr kann sie Reize aufnehmen. Es ist wichtig, möglichst viele Reize und Impulse auf die Haut des Babies zu bringen, damit es sie durch die Haut erfahren kann und sich als Mensch mit Körper erfahren kann. Die Haut ist ein ganz wichtiges Sinnesorgan.

Sind beim Baby alle Sinnesorgane schon von Geburt an voll entwickelt, zum Beispiel die Augen, oder können Babies in den ersten Wochen mit den Augen nur Umrisse wahrnehmen und erst im Laufe der folgenden Monate richtig sehen lernen in unserem Sinne?

Alle Sinnesorgane sind bei der Geburt voll entwickelt, aber das Baby muß lernen, sie zu nutzen und das zu entschlüsseln, was über die Sinnesorgane, zum Beispiel die Augen, aufgenommen wird. Die Augen sind voll funktionsfähig von Beginn an. Aber die Aufnahme und Umsetzung von Eindrücken über die Augen in einer Form, die Sinn ergibt, ist ein Prozeß, der erst allmählich gelernt wird.

Zu Beginn nimmt ein Baby sogar sehr viel mehr als Umrisse und Flächen wahr. Es erkennt feine Strukturen, die um den Menschen herum sind, es nimmt seine Aura wahr, es nimmt wahr, welche Energien in einem Raum sind, und es nimmt einen Menschen als Ganzheit von Gefühlen und Gedanken in seinem Umfeld wahr. Aus diesem Grunde ist es auch zu Beginn schwer für das Baby zu unterscheiden, was wichtig ist und was nicht, was andere Menschen sehen und was nicht, worauf es reagieren soll und worauf nicht.

Das Baby ist anfänglich in seiner Wahrnehmung überfordert und irritiert, überflutet von Reizen, die es nicht auswerten kann. Und deshalb kann es diese Eindrücke nicht zusammenbringen zu einer sinnvollen Form. Der Lernprozeß im Sehen besteht nicht darin, mehr sehen zu können, sondern eher weniger sehen zu können und entscheiden zu lernen, was wichtig ist, um sinnvoll darauf reagieren zu können.

Bei einem Kind sind auch die Grenzen zwischen Diesseits und Jenseits, so wie sie für den Erwachsenen existieren, noch nicht vorhanden. Sie können auch Energien und Wesen wahrnehmen, die für den Erwachsenen nicht mehr wahrnehmbar sind und in seiner Vorstellung oft nicht einmal mehr existieren, zum Beispiel auch Geistwesen. Der Entwicklungsprozeß im ersten Jahr ist deshalb nicht nur, sich auf den Körper zu konzentrieren und durch den Körper diese Wirklichkeit wahrnehmen zu lernen, sondern auch unterscheiden zu lernen zwischen dieser Wirklichkeit und anderen Wirklichkeiten, die für das Baby Gültigkeit haben, von den erwachsenen Menschen aber selten noch bewußt wahrgenommen werden.

Wenn Babies Menschen betrachten, können sie die Gedanken der Menschen wahrnehmen, deren Gefühle, deren Vergangenheit, und deren Wesen und Persönlichkeit. Sie haben eine große Zahl von Eindrücken zur Verfügung, die der Erwachsene nicht mehr hat. Und aus diesem Grunde ist es auch sinnvoll, im ersten Jahr und darüber noch hinaus nicht nur das Körpergefühl zu steigern, wie wir gesagt haben, sondern auch die geistige und ganzheitliche Wahrnehmung zu unterstützen, wenn das Kind Dinge wahrnimmt oder auf Dinge reagiert, die euch nicht mehr zugänglich sind als Vater oder Mutter. Man sollte das Kind unterstützen, auf diese Wahrnehmung weiter zu reagieren und vielleicht auch Mitteilungen darüber zu machen, damit das Kind diese gesteigerte Wahrnehmungsfähigkeit behält.

Wie entwickelt sich die Kreativität im ersten Lebensjahr eines Kindes? Kann man überhaupt schon von einer Kreativitätsentwicklung sprechen, und wie kann man sie fördern?

Kreativität ist ein anderes Wort für Ausdruck, und das Kind sucht den Austausch und den Ausdruck. Je mehr man dem Kind hilft, sich auszudrücken und auszutauschen, in welcher Form auch immer, desto mehr wird man dem Kind helfen, sich später das anzueignen, was man eigentlich Kreativität nennt, das schaffende Prinzip des Austausches.

Je mehr Reize einem Kind angeboten werden, zum Beispiel in Form von Spielsachen, desto mehr wächst der Wunsch nach Ausdruck und Austausch. Aus einem großen Angebot von Reizen wählt ein Kind in natürlicher Weise das aus, was günstig ist für den Ausdruck, das andere bleibt unbeachtet. So bleiben zum Beispiel viele Spielsachen auf diese Weise liegen, werden aber später interessant, andere werden genommen und manchmal üben Dinge, die Erwachsene gar nicht unbedingt als Spielsachen bezeichnen würden, wie normale Alltags- und Gebrauchsgegenstände, oft den größten Reiz auf Kinder aus.

Wie entwickelt sich das sprachliche Verständnis und der sprachliche Ausdruck im ersten Lebensjahr? Wie kann man in dieser Zeit die Sprachentwicklung fördern?

Zunächst ist es wichtig, um dem Kind eine Sprache zu lehren, nur Dinge zu sagen, die man auch meint. Es ist schwer für das Kind, leere Worte zu entschlüsseln und Phrasen. Man sollte mit dem Kind sinnvoll umgehen und das denken und fühlen, was man auch sagt

Dann ist es am einfachsten für das Kind, das, was es geistig wahrnimmt, auch auf das zu beziehen, was es hört. Auf diese Weise lernen Kinder. Sie versuchen das geistige Bewußtsein mit Ausdrucksmöglichkeiten zu verbinden wie Worte oder Bilder und sie zu speichern, miteinander zu verknüpfen. Je mehr leere Worte um das Kind herum gemacht werden, um so größer wird die Irritation sein, weil der geistige Inhalt fehlt oder sogar entgegengesetzt ist.

Gedanken und Gefühle sollten sprachlich so umgesetzt werden, daß sie identisch miteinander verbunden werden können, daß der

Zusammenhang also offensichtlich ist. Sinnvoll ist es auch in diesem Zusammenhang, mehrere Sprachen zu verwenden, wenn dies möglich ist. Wenn beispielweise Vater und Mutter zwei verschiedene oder jeder von ihnen gar zwei verschiedene Sprachen sprechen würden, könnte das Kind gleich lernen, daß sich gleiche Gefühle, Gedanken oder Inhalte unterschiedlich ausdrücken lassen, ohne daß es überfordert wird.

Ein Kind ist immer gierig nach Reizen, und wenn zu viele Reize da sind, die nicht mehr aufgenommen werden können, werden diese normalerweise übergangen.

Zu Beginn ist es für die Kinder nicht einmal notwendig, selbst zu reden, wohl aber den Inhalt zu verstehen. Dies ist bereits schon ein wesentlicher Schritt für ein leichteres Erlernen der Sprache, und gilt auch in der weiteren Kindheit.

Wir hatten uns schon bei unserem ersten Kind überlegt, ob es nicht eine Überforderung darstellen könnte, wenn wir schon bald größere Reisen unternehmen. Aber nach Euren Aussagen wären ja die vielen Aussenreize beim Reisen für ein kleines Kind oder überhaupt für Kinder gut, oder sehe ich das falsch?

Für Kinder, aber auch für Erwachsene gilt grundsätzlich, daß eine Flut von Reizen gut ist, wenn es auch eine Zeit gibt, diese Reize zu verarbeiten. Ein ständiges Hetzen von Reisepunkt zu Reisepunkt wäre nicht so angebracht wie ein wechselnder Reiz mit genügend Zeit, um sich anzupassen. Wenn genügend Zeit gegeben ist für die Verarbeitung von Reizen, ist alles in Ordnung.

Welche Vorsorge sollte man treffen für Babies bei Fernreisen, zum Beispiel von Europa nach Indien. Können Babies problemlos die notwendige Anpassung schaffen und ungewohntem Klima, anderen Krankheitserregern im

Wasser, in der Luft, in den Lebensmitteln, usw. mit dem gleichen Widerstand begegnen wie Erwachsene? Sind in diesem Zusammenhang Impfungen erforderlich?

Kinder haben in der Regel größere Widerstandskräfte als Erwachsene, entsprechend wären im Prinzip Impfungen nicht notwendig. Je kraftvoller der Widerstand der Eltern ist, desto mehr wird sich das Kind mit dieser Kraft identifizieren und desto gesünder wird es bleiben. Je mehr Bedenken in den Eltern sind, desto schwächer wird das Immunsystem des Kindes sein, das sich auch damit identifiziert. Die Wichtigkeit einer Vorsorge richtet sich entsprechend stark nach der geistigen Einstellung der Eltern.

Die Impfung ist in dem Grade notwendig, wie die Eltern glauben, sie wäre notwendig, weil das Kind sich eben identifiziert mit dem Glaubenssystem der Eltern und damit entscheidend sein Immunsystem beeinflußt.

Wenn die Eltern sich schon vorher vielen Impfungen als Schutz unterziehen, würde also das Kind auch entsprechend diese Unsicherheit übernehmen!

In wieweit sollten Eltern strenge Kontrolle und Aufsicht über Kinder und Babies ausüben, um sie zu beschützen vor Unfällen. Sind Unfälle überhaupt vermeidbar? Ist es wichtiger, zu behüten oder zu lassen?

Grundsätzlich gilt, daß die Seele eines Kindes wie auch jedes Menschen nicht vergewaltigt werden kann, sondern sich bereits von klein an ständig darin abstimmt mit denen, die in ihrem Umfeld sind, was wann wie zu geschehen hat oder geschehen wird. Ein Kind scheint zwar, rein äußerlich betrachtet, nicht selbst verantwortlich zu sein, indem es sich zum Beispiel nicht selbst ernähren kann, aber bevor es überhaupt geboren worden ist und dann im Anschluß daran, verständigt es sich mit all denen, die in seinem Umfeld sind. Somit wird alles, was geschieht, ständig im Einklang mit dem Kind entwickelt, nichts kann durch Zufall geschehen, sondern geschieht in Übereinstimmung mit allen Beteiligten.

Kleine Kinder haben eine Tendenz, sich zu verletzen, aber sie tun dies, um durch einen zusätzlichen Reiz zu erkennen, was ihr Körper ist, wie er reagiert und wie es den Körper abgrenzen muß, wenn es seinen Körper auch später gesund halten will. Ein Kind zu beschützen, heißt, ihm diese Erfahrung zu versagen. Ein Kind muß selbst lernen, mit seinem Körper zu empfinden, sich auszudrücken, sich in Acht zu nehmen und sich zu schützen.

Und je mehr Vertrauen die Eltern ausstrahlen, desto weniger werden sich die Kinder verletzen. Dieses Vertrauen wird dem Kind den Kanal zu seiner eigenen Intuition öffnen.

Wenn Babies zahnen, reagieren die einen mit Fieber, Schlaflosigkeit, Durchfall, Weinen u. ä. mehr, andere scheinen keine Probleme damit zu haben. Warum ist das so, kann man das Zahnen als Entwicklungsphase verstehen?

Wenn die Zähne wachsen, beginnt auch nach außen sichtbar ein Prozeß, in welchem sich das Bewußtsein des Kindes aus der Ich-Identifizierung zum ersten Mal mit dem Außen eindringlich beschäftigt. Es fängt an, das Außen zu erforschen, das Außen zu beeinflussen, das Außen zu verstehen, aber auch auf das Außen bewußt zu reagieren und bewußt einen Impuls zu setzen nach Außen. Nun, dieser Prozeß der Loslösung, die Aufgabe der Identifikation mit der Mutter zunächst, dann die Ich-Findung und dann die Auseinandersetzung mit dem Umfeld ist nicht für jedes Kind gleichermaßen leicht zu verkraften.

Abhängig davon, wie die Veranlagung und die Absicht des Kindes ist und abhängig davon, welche Informationen das Kind vom Umfeld bekommt, insbesondere von Mutter und Vater, wird dieser Prozeß vereinfacht oder erschwert. Vergleichbar mit dem Zahnen sind später auch typische Kinderkrankheiten, die sich hauptsächlich im Hautbereich äußern und im Grunde genommen eine Aussage darüber machen, wie die natürlich-dynamischen Kräfte des Kindes vom Ich zum Du übertragen werden und inwieweit das Kind dann, nachdem die Persönlichkeit sich langsam am Bilden ist, diese Persönlichkeit dann auch in das Umfeld hineinfließen läßt.

Die Eltern können diesen Prozeß unterstützen durch ihr Vorbild, indem von beiden gewissermaßen eine aggressiv-dynamische Grundhaltung vertreten wird. Das Kind soll spüren, daß jeder der beiden sich selbst ist und auf das Umfeld wirkt, aber sich auch mit dem Umfeld natürlich und spannungsfrei austauscht.

Denn auch, wenn das Kind die Identifikation mit der Mutter losläßt, wird sie nur langsam nach außen verlagert und erfolgt mit dem Vater und dem nächsten Umfeld. Das Kind wird nun auch zum Teil des Umfeldes. Es erkennt, es ist nicht nur eine Einheit mit Vater und Mutter, sondern hat auch eine zusätzliche Eigenständigkeit, mit der sich ausgetauscht wird. Damit beginnt auch ein abstraktes Verhaltens-Wahrnehmungsmuster.

Das Kind erkennt. es ist nicht mehr der Mittelpunkt zusammen mit Vater und Mutter im Sinne einer Einheit, sondern es ist eine Polarität entstanden, in der das Kind selbst zum Anlaß für Reaktionen von außen und auf das Außen wird. Im Grunde genommen geht es darum, das Kind jetzt zu ermuntern, sich selbständig mit dem Umfeld auszudrücken und auszutauschen.

Und es ist wichtig, Eigenarten des Kindes, wie merkwürdig sie auch scheinen mögen, nicht zu unterdrücken in diesem Stadium.

Wenn man dann Vorbild ist und sein soll, ist es wohl am besten, wenn man selbst einfach so ist, wie man ist? Wenn man sich selbst ausdrückt und seine Persönlichkeit versucht zu leben?

In diesem Sinne sollte man Babies also auch erziehen oder betreuen, mit viel Toleranz und Verständnis, ohne allzu viel Führung und Ausrichtung?

Gilt das nur speziell im ersten Lebensjahr oder auch allgemein später?

Dies gilt grundsätzlich. Statt Lob und Tadel zu geben, ist es viel sinnvoller, Bemerkungen über den Sinn von etwas zu machen. Angenommen das Kind würde einem anderen Kind Schmerz zufügen. In diesem Fall wäre es sicher nicht günstig, dem Kind gegenüber mit Tadel zu reagieren oder gar es zu bestrafen für das, was es getan hat. Denn damit würde das Kind nichts verstehen.

Es ist wirksamer, entweder dem Kind den gleichen Schmerz zuzufügen und es zu fragen, wie es das findet, oder einfach zu fragen, warum es dem anderen diesen Schmerz zufügt oder auch beides. Man sollte also keine eindeutige Stellungnahme oder Wertung geben, sondern stattdessen nur hinterfragen und klarmachen, damit es die Folgen seines Verhaltens verstehen lernt und Zusammenhänge erkennt.

Das Verhalten des Kindes folgt keinem festen Wertmaßstab, wie das Verhalten der meisten Erwachsenen, sondern die einzige Motivation, die das Kind hat, ist der Wunsch, Klarheit darüber zu gewinnen, inwieweit und in welchem Umfang es sich austauschen will und soll mit dem Umfeld, was ein Austausch bedeutet, wer gibt, wer nimmt und in welcher Form dies geschieht, es experimentiert mit

Ausdruck und Reaktion des Umfeldes und betrachtet und erlebt sein Verhalten nicht im Sinne von gut und schlecht. Tadel oder Bestrafung kann es deshalb genausowenig verstehen wie Lob.

Wie kann man grundsätzlich das Denken, Fühlen, Sprechen, die ganzheitliche Wahrnehmung und den ganzheitlichen Ausdruck fördern?

Ganz allgemein, indem man entweder gleichzeitig möglichst viele Reize auf alle Sinnesorgane gibt oder auch konzentriert und gezielt das eine oder andere Sinnesorgan anspricht. Man sollte grundsätzlich versuchen, mit mehreren Reizen gleichzeitig zu arbeiten, damit das Kind auch lernt, die Konzentration auf den einen oder anderen Sinn zu lenken.

Man könnte zum Beispiel dem Kind einen bunten Film zeigen oder auch ein farbiges Spielzeug geben, das sich bewegen läßt. Das Kind wird dann genau die sich verändernden Farben und die ablaufende Bewegung beobachten. Es braucht nicht zu verstehen, welcher Sinn in der Bewegung steckt, sondern nur zu beobachten. Gleichzeitig könnte eine Musik spielen, sehr leise. Diese wird dann mit der Zeit lauter gemacht, so laut, daß sie dominant wird. Dabei wird man feststellen, daß die Konzentration weg von dem visuellen Reiz und hin zu dem akustischen Reiz geht.

Wenn man jetzt gleichzeitig dem Kind etwas in die Hand gibt zum Fühlen und die Lautstärke dann wieder reduziert, wird man feststellen, daß wahrscheinlich das, womit das Kind jetzt spielt, zum dominanten Reizobjekt wird, und die anderen Reize in den Hintergrund treten. Und so kann man mit der Dominanz der Ansprache der Sinnesorgane spielen und dem Kind auf diese Weise auch spielerisch beibringen, die Dominanz zu verändern, Sinne an- oder auszuschalten, die Konzentration von dem einen auf den anderen Sinn zu lenken.

Ihr sagtet an anderer Stelle, daß Babies durchaus auch schon Fernsehen könnten, wenn es farbenfroh ist und entsprechend einen fröhlichen Inhalt hat. Welche Wirkung haben aber aggressive oder bedrohliche Filme auf Babies und auf Kinder?

Grundsätzlich ist es so, daß alles, was sich an Gefühlen und Gedanken im Umfeld eines Kindes abspielt, als mögliches Potential gespeichert und abrufbar gemacht wird. Wenn man also will, daß ein Kind einen bestimmten Speicher von Gefühls- und Gedankeninhalten bekommt, dann sollte man diejenigen auswählen, die vielfältig sind und auch möglichst dem entsprechen, was man dem Kind geben möchte. Aggressive Filme werden von sich aus ein Kind nicht aggressiv machen, aber mit Sicherheit werden die Inhalte, die energetischen Inhalte, gespeichert und später abrufbar. Und wenn das Kind in Schwierigkeiten kommen sollte, kann es auf diese Inhalte zurückgreifen oder wird es wahrscheinlich sogar. Man kann deshalb nicht sagen, daß gewisse Fernsehprogramme das Kind beeinflussen und sein Verhalten verändern, aber mit Sicherheit wird alles gespeichert, was sich im Umfeld des Kindes abspielt und ist später abrufbar und kann entsprechend genutzt werden.

Wenn eine Mutter zum Beispiel mit einem Kind einen bedrohlichen Film anschauen würde, wo sie selbst Ängste entwickelt, würde das Kind ihre Gefühle auch wahrnehmen und speichern. Und damit wird es bereits viel wahrscheinlicher, daß es später ähnliche Gefühle assoziiert und entwickeln könnte in Situationen, die es an ihre Gefühle oder den Film erinnert.

Ich möchte im allgemeinen Zusammenhang der Entwicklung von Babies noch eine vielleicht etwas merkwürdige Frage stellen. Warum sind beim Baby die Fontanellen am Kopf im ersten Lebensjahr noch geöffnet?

Nun, es gibt eine körperliche Betrachtungsweise dahingehend, daß der Kopf durch die offenen Fontanellen eine gewisse Weichheit behält und nach eventuellen Einflußnahmen auf den Kopf dieser immer wieder natürlich in die alte Form zurückfindet, ohne daß allzuviel Belastung der Knochenstruktur erfolgt. Die Kopfform letztendlich wird erhalten und ist relativ statisch, obwohl sie sich ständig verändert und neu formt. Symbolisch bedeutet die Offenheit, daß das Kind geöffnet ist, im Einklang und in Verbindung steht mit seinem Ursprung. Es hat eine Wahrnehmung, die ohne die körperlichen Sinne erfolgt, indem sein Bewußtsein über die Körpergrenzen hinausgreift, hinein in das Raum-Zeitlose und sich durch die Grenzen des Raumes und durch die Grenzen der Zeit erstreckt.

Der Kopf ist noch nicht geschlossen, die Identität und die Identifizierung im absoluten Sinne mit dem Körper, hat noch nicht stattgefunden. Man könnte vereinfacht sagen, daß der Symbolgehalt darin besteht, daß die Persönlichkeit sich noch nicht vollkommen eingekapselt hat in eine körperliche Form, sondern noch im Fluß und Austausch mit dem Umfeld und dem Ursprung steht.

Vielen Dank für Eure wertvollen Hinweise.

Es war uns ein Vergnügen.

3. Kapitel

Geistige und körperliche Entwicklung im Kleinkindalter bis zum sechsten Lebensjahr

Sei gegrüßt, liebste Freundin.

Sei gegrüßt, lieber Harald.

In diesem Kapitel möchte ich Eure Perspektive zur geistigen und körperlichen Entwicklung im Kleinkindalter bis etwa zum sechsten Lebensjahr erfragen.

Welche wichtigen Entwicklungsprozesse laufen in diesem Zeitraum für ein Kind ab?

Grundsätzlich versucht das Kind in dieser Zeit die Identifikation mit der Mutter mehr und mehr fallen zu lassen, sich mit dem Vater auseinanderzusetzen und insbesondere dann ein eigenes ICH zu bilden, was unabhängig von der Mutter und unabhängig vom Vater ist. Es versucht sich selbst als eigenständige Persönlichkeit zu betrachten in einer abstrakten Weise, indem es beginnt, ganz allmählich über sich selbst, unabhängig von Vater und Mutter, nachzudenken und es auch erkennt, daß es nicht eine unlösbare Einheit mit den Eltern bildet, sondern tatsächlich einen eigenständigen Menschen darstellt. Es ist die Phase, in der das Kind von der Introvertiertheit in die Extrovertiertheit wächst, indem es mehr und mehr lernt, sich mit dem Umfeld auszutauschen. Es verinnerlicht Aspekte und Impulse des Umfeldes, sortiert sie und lernt sie zu nutzen, und alles, was bereits verinnerlicht ist, läßt es ständig mehr in das Umfeld wieder einfließen und beobachtet, welche Reaktionen dort entstehen. Es lernt in dieser Phase sehr, sich auseinanderzusetzen mit anderen Menschen, deren Freiraum zu beobachten und den eigenen Freiraum abzugrenzen und zu verstehen. Es lernt ganz bewußt, zum aktiven Teil des Umfeldes zu werden.

Mich interessiert in diesem Zusammenhang die Bedeutung der Märchen und Phantasiewelt für das Kleinkind. Ist es wichtig, Kinder in diese Welt einzuführen?

Nun, es kommt sehr darauf an, welche Art von Märchen Du meinst. Grundsätzlich ist das Kind sehr offen für jede Art von Phantasie, von Vorstellung, von Erzählung, von Impulsen, die einen Aufschluß darüber geben, wie Energien zwischen den Menschen fließen, welche Regeln für das Sich-Auseinandersetzen existieren und gelebt werden. Es ist in dieser Zeit bereit, seine Unvoreingenommenheit und Naivität langsam auszutauschen gegen Maßstäbe moralischer, ethischer oder sozialer Natur, nicht vollkommen, aber wohl so, daß es sich damit anfreundet und diese speichert, um entsprechend später darauf zurückzugreifen. Ein kleines Kind bis zum Alter von einem Jahr und etwas älter hat noch keine solchen Maßstäbe, sondern lebt impulsiv und naiv. Märchen dienen dazu, Maßstäbe zu vermitteln, nach denen sich das Kind ausrichten kann im Umgang mit der Welt und im Umgang mit den Menschen. Inwieweit diese Maßstäbe sinnvoll sind, ist damit nicht gesagt.

Ich habe beobachtet, daß es erst ab dem Alter von zwei bis drei Jahren sinnvoll scheint, mit Märchen anzufangen, vorher könnte es wohl zu einer Überforderung führen, oder was meint Ihr dazu?

Das kommt ganz auf die Art der Märchen an. Einfache, assoziativ aufbauende Märchen können schon vorher sinnvoll sein, Märchen also, in denen einfache Gefühle vermittelt werden mit wenig Handlung.

Märchen sollten aufbauend sein und Vertrauen geben in den Menschen selbst und in seine spontane Ausdrucksweise. Dabei sollten im Grunde genommen zwei Aspekte vorhanden sein.

Der eine Aspekt beschreibt, wie Menschen miteinander umgehen, und der zweite Aspekt beschreibt, wie ein Mensch, der immer das tut, was ihm richtig scheint, dann auch das bekommt, was ihm gut tut, und er immer sicher und aufgehoben ist, behütet von einer inneren Führung.

Ein Kind muß Impulse und Informationen darüber haben, wie die Menschen miteinander umgehen, wie das soziale Gefüge aufgebaut ist, wie es funktioniert und sich ständig neu entwickelt und ändert.

Häufig werden solche Inhalte in "grausamen" Märchen vermittelt.

In dem Märchen von "Hänsel und Gretel" wird zum Beispiel die Hexe verbrannt. Unsere Tochter war von diesem Märchen immer sehr fasziniert, aber sie wehrte sich dagegen, daß am Schluß die Hexe "bitterlich verbrennen" mußte. Sind solche Märchen dann trotzdem sinnvoll?

Grundsätzlich sollte man grausame Märchen oder angsterregende Märchen meiden oder sie beim Erzählen eigenmächtig verändern. Man könnte, statt die Hexe zu verbrennen, sie einfach verpuffen oder auflösen lassen, und die Aussage wäre die gleiche, ohne daß der Schluß so grausam scheint.

Welche Bedeutung hat im Kleinkindalter der Kindergarten, und ist es sinnvoll, Kinder bereits schon ab dem dritten Lebensjahr täglich in einen Kindergarten zu geben?

Der Kindergarten nimmt in gewisser Weise die Welt der Großen vorweg. Im Kindergarten sind die Kinder gezwungen, in einem gemeinsamen Umfeld mit anderen Menschen bzw. anderen Kindern zusammenzuleben, sich dort auszutauschen und sich einzuordnen. Sie müssen lernen, sich auszudrücken gegenüber dem Umfeld. Sie müssen sich aber auch anpassen und irgendwie versuchen, trotz des Druckes von außen, immer sich selbst zu sein. Genau das ist das Problem der Erwachsenen im Umgang miteinander. Insofern ist der Kindergarten eine wichtige Schulung und Vorbereitung. Man sollte allerdings darauf achten, daß der Kindergarten dem Kind entspricht, und daß das Kind nicht zu viel Zeit dort verbringt und damit allzu schnell seine naive Spontaneität verliert, bevor sie überhaupt richtig zum Tragen gekommen ist. Es gibt Kinder, deren Entwicklungsrhythmus sehr viel langsamer ist, die sehr viel mehr Zeit brauchen, um ihren Selbstausdruck zu finden. Und wenn solche Kinder beispielsweise zu früh in den Kindergarten kommen, wird möglicherweise ihr Selbstausdruck so gehemmt, daß sie ihn in ihrer Anpassung nur sehr schwer finden können.

Die Eltern sollten gut beobachten, ob das Kind im Kindergartengeschehen auch seine Eigenheiten behält und sich weiterhin durchzusetzen versucht und sich in gesundem Maße austauschen kann. Wenn ein Kind ein großes Bedürfnis hat, in den Kindergarten zu gehen, ist es in der Regel reif dafür.

Unsere ältere Tochter kam auf eigenen Wunsch mit drei Jahren in den Kindergarten. Zunächst blieb sie gern alleine dort und schickte mich gleich wieder weg. Aber nach ein paar Tagen fing sie an zu klammern und hielt mich fest. Ich mußte für kurze Zeit bei ihr im Kindergarten bleiben und durfte

erst dann gehen. Dieses Verhalten scheint bei Kindergartenanfängern häu-
fig vorzukommen, weil sie sowohl den vertrauten Teil von zu Hause als auch
gleichzeitig den Kindergarten haben möchten. Wodurch ist dieses Verhalten
bedingt, wie kann man das Kind bei der Verselbständigung unterstützen?

Dieses Verhalten ist normal. Der Kindergarten steht symbolisch
für die Welt der Erwachsenen, für den Austausch, für das Anpassen,
für die Auseinandersetzung und für die Verpflichtung, sich selbst
ausdrücken zu müssen gegen die äußere Begrenzung. Dagegen gibt
die vertraute Welt die Unterstützung, die Ruhe, die Freiheit und die
Geborgenheit und bildet gewissermaßen das Zentrum für das Kind.
Die Außenwelt war begrenzt durch das Zuhause, der Kindergarten
ist jetzt eine Erweiterung dieses Umfeldes und erscheint grundsätzlich erst einmal bedrohend und als eine ständige Herausforderung.

Wie bei den Erwachsenen eine ständige Herausforderung selten
angenehm ist, besteht auch beim Kind die natürliche Tendenz, sich
dorthin zurückzuziehen, wo man vertraut ist und sich sicher fühlt.
Insofern ist dieses Verhalten normal und gut. Wenn dieses Verhalten auftreten sollte, ist es sinnvoll, einerseits das Kind nicht abzu-
schieben in den Kindergarten oder es mit Drohungen dort zu halten,
aber andererseits sollte man es genauso wenig gleich wieder mit nach
Hause nehmen und es dann gar nicht mehr in den Kindergarten
geben. Man sollte versuchen, einen Kompromiß zu finden, bei dem
sich das Kind langsam umgewöhnen kann.

Wir haben das Problem so gelöst, daß ich morgens noch etwa zwanzig
Minuten bei unserer Tochter geblieben bin, entweder mit ihr gespielt habe,
mir etwas von ihr zeigen ließ oder auch solange zusammen mit anderen Kin-
dern gespielt habe, bis ich das Gefühl hatte, ich kann sie im Kindergarten
alleine lassen, und meist hat sie mir dann vergnügt vom Fenster aus
zugewunken. Nach kurzer Zeit schon war dies nicht mehr notwendig. Ein
anderes Kind aber war schon seit neun Monaten dort und hatte anfänglich

diese Schwierigkeiten überhaupt nicht. Aber dann, nach etwa zehn Mona-
ten, geht es nur noch weinend und schreiend in den Kindergarten. Wieso
kann sich ein Verhalten so verändern, und dann so spät?

Manche Kinder werden sich erst später bewußt, daß sie die Geborgenheit gebende Heimat verlassen haben, zum Beispiel weil sie
zu sehr beschäftigt waren mit all dem neuen, oder sie erst später die
Konfrontation mit den Kindern empfanden. Häufig ist am Anfang
der Reiz des Neuen so groß, daß alles andere darüber vergessen wird.
Wenn der Reiz dann normal wird, kommt plötzlich die Erkenntnis,
daß etwas Wichtiges verlorengegangen ist und stattdessen etwas Anderes da ist.

Unsere ältere Tochter fällt seit ein paar Wochen in ein babyhaftes Verhal-
ten zurück und will wie ein Baby gefüttert werden, und seit die kleine mit
dem Laufen angefangen hat, muß ich auch die ältere an die Hände nehmen,
mit ihr das Laufen üben und sie so bestätigen, wie ich die kleine bestätige.
Tritt dieses Verhalten bei den Erstgeborenen auf, weil ein zweites Kind folg-
te. Handelt es sich hier um eine Imitation der jüngeren oder um einen Rück-
fall in ihre Vergangenheit oder was ist die Ursache?

Es handelt sich bei diesem Verhalten zum Teil um den Ausdruck
einer Rückerinnerung an diese Phase, wo ein vollkommenes Vertrau-
en in die Eltern vorhanden war, wo es wußte, alle sind für es da, jeder hilft ihr, es ist immer behütet, beschützt, bewundert und gestützt.
Es ist diese Sehnsucht nach dem, was einmal war. Das ist der eine
Aspekt.

Der andere Aspekt ist einfach Eifersucht, indem der ältere
Geschwisterteil eben die gleiche Beachtung haben will wie der jüngere. Und da liegt es nahe, zu versuchen, genauso behandelt zu
werden, indem man sich ähnlich zu geben versucht. Auf dieses Verhalten einzugehen und damit vorhandene Bedürfnisse vorerst zu

befriedigen ist also entsprechend sinnvoll, zumal dieses Verhalten
in der Regel nur von kurzer Dauer sein wird.

*Interessant dabei ist, daß unsere ältere Tochter gleichzeitig betont, daß die
jüngere noch nicht in den Kindergarten gehen und auch noch nicht so gut
turnen kann wie sie selbst.*

Sie versucht einerseits, die gleiche Beachtung wie als Baby zu erhalten, aber andererseits auch ihre neugefundene Individualität
auszuspielen und zu stärken.

Sie grenzt sich also andererseits auch ab und zeigt, daß sie einen
ganz anderen Status hat als das Baby, obwohl sie die Babyrolle nach-
ahmt.

*Warum ist die Entwicklung von Sprache und logischem Denken in den
ersten zwei Lebensjahren besonders stark und wieso sind Kinder gerade in
dieser Zeit fähig, besonders viel zu lernen und umzusetzen?*

Ein Kind lernt zunächst, indem es sich identifiziert mit dem, was
vorhanden ist. Und irgendwann, wenn diese Identifizierung stattgefunden hat, kommt der nächste Schritt, daß es wieder lernt, sich
abzugrenzen von dem, was vorhanden ist, um sich als Individuum
dort ausdrücken zu können. Wenn sich das Kind im Mutterleib befindet, ist zunächst eine vollkommene Identifizierung mit allem
vorhanden, mit der Mutter, mit dem Körper der Mutter, mit sich
selbst, aber auch mit dem Umfeld. Und in dieser Einheit ist natürlich der Informationsfluß vom Umfeld und von der Mutter unbegrenzt groß. Nach der Geburt schneidet sich das Kind entsprechend
von diesem Informationsfluß mehr und mehr ab, indem Wachbewußtsein und Unterbewußtsein als zwei unabhängig voneinander funktionierende Einheiten zur Funktion kommen und dann der
junge Mensch damit kreativ und praktisch umgeht. Wenn man also

die Entwicklung linear betrachten will, liegt die Zeit des größten Lernerfolges zwischen der Zeugung und vielleicht dem dritten und vierten Lebensjahr, mit abnehmender Tendenz.

Danach kann es zwar weiterhin lernen, aber die Lerngeschwindigkeit ist wesentlich kleiner, weil das Identifizierungsverhalten mit Information und mit dem Umfeld wesentlich kleiner geworden ist. Statt der Identifizierung steht jetzt die Individualität im Vordergrund. Der Mensch lernt um so schneller, je vollständiger er sich mit etwas identifiziert. Je älter der Mensch wird, desto mehr ist er auf seine Individualität bedacht, desto geringer ist die Bereitschaft zur Identifizierung, und entsprechend schwieriger ist es dann für ihn, etwas Neues zu lernen. Die Logik oder der Intellekt ist nichts anderes als die Fähigkeit, in der Vergangenheit aufgenommene Impulse mit gegenwärtigen Impulsen in ein Verhältnis zu setzen und daraus Schlüsse für die Zukunft zu ziehen. Dieser Intellekt kann sich erst dann entwickeln, wenn auch ein großes Potential von aufgenommenen Impulsen vorhanden ist. Und deshalb ist auch der Intellekt direkt im Zusammenhang mit dem aufgenommenen Informationspotential zu betrachten.

Wenn Kinder sprechen lernen, kommt häufig eine Phase, in der sie die Zeitstufen der Sprache durcheinander bringen, selbst wenn sie sie schon einmal vorher richtig gelernt haben. Zum Beispiel sagen sie anstatt: "Das hat Peter geschrieben", "Das hat Peter geschreibt". Welche Erklärung gibt es von Eurer Seite dafür?

Bei Kindern vermischen sich sehr stark die Zeitdimensionen, und aus diesem Grund ist es auch schwierig, eine korrekte zeitliche Sprache aufrecht zu erhalten. Nicht jedes Kind hat diese Schwierigkeit in gleichem Maße. Es gibt Kinder, die sehr stark in der Gegenwart verankert sind und in sich Vergangenheit und Zukunft deutlich trennen. Aber gerade wenn neue Geschwister auftauchen, ist oft die

Sehnsucht nach der Vergangenheit so stark da, daß sich die Zeiträume wieder vermischen. Die Identifikation mit den entsprechenden Zeiten wird sich aber von selbst ergeben.

Man sollte nicht korrigierend eingreifen, sondern die Kinder sprechen lassen wie sie sprechen und einfach das Gesagte im Sinne von einer Bestätigung nochmals richtig wiederholen, bei Deinem Beispiel eben in der Form: "Ach, das hat der Peter geschrieben.", damit es richtig abgespeichert werden kann.

Sollte man das Spielen von Kindern lenken oder freilassen, um sie in ihrer Entfaltung zu unterstützen?

Für eine freie Entwicklung von Kreativität und Selbstausdruck sollte das Spiel in den ersten Jahren grundsätzlich so frei wie nur möglich sein. Beispielsweise sollte man, wenn es um den Kauf von Spielsachen geht, möglichst viele verschiedene Spielsachen zusammenstellen, so daß das Kind sogar Spielsachen in ein Spiel einbauen kann, die vielleicht gar nicht zusammengehören. Das gelenkte Spiel ist erst später sinnvoll, etwas vor dem Kindergartenalter oder wenn es in den Kindergarten kommt. Mit gelenktem Spiel meinen wir in diesem Zusammenhang Spiele, die an Tätigkeiten erinnern, die der erwachsene Mensch später ausübt oder ausüben kann, und in denen das Kind vertraut wird mit der Logik oder der gezielten Handlungsweise von Erwachsenen. Aber dies hat eigentlich nichts mehr mit Spiel zu tun, sondern ist ein Training für späteres sinnvolles Verhalten in einem geordneten Zusammenhang. Das eigentliche Spiel ist das verspielte, sinnlose, kreative Schöpfen, und das sollte zu Beginn vorrangig unterstützt werden.

Können auch gemeinsame Rollenspiele sinnvoll sein, wo eine Grundvorgabe gegeben wird, aber im Spiel selbst auch eine freie Handlungsweise möglich ist.

Durchaus, aber der Akzent sollte auf völlig freiem Spiel liegen, wo das Kind selbst aussucht, was es machen möchte und es auch in der Lage ist, ein begonnenes Spiel jederzeit abzubrechen und ein anderes Spiel weiterzuspielen. Man sollte nicht darauf beharren, daß ein Spiel zu Ende gespielt wird, sondern eine spontane Flexibilität ermöglichen.

Welche Bedeutung hat Kinderspielzeug, und welche Rolle spielt dabei das sogenannte "Kriegsspielzeug", welches im Vergleich zu früher doch in sehr großen Mengen auf dem Markt ist. Besteht in diesem kriegerischen Spielzeug nicht die Gefahr, daß Kinder im Spiel auf ein kriegerisches Verhalten konditioniert werden?

Nun, grundsätzlich betrachtet gibt es eben Krieg und Waffen auf eurer Welt. Wenn ein Kind geboren ist, steht sein Bewußtsein in Kontakt mit allem was existiert, und es weiß also ohnehin, daß Krieg und Waffen existieren. Indem nun dergleichen auch in Form von Spielsachen wichtig werden, hat das Kind eine Möglichkeit, seine Informationen darüber auch zum Ausdruck zu bringen und sich damit auseinanderzusetzen. Man wird feststellen, daß ein friedliches Kind nicht plötzlich anfängt, aufgrund von Kriegsspielzeugen zum Aggressor zu werden. Es beginnt allenfalls, sich mit dem Problem der Aggression, der Verdrängung von Energien, der Abgrenzung und dergleichen auseinanderzusetzen. Das Angebot von Kriegsspielzeugen ist möglicherweise übertrieben, aber grundsätzlich sind damit in spielerischer Form Informationen manifestiert, die die Kinder ohnehin haben, und sie bekommen die Möglichkeit, damit sinnvoll umgehen zu lernen und ihren eigenen Standpunkt zu finden.

Die Verheimlichung dieser Spielzeuge wäre relativ nutzlos, weil das Kind ohnehin weiß, daß Krieg und Waffentechnik als Ausdruck von Angst und Aggression existieren und irgendwo in der Welt benutzt werden, zwar nicht so spielerisch und problemlos wie beim

Spiel der Kinder, aber energetisch betrachtet in ganz ähnlicher Weise. Selbst ohne vorhandenes Kriegsspielzeug würden Kinder Angst und Aggression in irgendeiner Form mit Spielzeug nachahmen, indem sie Symbole dafür suchen würden.

Man könnte also Kinder im Spiel dieses kriegerische Element ausleben und nachvollziehen lassen, ihre Information spielerisch umsetzen lassen und gleichzeitig auch die Möglichkeit aufgreifen, mit ihnen über Krieg und seine Folgen zu sprechen? Man könnte sie vielleicht fragen, warum sie jetzt im Spiel auf ein anderes Kind schießen, und ihnen versuchen klarzumachen, daß Krieg etwas ist, wodurch man andere verletzen und sogar töten kann.

Durchaus, das Spiel und das Spielzeug ist im Grunde genommen dazu gedacht, als Ausdrucksmittel für die Kinder zu dienen, aber es ist auch eine Vorbereitung für das spätere, tatsächliche Leben. Je mehr das Kind lernt, mit diesen Energien sinnvoll und eigenständig umzugehen, desto vorbereiteter ist es auf das, was an solchen Energien später auf es zukommt. Es ist nicht sinnvoll, das Spiel aus der Erwachsenenperspektive zu lenken, sondern man sollte die Kinder eigenständig spielen lassen, damit das Verständnis selbständig wachsen kann.

Wenn aber Kinder im Fernsehen, zum Beispiel in den Nachrichten oder auch in Filmen, Kriegsszenen erleben und nach deren Sinn fragen, ist es dann sinnvoll, dem Kind Erklärungen zu geben, insbesondere da ja die Informationen als solche sowieso da sind?

Durchaus. Wenn ein Kind von sich aus Informationen und zusätzliche Impulse von außen sucht, dann sollte man diese geben und aus eigener Sicht als Eltern kommentieren, aber man sollte sich bemühen, den freien Ausdruck solcher Energien nicht zu unterbinden.

Mir ist bei Kindergartenkindern aufgefallen, daß sie im Spiel manchmal so eine Art Selbstgespräch führen oder ein Gespräch mit immateriellen Gestalten. Sind denn für die Kinder diese imaginären Gestalten tatsächlich da, und welche Bedeutung haben ihre Selbstgespräche und der Austausch mit Gestalten, die wir nicht wahrnehmen?

Kinder versuchen spielerisch verschiedene energetische Standpunkte zu schaffen, symbolisiert durch Wesen, durch Menschen, durch Tiere, durch Pflanzen und damit einen Kreislauf in Gang zu bringen, einen Austausch zwischen sich selbst und diesen energetischen Standpunkten oder zwischen den energetischen Standpunkten als solchen, wobei das Kind lediglich der Beobachter wäre. Es geht um das Kennenlernen, um das Beobachten von energetischen Prozessen, Prozessen des Austausches, und zwar nicht nur im menschlichen Bereich, sondern überhaupt zwischen den Menschen und den Menschen und etwas anderem.

Der Erwachsene hat das Beobachtungsfeld des Alltages. Überall kann er beobachten, wie sich Energien verhalten, wie sie sich austauschen. Das Kind hat dieses erweiterte Beobachtungsfeld noch nicht, aber da sein Bewußtsein noch nicht begrenzt ist durch seinen Körper, sondern immer mit dem Umfeld verschmolzen ist, versucht es das, was es nur unklar wahrnehmen kann, in eine Ordnung zu bringen durch das Spiel. Es versucht, gewisse Energien so in eine lebendige Form zu bringen, daß es sich darauf beziehen kann. Es sind symbolhafte Energien, Energiekonzentrationen, auf die es sich bezieht und die sich aufeinander beziehen. Es können so Prozesse energetischer Natur ablaufen, die beobachtet werden und aus denen gelernt werden kann. Es kann durchaus sein, daß einige dieser Energiekonzentrationen tatsächlich vorhanden sind, in Form von Geistwesen beispielsweise, aber nicht notwendigerweise, vieles existiert nur in der Vorstellung.

Welche Bedeutung hat Musik für das Kleinkind und was ist das Wesen von Musik überhaupt?

Alles, was in eurer physischen Wirklichkeit existiert, ist schwingende, pulsierende, treibende, dynamische Energie, die in sich selbst eine Qualität hat und die mit dieser Qualität alles beeinflußt und beeindruckt, was in ihrem Umfeld vorhanden ist. Diese Einflußnahme bezieht sich nicht nur auf das sogenannte Lebende wie Menschen, Tiere und Pflanzen, sondern auf grundsätzlich alles, was existiert. Der Schall, der Klang ist im Grunde genommen nichts anderes als eine Energie, die aus der Grundstruktur der polaren Wirklichkeit entsteht und eine Information in sich trägt, die interpretiert wird über das Gehör, genauso wie das Licht, genauso wie andere Energien, die Ihr noch nicht kennt. Die Musik ist eine Qualität, in der die Polarität anfängt zu leben und beeinflußt das, was diese Musik hört oder, noch allgemeiner ausgedrückt, was dieser Musik ausgesetzt ist.

Dies gilt für alles und jeden, auch für Kinder. Abhängig davon, welche Qualität diese Musik hat, kann eben das, was dieser Musik ausgesetzt ist, diese Qualität entweder verinnerlichen oder sich dagegen abgrenzen oder auch unberührt davon durch sich hindurchfließen lassen, was aber bei weitem nicht so einfach ist, wie sich das anhören mag. Wenn man nun eine Information an jemanden weitergeben will über Musik, über Schall, dann muß man wissen, daß die Ebene, die angesprochen wird über Musik, hauptsächlich die Ebene ist, die Ihr die Ebene des Gefühls im Menschen nennt. Musik in dieser Qualität ist eines der besten Mittel und Wege, den Gefühlsbereich einer individuellen Struktur zu beeinflussen und zu prägen, in welchem Sinne auch immer. Man kann mit ruhigen und harmonischen Klängen das Gefühlsleben einer Person entsprechend gestalten oder man kann auch mit dynamischen Kompositionen das

Gefühlsleben einer Person aufreizen und steigern oder die Kreativität anregen durch wechselnde Qualitäten der Musik.

Mit Musik läßt sich die Gefühlsebene jedes Menschen beeinflussen, insbesondere bei Kindern, weil sie mehr Zugang haben zu ihrer Gefühlswelt und leichter Änderungen derselben zulassen. Man kann über den Zugang durch die Musik die Gefühlsebene der Kinder nahezu in jeder Weise beeinflussen, weil der natürliche Umgang des Kindes in den ersten sechs Jahren besonders über seine Gefühlswelt mit dem Umfeld erfolgt. Ein Kind beginnt in dieser Zeit zwar auch zunehmend stärker zu denken und zu analysieren und alles in ein logisches Verhältnis zu setzen, aber es reagiert auch sehr automatisch auf Gefühlsimpulse, die von außen kommen. Es unterscheidet zwischen Impulsen, die es mag und die es nicht mag; die eher ignoriert werden, indem die Ausrichtung der Wahrnehmung des Kindes eindeutig anders orientiert wird, gegenwartsbezogen nämlich und innerhalb der Gefühlsebene, die es gerade lebt. Die Musik kann beim Kind als Kanal genutzt werden, über den jede beliebige Information zugetragen wird und dies viel effektiver als beim Erwachsenen, weil eben die kindliche Gefühlsebene direkter ansprechbar ist. Wenn ein Kind traurig ist über einen Verlust und man dem Kind sagt, es gibt keinen Grund traurig zu sein, weil etwas so oder so ist, dann kommt diese Information mit Sicherheit auch irgendwie an, aber sie wird nicht gefühlsmäßig so einfach und vorurteilsfrei akzeptiert werden, als wenn die gleiche Information in Musik gekleidet wäre, die die Aussage unterstreicht. Man könnte eine fröhliche, auflockernde Musik für das Kind mit der Information verbinden, daß alles nicht so schlimm sei und gut werden wird, daß es etwas ähnliches wieder finden wird oder sich auch etwas ganz anderes ergeben kann und daß es auf jeden Fall geliebt ist. Wenn eine Information auf diese Weise geschickt mit Musik verknüpft wird, kann die Aufnahmebereitschaft von Seiten des Kindes wesentlich größer sein, sein Reaktionsverhalten viel einfacher und direkter.

In ähnlicher Weise hört man ja manchmal auch bestimmte Melodien und hat dann plötzlich Gefühle aus der Vergangenheit, die in bestimmten Situationen mit der Musik verknüpft waren und in der Gegenwart durch die gleiche Melodie wieder lebendig werden.

Absolut, und nicht nur das! Musik hat, wie wir sagten, eine Gefühlsqualität in sich. Sie spricht am ehesten die Energieebene im Menschen an, die man eben als Gefühlsebene bezeichnen kann. Wenn eine Musik gehört wird von einer bestimmten Qualität, dann antwortet im Menschen selbst der Aspekt innerhalb der Gefühls-ebene, der qualitätsmäßig der Musik entspricht, und dieser kann durchaus gespeichert sein zusammen mit Erinnerungen an ein Ereignis. Das ist der Grund, warum bestimmte Musik bestimmte Gefühle und Erinnerungen ans Licht bringen kann, unabhängig davon, ob diese Musik ursprünglich auch mit der Erinnerung verknüpft war.

Dann haben zum Beispiel auch Schlaflieder für mich eine entsprechende Bedeutung, denn sie sind meistens ruhig und getragen, und es scheint mir dann abends durchaus sinnvoll, den Kindern Schlaflieder vorzusingen.

Durchaus. Aber genauso wichtig wie der Klang des Schlafliedes ist dessen Inhalt, weil über die Musik der Kanal des Aufnehmens fast ohne Filter vollkommen offen ist und genutzt werden kann für günstige Informationen, die Vertrauen geben, Mut machen oder auch die Gesundheit aktivieren.

Vor einiger Zeit habe ich für meine Tochter, wenn sie geweint hat und auch für die Kinder in der Schule, wenn sie traurig waren, eine kleine Melodie gefunden mit folgendem Text: "Ich bin fröhlich, ich bin frei, und ich zieh das Glück herbei." Sie schien wie eine Zauberformel, die eine starke Wirkung auslöste und den Kindern meistens geholfen hat, wieder fröhlich zu sein, nachdem sie vorher traurig waren. Die Musik war also Träger für positive

Suggestionen, Ideen und Gefühle, von mir benutzt worden, so wie Ihr gesagt habt.

Gibt es Musik, die man Kindern nicht anbieten sollte?

Als ungünstig sollte hauptsächlich die Musik gemieden werden, die die Verspieltheit, die Unbefangenheit und das problemlose Reagieren auf das Umfeld behindert, zum Beispiel indem sie aggressivgetriebene Verhaltensweisen begünstigt. Kein Kind ist von sich aus aggressiv, weil Aggression erst durch die Verdrängung von Gefühlen entsteht. Wenn ein Kind in der Musik in Kontakt kommt mit diesen Gefühlsqualitäten, kann es zunächst damit nichts anfangen, weil dazu die Information fehlt und keine entsprechenden Gefühlsaspekte vorhanden sind. Dies erzeugt einen Konflikt. Es ist, als ob man jemanden füttern würde mit einer Nahrung, die er im Moment nicht vertragen kann und wo der Körper nicht weiß, was sie ist und wie er darauf reagieren soll, denn sie ist fremdartig. Es ist, als ob eine Krankheit eingeimpft würde als Vorsorge, wie wir zu einer anderen Gelegenheit sagten, für die es keinen konkreten Anlaß gibt. Musik, die einen Informationsgehalt hat, für den derjenige, der diese Musik hört, insbesondere eben Kinder bei diesem Beispiel, noch keine Vergleichswerte hat, stört auf eine ganz ähnliche Weise das Gleichgewicht.

Ist es sinnvoll, mit Kindern, wenn sie schon etwas älter sind, vielleicht fünf bis sechs Jahre, bevor man eine bestimmte Musik hört, auch über die Musik zu sprechen? Kann Musik zur Förderung von Entwicklungsprozessen benutzt werden?

Durchaus. Man sollte die Art der Musik grundsätzlich einer Entwicklungsphase oder, einfacher ausgedrückt, dem Bedürfnis des jeweiligen Menschen anpassen. Kinder, die also zwischen einem Jahr und sechs Jahre alt sind, haben das Bedürfnis, verspielt und kreativ sich ausdrücken zu lernen, sich auseinanderzusetzen mit dem Umfeld und sich zu leben als Individuum. Deshalb wäre also eine Musik ratsam, die genau diesen Prozeß unterstützt, eine leichte, spontane, verspielte und kreative Musik, gemischt vielleicht mit Klangfolgen, die das Kind wieder auf die Ruhe und sich selbst zurückführen. Der Schwerpunkt sollte aber auf der Verspieltheit liegen.. Man wird in der Tat dabei feststellen, daß Kinder ganz besonders in diesem Alter eben Musik lieben, die eher leicht und verspielt ist. Alles, was schwer ist, alles was aggressiv ist, wird in der Regel eher abgelehnt.

Ja, deshalb haben Kinderlieder meistens etwas fröhliches, wozu man sich auch körperlich bewegen kann, wobei man hüpfen und springen kann, und oft wirkt der Text dann noch unterstützend.

Man sagt, daß es gut wäre, schon in der Schwangerschaft klassische Musik zu hören, weil sie für das Baby positiv sein soll. Aber klassische Musik ist doch oft auch schwer. Was meint Ihr dazu?

Grundsätzlich sind Ursprung und Stil einer Musik nicht wichtig, es kommt nur auf die Qualität der Musik an und darauf, wie sie die Gefühle anspricht. Sogenannte klassische Musik zum Beispiel hat häufig eine ausgleichende und harmonisierende Wirkung für Mutter und Kind.

Elektronische Musik, wie man sie häufig bei New Age Musik findet, wäre sicher, wenn sie harmonisch ist, für Kinder auch geeignet? Wie wirkt elektronische Musik überhaupt?

Elektronische Klänge sind bedingt geeignet. Das kindliche Gehör unterscheidet durchaus zwischen einem natürlichen Ton und einem künstlichen, elektronisch erzeugten Ton. Ein künstlich erzeugter Ton ist für ein Kind nicht direkt nachvollziehbar. Es beginnt sofort zu suchen, wo der Ursprung dieses Tones liegt und vergleicht mit Klängen, die es kennt, und es kann keinen sinnvollen Ursprung dafür finden. Es gibt eine Ebene im Kind, die ständig nach Erklärungen für die Phänomene sucht, die akustisch, optisch oder wie auch immer wahrgenommen werden, um zu einer ganzheitlichen Wahrnehmung zu kommen, und dieser Teil ist irritiert.

Außerdem sind viele Kompositionen in der meditativen Musik durchaus nicht belebend, sondern eher lähmend, mit dem Ziel, den Menschen wieder zu sich selbst zu bringen. Ein Kind in diesem Alter soll aber nicht zu sich selbst geführt werden, sondern es soll herausgeführt werden, aus sich heraus, hinein in die aktive Anteilnahme und in den Austausch, und braucht dazu eher belebende Klänge.

Wenn die Wahl besteht zwischen natürlichen Instrumenten und solchen künstlichen, wäre die Wahl für natürliche Instrumente zu treffen, wenn es um die kindliche Entwicklung und Steigerung der kindlichen Wahrnehmung geht.

Elektronische Musik hat aber natürlich trotzdem die Möglichkeit, Gefühle anzusprechen und irgendwann wird das Kind aufhören, nach den Ursachen des Tones zu suchen und sich dann vermehrt mit der Qualität oder der Aussage der Musik auseinandersetzen. Diese Aussagen gelten also bevorzugt für kleine Kinder und Babies, für die es immer sinnvoll ist, wenn elektronische Musik gehört und gespielt wird, auch eine Alternative zur Verfügung zu haben von Musik, deren Töne noch natürlich entstehen und nachvollziehbar sind.

Alles, was hier in eurer Wirklichkeit existiert, ist auch natürlich, aber es ist sehr viel schwieriger für ein Kind nachzuvollziehen, wodurch ein komplizierter elektronischer Ton entsteht als ein mehr direkt entstandener, wie zum Beispiel durch einen Schlag.

Wann sollten Kinder anfangen, Musik zu machen oder sich mit Instru-
menten vertraut zu machen?

Im Grunde genommen kann ein Kind in jedem Alter beginnen,
Töne zu erzeugen, gleichgültig womit. Ob sie dabei Instrumente im
eigentlichen Sinne benutzen oder nicht, ist nicht entscheidend. Solange etwas einen Klang erzeugt, kann ein Mensch bzw. ein Kind
damit forschen und verstehen, wie der Klang dem entspricht, was
den Klang erzeugt und was damit machbar ist. Ob dies zum Spiel
auf einem Instrument führt oder nicht, ist nicht so wichtig wie daß
der kreative, klangvolle Aspekt dabei im Vordergrund steht.

Wenn ein Kind einen Ton erzeugt oder mehrere Töne, dann ist
der vorrangige Lerneffekt dabei, verstehen zu können, wodurch ein
Ton entsteht und wie er das widerspiegelt, wodurch er erzeugt wird.
Man kann bei der Musik verschiedene Aspekte betrachten; zum einen die Töne, die erzeugt werden und was die Töne widerspiegeln
relativ zum Instrument, das sie erzeugt, zum anderen aber auch die
Informationen und den Gefühlsgehalt, der verschlüsselt in der Musik
enthalten ist. Beide Aspekte sind wichtig. Der erzeugte Ton als
Schwingung repräsentiert das, wodurch er entsteht; die Qualität
desselben, die Komposition, enthält die Informationen, die auf der
Ebene der Gefühle in der Struktur der Musik verschlüsselt sind.

Ich habe schon bei meiner Tochter bemerkt, daß das Erzeugen von Klän-
gen oder Musik ein Ausdrucksmittel ist und Lernprozesse ermöglicht. Sie
kann zum Beispiel einen Deckel nehmen und mit irgend etwas draufklopfen
und sich dann riesig darüber freuen, wenn ein Ton herauskommt.

Kinder können dabei richtig forschen. In der Schule habe ich zum Bei-
spiel mit Kindern ganz einfache Instrumente gebaut beziehungsweise mehr
gebastelt, Rasseln, Trommeln und Zupfinstrumente, damit sie sehen, wie so

etwas entsteht und wo dann die Töne herkommen, um sie in ihrem spieleri-
schen Umgang mit Tönen zu unterstützen!

Wir haben mit den selbsthergestellten Instrumenten auch Spiele gemacht,
zum Beispiel Indianerspiele, Richtungshören, um Töne und Musik auch in
den praktischen Ausdruck zu integrieren.

Wie können Kinder den Umgang mit Klang- und Musikinstrumenten
sinnvoll erlernen, leicht und mit viel Spaß?

Zunächst ist es grundsätzlich sinnvoll, einem Kind in jedem Alter verschiedene Klanginstrumente zur Verfügung zu stellen mit zu-
nehmender Komplexität bis hin zum eigentlichen Instrument. Aber
man sollte dem Kind nicht beibringen, wie es Musik zu machen hat.
Wenn ein Kind im frühen Alter lernt ein Instrument zu spielen, wird
es oft vorgeprägt, in welcher Form Musik aufgebaut sein muß, in
welcher Form Musik ein Informationsträger ist und wann Musik
eben kein Informationsträger oder unakzeptabel ist. Dies nimmt den
schöpferischen Ansatz der Kinder vollkommen weg.

Der Forschergeist wird unterbrochen, und es ist ungleich schwieriger für das Kind, jemals zu verstehen, was Musik wirklich ist. Deshalb wäre es viel sinnvoller, einem Kind so lange wie möglich zu
gestatten, selbständig einen Zugang zu einem Instrument zu finden,
auch wenn dann nicht das erzeugt wird, was die Erwachsenen Musik
nennen. Für das Kind mag es aber in seinem Verständnis und nach
seinem Gefühl sehr wohl ein musikalischer Ausdruck sein.

Jetzt möchte ich Euch bitten, etwas zu sagen über das Wesen und die Wir-
kung von Farben, über das kindliche Malen und über Farben, die ein Kind
umgeben sollten und zu deren Einfluß.

Farben, ähnlich wie Musik, sind Informationsträger für Gefühle. Ein Kind nimmt die Farben wesentlich intensiver wahr als der Erwachsene, weil es den Gefühlsgehalt noch sehr viel direkter erkennt. Außerdem kann ein Kind auch über die Malerei, über die Farben seine Gefühle direkt zum Ausdruck bringen. Der Zugang zu einem gefühlsmäßigen Ausdruck über Farben und über Malen ist sehr direkt und eindeutig und vollkommen. Dabei kommt es zunächst nicht so sehr darauf an, wie die Form aussieht, in der die Farben auftreten, sondern sehr viel mehr darauf, wie und in welcher Mischung sie benutzt werden.

In diesem Zusammenhang ist es wichtig, etwas über den Gebrauch von Farben zu wissen. Jede Farbe, die ein Mensch bevorzugt, gibt im Grunde genommen ein Ausdrucksverhalten wider und spiegelt den gefühlsmäßigen Bezug einer Person zum Umfeld. Die Farbe gibt Aufschluß darüber, wie sich die Person selbst empfindet, wie sie sich im Verhältnis zum Umfeld empfindet und wie sie sich im Verhältnis zum Umfeld ausdrückt.

Die verschiedenen Farben haben verschiedene Bedeutung in ihren jeweiligen Mischungen und Tönen, deshalb ist es schwierig, für jede Farbe eine Deutung zu geben, denn es würde eine sehr komplexe Betrachtungsweise erfordern. Deshalb, um vielleicht ein einfacheres Umgehen zu ermöglichen, einige grundsätzliche Hinweise zu verschiedenen Hauptfarben.

Die Farbe "ROT": Ein helles Rot drückt Dynamik aus, Aggression, Kraft, Bewegung, Feuer, Impulsivität, steht für verändernde Energien nach außen. Statt der Bereitschaft, sich zu einigen, spiegelt sie den Wunsch, etwas zu verändern. Rot symbolisiert den innersten Ausdruck der Grundpersönlichkeit nach außen. Wo diese Farbe bei Kindern gelebt wird, weiß man, daß dieses Kind versucht, sich ungebremst zum Ausdruck zu bringen, eine Kraft nach außen fließen zu lassen und daß es diese Ausdrucksphase auch braucht. Wenn also Rot in den Malereien dominant werden würde, dann wüßte man, daß eine Zeit eingetreten ist, bei der das Kind möglichst viel Freiraum braucht und auch etwas Widerstand, an dem es sich reiben kann, weil sein Ausdruck momentan vorrangig ist.

Die Farbe "BLAU": Das helle Blau spiegelt Leichtigkeit, Luftigkeit, Phantasie, das Nichtmaterielle, das Geistig-Traumhafte, das Fließende wider. Wann immer diese Farbe auftaucht, weiß man, das Kind beschäftigt sich mit diesen Aspekten des Lebens eher als mit sachlichen, zu lernenden, schwierigen oder materiellen Dingen.

Das dunkle Blau spiegelt wider den Abstand; das Kind sucht Distanz nach außen. Es möchte sich nicht auseinandersetzen, es möchte weder gefühlsmäßig noch gedanklich noch sonstwie belästigt werden. Es sucht die Ruhe. Es braucht den Abstand zum Verarbeiten, weil es zum Beispiel überfordert ist von äußeren Impulsen.

Die Farbe "GELB" ist Ausdruck von Verspieltheit, von Spontaneität, von Naivität, von vollkommener Impulskraft, die in der Gegenwart entsteht und auf das Kind selbst bezogen ist. Das Gelb im Gegensatz zum Rot versucht nicht, etwas zu verändern, sondern einfach, sich für sich selbst auszudrücken, ohne dabei gleichzeitig Einfluß nehmen zu wollen auf das Umfeld. Ob dieser Einfluß da ist oder nicht, spielt keine Rolle. Das Gelb ist die typische Farbe des Kindes.

Die Farbe "SCHWARZ" ist die Farbe des Sterbens, des Todes. Immer dann, wenn Schwarz auftritt, ist ein Kind dabei, eine Ausdrucksphase zu beenden. Etwas, was wichtig war, ist unwichtig geworden, ein spezieller Ausdruck hat sich überlebt oder aber auch ist vielleicht unterdrückt worden. Das Schwarz drückt auf jeden Fall das Zuende-

gehen einer Ausdrucksphase aus, wodurch auch immer dieses Ab-
schließen verursacht worden sein mag.

Die Farbe "WEISS": Ein helles, strahlendes Weiß symbolisiert das
Gegenextrem zu Schwarz, nämlich die Geburt. Das Kind sucht einen neuen Ausdruck, es ist bereit für einen neuen Ausdruck und
weiß aber noch nicht genau, in welche Richtung dieser Ausdruck
gehen soll. Es ist die Farbe des unschuldig Geboren-Werdens, eines
neuen ganzheitlichen Ausdrucks.

Die Farbe "GRÜN" ist die Ruhe, die Toleranz, das selbstverständliche Aufnehmen des Umfeldes. Das helle Grün ist Leichtigkeit, die
Farbe von Bewegung, aber auf eine ruhige, stetige Weise. Helles Grün
im Gegensatz zu Rot hat nicht nur die Bewegung und Veränderung,
sondern auch den Aspekt der Ruhe in sich und ist deshalb eine sehr
stark heilende Farbe. Wann immer Grün - vor allem in hellen Tönen
- zum Ausdruck kommt bei einem Kind, weiß man, alles ist in Ordnung, alles ist im Gleichgewicht.

Die Aussagen dieser Farben lassen sich auf die Kleidung und auf
alle Aspekte im Umfeld übertragen, auf Stoffe, Möbel, Wände, auf
Speisen und Getränke, und auf alles, womit man in Kontakt kommt
und was die Aufmerksamkeit einnimmt. Die Wirkung dieser Farben
kann bei Kindern und Erwachsenen gezielt eingesetzt werden für
die persönliche Entfaltung und den Ausdruck unterstützen.

*Gibt es eigentlich für die Altersstufe von eins bis sechs Jahren eine Farbe,
in der man die Räume halten sollte? Ich denke dabei an die Anthroposophen,
die für bestimmte Altersstufen bestimmte Farben wählen.*

Dies ist in allgemeiner Form schwierig eindeutig zu beantworten,
weil die Farbe sehr relativ zum Kind oder zum Menschen ist, der dort
leben oder arbeiten soll. Wenn zum Beispiel ein Kind da ist, das Aus-

drucksschwierigkeiten hat, dann wäre die Farbe sicher so zu wählen, daß diese Ausdrucksschwierigkeiten gemindert bzw. der Ausdruck unterstützt wird, zum Beispiel durch gelblich-orange Farben oder rötliche Töne oder gar durch ein gelbliches Grün. Ist da aber ein Kind, das sich übermäßig ausdrückt, sich vollkommen verliert im Ausdruck, hektisch und nervös ist, chaotisch und ungerichtet, nicht weiß, wohin es mit der Energie soll, sollte man eher ein mittleres Grün oder ein helles bis dunkles Blau verwenden.

Manchmal scheint sich die Vorliebe für bestimmte Farben oft schon innerhalb kurzer Zeit zu ändern, aber es ist schwierig, dann ständig die Wände neu zu streichen. Was könnte man denn da tun?

Grundsätzlich sollte man schon die Farben alle paar Jahre ändern, aber es wäre hilfreich, die Farben grundsätzlich hell zu lassen im Ton, damit ihre Bedeutung nicht zu groß wird, und sie mit farbigen Extras wie zum Beispiel Bildern zu unterstützen. Falls sich dann in der Persönlichkeit etwas ändert, unterstützt die jeweilige Farbe die Änderung vielleicht nicht mehr, aber unterdrückt sie auch nicht.

Es gibt einen psychologischen Test, in dem die Kinder ihre Familie als Tiere darstellen sollen. Ich fand den Test immer sehr interessant und teilweise auch symbolisch für die Schwierigkeiten, die das Kind jeweils mit seinem Umfeld bzw. mit seinem Elternhaus hatte. Mich würde zu diesem Test Eure Meinung interessieren.

Können solche Tierdarstellungen Beziehungen ausdrücken, die das Kind zur Familie hat, wie eindeutig können solche Tests sein?

Ein solcher Test kann grundsätzlich sinnvoll sein, aber es ist wichtig zu wissen, wie das Kind bestimmte Tiere erlebt. Wenn ein Kind mit einem Tier bestimmte persönliche Erlebnisse gehabt hat, und das Tier taucht für das Kind immer wieder in dieser Weise auf, dann verbindet möglicherweise das Kind mit diesem Tier bestimmte Qualitäten, die ein Erwachsener diesem unmöglich zuordnen würde, weil ihm die Erfahrung fehlt. Wurde ein Kind zum Beispiel einmal erschreckt von einem gewissen Tier, dann könnte es solche Qualitäten und Erfahrungen mit dem Tier verbinden, die dieses Tier an sich überhaupt nicht hat und ihm von Erwachsenen auch nie beigemessen würden. Deshalb könnte dieser Test sehr verzerrt interpretiert werden, wenn er von einer neutralen Instanz gedeutet wird, die über den Erfahrungsschatz des Kindes nichts weiß. Um einen solchen Test sinnvoll auswerten zu können, müßte man das Kind ermuntern, Tiere zu zeichnen, mit dem Hinweis, daß es völlig gleichgültig ist, wie gut diese dargestellt sind, vielleicht als einfache Strichzeichnungen, um nicht aufgrund eines Darstellungsdruckes bestimmte Tiere auszuschließen. Vor der Deutung müßte man dann mit dem Kind klären, was es für die einzelnen Tiere empfindet, welche Erfahrungen es mit ihnen hatte, was es empfindet, wenn es dieses Tier sieht, um dann anhand dieser Aussagen später Rückschlüsse ziehen zu können auf diese Darstellungen. Der Bewertungsmaßstab ist also für jedes Kind individuell festzulegen.

Wie wichtig sind körperliche Bewegung und körperlicher Ausdruck wie "Turnen, Tanzen, Herumtoben, Spaziergänge" u. ä. für Kinder in dieser Altersgruppe?

Bis zum ersten Lebensjahr lernt ein Kind, daß es einen Körper hat und daß es sich durch diesen Körper ausdrückt. Es lernt die wichtigsten Dinge über den Körper, um damit überhaupt lebensfähig zu sein. Dann, in den nächsten Jahren, lernt es nicht nur lebensfähig zu sein im Körper, sondern auch den Körper als Ausdrucksmittel zu gebrauchen. Aus diesem Grunde ist es wichtig, dem Kind möglichst viele Ideen darüber zu vermitteln, wie der Körper gebraucht werden kann als verspieltes Ausdrucksmittel, als Mittel, um Gefühle Gedanken und vieles, was sonst noch in der Psyche des Kindes vor sich geht, zum Ausdruck zu bringen, vielleicht durch die Mimik oder durch den Ausdruck der Augen oder durch den Ausdruck der Hände.

Dies sollte nicht unter dem Aspekt der Leistung erfolgen wie beim Sport oder bei Gymnastik im eigentlichen Sinne. Es ist wichtig, dem Kind zu vermitteln, daß der Körper ein Ausdrucksorgan der Psyche selbst ist und als dieses durchaus zweckfrei tätig sein kann. Der Ausdruck muß nicht sein, um Leistung zu erreichen oder um verstanden zu werden, sondern kann um seiner selbst willen erfolgen.

Sinnvoll könnte es also sein, ein Kind zu motivieren, zu tanzen, auch mit anderen zusammen zu tanzen, Rollenspiele zu machen und Pantomime oder Schauspiel in Verbindung mit gymnastischen Übungen nur um der Übung willen. Sie zeigen dem Kind, was es mit dem Körper tun kann, wie es sich darin ausdrücken kann, was der Körper aussagen kann. Eine gute Aufgabe wäre es auch, Kinder Gegenstände, Pflanzen oder Tiere darstellen zu lassen.

Das ist schön. Man könnte auch einzelne Kinder Tiere darstellen lassen und die anderen dürfen dann erraten, um welches Tier es sich handelt, oder Pflanzen oder überhaupt Dinge, die existieren.

Man könnte vielleicht auch nur mit dem Gesicht arbeiten und darstellen, wie man traurig oder fröhlich ist oder auch Fingerspiele und Bewegung mit den Händen als Ausdrucksmittel zur Unterstützung der Sprache entwickeln.

Abschließend habe ich noch eine Frage zu Wasser als Spielelement für Kleinkinder, die sehr viel Spaß damit haben. Wofür ist Wasser ein Symbol?

Wasser ist als Symbol gleichbedeutend mit fließender Dynamik, mit Leichtigkeit, fließender Veränderung, das Nicht-Haltbare, das

Nie-Gleiche, ähnlich wie der Wind, aber mit noch sehr viel mehr materiellen Aspekten als der Wind. Wasser ist das fließende Prinzip. Wasser symbolisiert die Dynamik der Seele, die genauso fließend ist, spürbar, weich fließend, sich ständig verändernd. Wasser ist nicht in sich unterscheidbar im eigentlichen Sinne, es dehnt sich aus, es zieht sich zusammen, es ist beweglich, es umfließt, es hat keine feste Struktur außer diejenige Form, die es annimmt auf Grund der äußeren Randbedingungen. Ein Kind, was noch nicht gelernt hat, in einer starren Struktur zu leben, so wie es die meisten Erwachsenen später tun, die sagen, ich bin so oder so, fühlt sich besonders hingezogen zu Wasser, weil eben diese wechselnde fließende Dynamik dem Wesen des Kindes sehr ähnelt.

Ja. Mir ist aufgefallen, daß Kinder sehr gerne mit Wasser spielen und herumplantschen.

Unsere Töchter nehmen jede Gelegenheit wahr, um mit Wasser spielen zu dürfen, obwohl sie früher, wenn es um das Baden bzw. um das Waschen der Haare ging, Ängste davor entwickelten, sich Wasser über den Kopf fließen zu lassen. Was könnte die Ursache dafür sein, daß man den einen Kindern Wasser über den Kopf gießen kann und sie dabei lachen und sich wohlfühlen, andere Kinder aber anfangen zu schreien, wenn sie nur ein paar Tröpfchen Wasser ins Gesicht bekommen?

Wenn ein Kind Angst vor Wasser hat, dann gibt es in der Regel irgendein Erlebnis in der Vergangenheit, vielleicht im Mutterleib, vielleicht bei der Geburt oder aber auch in der ganz frühen Kindheit, wo eine Angst gegenüber Wasser aufgebaut wurde. Es ist müßig, zu überlegen, welche Erlebnisse diese gewesen sein könnten, wichtiger ist es, dem Kind zu helfen, sich möglichst schnell wieder anzufreunden mit dem Element Wasser und damit verspielt umgehen zu können und sich vor allem darin sicher zu fühlen.

*Im Zusammenhang mit kindlichem Ausdruck möchte ich Euch bitten,
auch zu einem aktuellen Ereignis Stellung zu nehmen.*

*Unsere ältere Tochter, die nach einer anfänglichen kurzen Klammerphase
sehr gerne in den Kindergarten ging, begann nach einer kurzen Erkrankung
mit hohem Fieber erneut stark zu klammern. Sie will zwar jeden Morgen in
den Kindergarten gehen, aber wenn wir dann dort sind, möchte sie nur mit
mir zusammen bleiben und weint heftig, wenn ich gehen will.*

*Ich habe bis jetzt das Problem fast in den Griff bekommen, indem ich et-
was länger bleibe und vor Kindergartenschluß wiederkomme, aber was können die Ursachen dieser erneuten Klammerphase sein, die anscheinend auch
von anderen Kindern erlebt wird. Wie sollte man auf solche Situationen sinnvoll reagieren?*

In diesem Alter, geht es bevorzugt darum, daß das Kind lernt, aus
der Identifikation mit der Mutter und dem elterlichen Haus herauszutreten, hinein in die Konfrontation mit dem Umfeld. Es geht darum, das Vertraute, das, womit es sich identifiziert hat und das aus
diesem Grunde ein Teil von ihm selbst geworden ist, vorübergehend
aufzugeben zugunsten einer Konfrontation mit etwas Neuem. Der
eigentliche Entwicklungsprozeß eines Kindes besteht darin, zu lernen, sich mit allem, mit Mutter und Umfeld gleichermaßen vollkommen zu identifizieren, dann die Identifikation mit der Mutter
vorrangig werden zu lassen, dann die allmähliche Auseinandersetzung mit einer zusätzlichen Person, einem zusätzlichen Pol - meistens dem Vater - zu akzeptieren und dann die Auseinandersetzung
mit dem jetzt getrennt erlebten Umfeld zu erleben. Der Schwierig-
keitsgrad, in welchem diese Auseinandersetzung erfolgt, ist jeweils
unterschiedlich.

Eine sinnvolle Art, diesen Lernprozeß zu unterstützen ist, die Konfrontation zu ermöglichen, aber nicht zu erzwingen. Wenn Du also siehst, daß deine Tochter leidet, dann wäre es mit Sicherheit übertrieben, sie in diesem Leid zu belassen und mit Gewalt zu dieser Auseinandersetzung zu zwingen, denn die Identifikation würde sich nicht natürlich lösen, sondern wäre von außen erzwungen. Damit würde auch Angst vor einer weiteren Konfrontation entstehen und das Kind würde um so mehr versuchen, sich mit dem ursprünglichen Pol, der Mutter oder einer anderen Instanz zu identifizieren, statt sich selbst in der Konfrontation zu finden. Das Ablösen aus der Identifikation kann nur natürlich, in einem langsamen Prozeß, der sich aus sich selbst heraus entwickelt, erfolgen. Einfach betrachtet, wäre es für das praktische Umgehen mit ihr sinnvoll, sie in der Überzeugung zu lassen, daß die Identifikation mit dir noch aufrechterhalten ist und gleichzeitig ganz langsam die Auseinandersetzung mit dem neuen Umfeld erfolgen kann. Vielleicht solltest Du sie ab und zu im Kindergarten belassen, auch wenn sie weint, um zu beobachten, wie sich ihre Reaktionen verändern werden, aber dann auch frühzeitig dort hingehen, um ein äußeres Zeichen dafür zu setzen, daß Du als Ganzheit noch für ihre Identifikation da bist. Das Krankwerden von Kindern hat übrigens sehr oft damit zu tun, daß sie sich zurückziehen und aus einer Konfrontation gewissermaßen heraustreten wollen, entweder in sich selbst hinein zur eigenen Identifikation, oder um eine andere Instanz, bevorzugt die Mutter, dazu zu bringen, sich um es zu kümmern und sich damit wieder identifizieren zu können.

In solchen Situationen ist es auch wichtig, dem Kind zu erklären, daß man einen Anspruch auf den eigenen Ausdruck hat, auf die eigene Freiheit, so wie es selbst, damit es versteht, worum es eigentlich geht. Deine Tochter muß verstehen, daß Du auch Dinge alleine tun willst so wie sie alleine im Kindergarten ist, und das dies nichts ist, was gegen sie gerichtet ist, sondern nur für dich selbst, für deinen eigenen Ausdruck. In diesem Zusammenhang sollte man immer auch erklären, daß sie sich selbst ausdrücken sollen, spielend, für sich alleine, und daß dieser Ausdruck für sich alleine durchaus freudvoll und spaßig sein kann. Das Kind muß verstehen, das Du ein Recht und die Pflicht hast, für dich selbst zu sein und dich auszudrücken für eine gewisse Zeit, daß es selbst aber das gleiche Recht hat, es auch zu tun. Die Aktion des Erwachsenen kann dann ins Verhältnis gesetzt werden zu sich selbst. Immer voran stehen muß die Erkenntnis, daß ein Kind durch Imitation lernt, und je mehr es versteht, desto vollständiger kann die Imitation werden.

Die Situation des Getrenntseins ist für das Kind völlig neuartig; für den Erwachsenen ist es normal, alleine zu sein und für sich selbst Dinge zu tun, aber das Kind war zu Beginn seiner Inkarnation vollkommen eins mit dem Umfeld und der Mutter und dem Vater. Das Natürliche für das Kind ist das Eins-Sein, nicht die Trennung. Und aus diesem Grunde muß es allmählich verstehen lernen, daß der andere Aspekt des Lebens eben die Getrenntheit ist, die Polarität, in der man sich besonders für sich selbst zum Ausdruck bringen kann. Es muß lernen, daß dieser Ausdruck für sich selbst natürlich und wünschenswert ist, nicht nur für den Elternteil, sondern auf lange Sicht für das Kind selbst. Dieser Lernprozeß ist durchaus nicht einfach, und braucht oft viel Geduld.

Je besser das Vorbild der Eltern ist, desto einfacher erfolgt die Imitation des Kindes. Eine Mutter, die sich ständig identifiziert mit dem Mann oder mit den Kindern, wäre kein entsprechendes Vorbild. Die Kinder würden es aus diesem Grunde ungleich schwerer haben, in die Selbständigkeit zu kommen.

Dann sollte man seine Bedürfnisse immer äußern und zum Beispiel auch sagen, wenn man für sich selbst Bilder malen möchte und das Kind unbe-

dingt auf demselben Blatt mitmalen will, daß man das Bild alleine malen will und daß es selbst für sich eins malen sollte.

Es würde dann merken, daß manchmal ein Mensch für sich selbst alleine etwas tun möchte und auch tun sollte, es würde die Freude am selbständigen Tun im Nachhinein erfahren und später wieder suchen.

Nachdem unsere ältere Tochter indirekt den Tod ihres Großvaters miterlebt hatte, kam sie mal zu mir, als sie krank war und sagte, sie möchte noch nicht sterben, und sie möchte auch nicht, daß ich krank werde und sterbe. Wie kann man mit Kindern über den Tod sprechen, wie erleben sie ihn überhaupt, und wie kann man bei Kindern mit grundsätzlichen Fragen umgehen, wie: Wohin geht der Mensch nach dem Tod, was ist Gott, woher komme ich?

Für ein Kind existiert die Idee des Sterbens als solche nicht. Für das Kind kann nichts sterben im Sinne von Ausgelöschtwerden, so wie es sehr oft Erwachsene verstehen oder sehen. Für ein Kind ist Sterben gleichbedeutend mit Weggehen. Und wenn ein Kind traurig ist über den Tod eines Menschen, dann nicht, weil das Kind glaubt, daß dieser Mensch ausgelöscht ist, sondern weil er weggegangen ist. Er ist aus dem Kreis der Identifikation verschwunden. Man könnte deshalb einem Kind erklären, daß etwas, das stirbt, z. B. ein Mensch oder ein Tier, hinübergeht in eine andere Welt, aber dabei offenlassen, welcher Art diese Welt ist. Es ist ein Wechsel in eine andere Welt, von wo aus ein Zurückkehren sehr unwahrscheinlich, aber nicht unmöglich ist.

Kinder können sehr häufig Menschen oder Tiere, die gestorben sind, als Geistwesen wahrnehmen, wenn sie zurückkehren und mit diesen durchaus in Kontakt treten, was Erwachsenen wesentlich schwerer fällt. Wenn man also über das Sterben spricht, dann sollte man zwar erklären, daß ein Mensch oder ein Tier in eine andere Welt gegangen ist, aber daß es auch nicht auszuschließen ist, daß sie wiederkommen.

Ich hatte meiner Tochter erklärt, daß der Großvater sterben wollte, und daß er sich jetzt dort, wo er ist, wahrscheinlich wohler fühlt, und daß er vielleicht in einem anderen Leben wiedergeboren wird. Diese Idee hat ihr auch gefallen. Sie meinte, daß er dann ja wieder ein Baby wäre, das man auf den Arm nehmen kann, und daß es bei Tieren wohl so ähnlich sei.

Wir hatten zu Weihnachten eine Gans, und unsere Tochter wollte dann wissen, ob die Gans sterben mußte, ob es ihr wehgetan hat und ob sie wiedergeboren werden kann, wenn sie will. Ich habe ihr erklärt, daß die Gans mit ihrem Tod einverstanden war und ihren Körper für uns zum Essen übriggelassen hat. Kann man das so sagen oder welche Möglichkeiten seht Ihr, um mit Kindern darüber zu sprechen?

Es ist durchaus sinnvoll zu sagen, daß die Gans ihren Körper gegeben hat, damit die Menschen davon essen und weiterleben können. Die Gans ist nicht gestorben, sondern in eine andere Welt gegangen und hat ihren Körper zurückgelassen. Bei einem Menschen, der stirbt, zerfällt der Körper, bei einem Tier wird der Körper von anderen Menschen benutzt, damit sie weiterleben können. Dies ist der Kreislauf der Natur. Im Grunde genommen ist das Sterben ein Weitergehen der Seele oder der Persönlichkeit eines Wesens.

Dieses Prinzip liegt dem Kind noch viel näher als dem Erwachsenen, und deshalb kann man sich auch darauf beziehen. Der Geist kann entweder als Geist wiederkommen oder er nimmt sich einen neuen Körper und wird wiedergeboren.

Das wären Erklärungen, die für Kinder einen Sinn ergeben. Möglicherweise sollte man dem Kind nicht sagen, daß der Großvater nach dem Tod in einer anderen Welt ist, wo er sich besser fühlt, denn woher will man das wissen. Es reicht aus, zu erklären, daß der Opa in eine andere Welt oder vielleicht in viele andere Welten gegangen ist. Keiner weiß so genau, wo er hingegangen ist. Vielleicht kommt er zurück als Geistwesen und erzählt davon, oder aber er wird in ein anderes Leben geboren und bleibt dort. Und es besteht durchaus die Möglichkeit, daß die Kinder ein Geistwesen im Sinne einer Geisterscheinung tatsächlich sehen oder spüren und sich damit sogar verständigen.

j   nehr Menschen diese Möglichkeit wieder in Betracht ziehen, desto mehr könnten sie geistige Energien mit ihren inneren Sinner wieder wahrnehmen.

In meiner Tätigkeit als Lehrerin und auch in meinem privaten Kontakt mit Kindern bin ich immer wieder mit der Frage nach Gott konfrontiert worden:

Wer ist Gott? Wo ist Gott? Gibt es überhaupt einen Gott?

Wie kann man Gott oder das göttliche Prinzip den verschiedenen Altersstufen näherbringen?

Im Grunde genommen kommt es sehr darauf an, wer diese Fragen stellt. Wichtig ist nicht so sehr das Alter, sondern der persönliche Reifegrad dessen, der die Frage stellt. Bei der Beantwortung der Fragen ist es grundsätzlich wichtig, daß das, was geantwortet wird, auch vorstellbar und umsetzbar ist.

Wenn ein kleines Kind, das sich nicht ein großes göttliches Prinzip vorstellen kann, wissen will, was Gott ist, dann könnte man vielleicht sagen, daß Gott so etwas ähnliches ist wie ein Übervater, der danach schaut, daß alles rechtmäßig zugeht, mit dem man Probleme besprechen kann, der zuhört, der gerne behilflich ist, jeden Menschen liebt und immer da ist, wenn man ihn braucht. Man kann ihn nie sehen, denn er versteckt sich hinter einem Baum oder hinter einer Wolke oder hinter anderen Verstecken, so daß niemand weiß, wie er aussieht. Aber er ist immer da und sieht uns und hört zu und hilft uns vor allem ganz liebevoll.

Für Kinder im Kindergartenbereich oder in den ersten Schuljahren könnte ich mir eine solche Erklärung vorstellen, für ältere Kinder müßte man wahrscheinlich etwas weiter ausholen und könnte auch abstrakter werden.

Was könnte man in diesem Zusammenhang sagen, wenn ein kleines Kind fragt. "Woher komme ich, was bin ich vorher gewesen?"

Man kann zum Beispiel erzählen, daß es viele Welten gibt, und daß man manchmal von einer Welt in die andere Welt geht. Aber man geht nicht einfach so in eine Welt, daß man dort fertig auftaucht, sondern man wird geboren. Man taucht zuerst ein in den Bauch der Mutter. Man wird von der Mutter als kleines Baby im Bauch herumgetragen wie im Beutel eines Känguruhs, um sich so ein bißchen an diese neue Welt zu gewöhnen. Wenn man sich daran gewöhnt hat, steigt man aus diesem Bauch heraus, geht durch die Welt, und wenn man genügend erlebt hat, stirbt man wieder und geht in eine andere Welt.

Mit kleinen Kindern kann ich mir diese Antwort vorstellen. Wenn jetzt Vierzehn- bis Achtzehnjährige die Fragen stellen, und der Gottesbegriff schon ganz anders besetzt ist, könntet Ihr dazu vielleicht auch schon eine Anregung geben?

In dieser Altersgruppe kann man schon wesentlich grundsätzlicher werden. Man kann zum Beispiel sagen, daß man unter Gott eine Energie versteht, eine Kraft, die ähnlich wie Radiowellen oder Lichtwellen ständig um uns ist und uns beeinflußt und auf uns wirkt, aber die normalerweise nicht bewußt wahrnehmbar ist.

Diese Kraft existiert und kann angezapft werden durch eine bewußte Entscheidung. Man kann diese Kraft nutzen, um sich selbst zu helfen. Man kann diese Kraft benutzen, um sich selbst zu spüren, sich zu entwickeln, auch um Muskelkraft aufzubauen oder die Konzentration zu steigern. Sie ist eine Kraft, die überall ist, ein verbindendes, allzeit bereites Energieprinzip. Man kann diese Kraft an sich ziehen, indem man betet oder indem man sich einfach darauf einstellt. Dies wäre durchaus verständlich in dieser Alterstufe.

Man kann in diesem Alter vielleicht auch schon darauf hinweisen, daß in jedem dieses göttliche Prinzip enthalten ist, jeder Gott in sich trägt und ihn zum Ausdruck bringen kann.

Der Hund meiner Eltern ist sehr krank und wird wohl nicht mehr lange leben. Unsere Tochter fragte deshalb, ob denn ein Hund oder andere Tiere auch als Mensch wiedergeboren werden können und ob Menschen als Tiere geboren werden können. Welche Antwort wäre da sinnvoll?

Man kann der Einfachheit halber zunächst die Frage bejahen. Die Antwort ist zwar nicht ganz korrekt, aber sie ist auch nicht falsch. Ein Hund hat ein eigenes Bewußtsein, das in gewisser Weise verbunden ist mit dem Bewußtsein anderer Hunde und so ein großes Bewußtsein darstellt, aber gleichzeitig ist der Hund auch ein Individuum. Dieser individuelle Aspekt kann wiederum mit anderen Bewußtseinsaspekten, menschlichen oder auch pflanzlichen verschmelzen und lebt in dieser Einheit bereits jetzt schon als Mensch oder als Pflanze.

Deshalb ist es in gewisser Weise richtig zu sagen, daß in einem anderen Leben dieser Hund auch als Mensch wiedergeboren werden kann, auch wenn dies nur zum Teil sein sollte, indem er menschliche Aspekte integriert hat. Genauso kann er auch als Pflanze, eben mit pflanzlichen Aspekten wiedergeboren werden. In ähnlicher Form könnte auch ein Mensch als Vogel geboren werden, indem er Aspekte des Vogelbewußtseins integriert. Im menschlichen Bewußtsein sind immer Aspekte anderer Bewußtseinsformen enthalten, und daraus leitet sich auch ein potentielles Verständnis für andere Bewußtseinsformen her, zum Beispiel für Tiere, Pflanzen oder auch Steine.

Eine weitere Frage war, ob Tiere und Pflanzen uns verstehen können, wenn wir mit ihnen sprechen, ob Menschen sich mit Tieren und Pflanzen also unterhalten und verständigen können. Was meint Ihr dazu?

Absolut! Es geht dabei weniger um das gesprochene Wort als um die Absicht beziehungsweise die Information, die dahinter steht. Die Ursprungsform der Kommunikation war nicht das gesprochene Wort, sondern der Austausch von Bewußtseinsinhalten direkt von Bewußtsein zu Bewußtsein. Erst mit der Zeit wurde dieser Austausch unterstützt und symbolisiert durch körperlichen Ausdruck, durch Laute, durch Mimik und durch Sprache. Irgendwann trat der Austausch von Bewußtseinsinhalten in direkter Form ganz in den Hintergrund und man hat sich ganz auf die Sprache verlegt.

Aber in der Kommunikation mit Tieren und Pflanzen gibt es immer noch diesen direkten Bewußtseinsaustausch, wobei die Pflanze oder das Tier ihn sehr viel mehr empfinden als der Mensch.

Es ist ein Austausch in Form von Energie und Information, der nicht im eigentlichen Sinne sprachlich erfolgt, sondern vom Bewußtsein ganzheitlich erfahren wird.

In unseren Gesprächen habt Ihr oft die Notwendigkeit erwähnt, den freien Ausdruck von Kindern zu fördern. Aber in der täglichen Erziehung ergibt sich für mich dabei die Frage, inwieweit man nicht doch durch Lob und Tadel eine Richtung vorgeben muß. Wenn unsere Tochter ein schönes Bild gemalt hat und es mir zeigen will, dann glaube ich, daß es schon eine Bestätigung oder etwas Schönes sein könnte, ihr zu sagen, daß mir das Bild gefällt und daß sie etwas Schönes gemalt hat. Versteht Ihr das auch als Lob und Tadel?

Lob und Tadel ist alles, was ein Urteil ausspricht. Die Aussage, daß dir das Bild gefällt, ist eine andere, als die Aussage, daß dieses Bild gut ist. Und der Unterschied zwischen diesen beiden Aussagen ist groß. Wenn Du sagst, daß dieses Bild gut ist, dann wird suggeriert, daß Du als ein anderer Mensch in der Lage bist, zu entscheiden, was an dem, was deine Tochter tut, gut oder schlecht ist. Sagst Du aber auf der anderen Seite nur, daß dir dieses Bild gefällt, dann sagst Du nichts über die Qualität aus, sondern drückst subjektiv deine Einstellung dem Bild gegenüber aus und läßt dabei offen, ob dieses Bild tatsächlich gut oder schlecht ist. Denn diese Entscheidung ist ganz bei deiner Tochter, nicht bei dir.

Damit vermittelst Du auch dem Kind, daß Dir etwas gefällt, aber daß jemand anderes das ganz anders sehen könnte. Du vermittelst das Recht auf den eigenen Standpunkt und förderst damit die persönliche Freiheit.

Es wäre denkbar, daß zwei Personen auf das gleiche Bild schauen, und die eine sagt, es sei gut, die andere aber, es sei schlecht. Was sollte Deine Tochter davon halten, wer hätte recht? Sie wäre vollkommen verwirrt. Es wäre für sie leichter zu verstehen, daß die beiden dieses Bild eben unterschiedlich empfinden, und das wäre etwas völlig anderes, als selbst über das Bild bewertet zu werden.

Im Zusammenhang mit Erziehung und freiheitlicher Betreuung habe ich auch Fragen zum Wesen und den Möglichkeiten von Träumen. Dienen sie dazu, Reize zu verarbeiten, und gibt es bei Kindern in der Altersstufe von eins bis sechs Jahren auch Träume, die zukünftige Ereignisse vorbereiten oder ankündigen, also Träume präkognitiver Art? Wie geht man überhaupt sinnvoll mit kindlichen Träumen um?

Bei jedem Menschen, auch bei Erwachsenen, gibt es eine Vielfalt verschiedener Träume. Es gibt Träume, die gewissermaßen Ereigniswahrscheinlichkeiten der Zukunft vorwegnehmen. Es gibt Träume, die Energien widerspiegeln, die verarbeitet werden oder auch einfach zum Ausdruck gebracht werden. Es gibt Träume, die eine Reise in andere Bereiche der Zeit, in andere Bereiche des Raumes beschreiben, in andere Bereiche eurer bekannten Welt und auch in andere Wirklichkeitsdimensionen. Es gibt Träume, die den Kontakt oder die Kontaktaufnahme mit anderen Wesen - verkörperten oder nicht verkörperten - beschreiben. Es gibt Träume, die im Grunde genommen Erinnerungen an astrale Wanderungen sind. Aber unabhängig davon, welche Träume ein Kind hat, braucht man diese Träume nicht zu deuten, sondern sie haben bereits, indem sie geträumt werden, etwas in Bewegung gesetzt. Kindliche Träume haben im Grunde genommen keinen Informationsgehalt und machen also auch kein verstandesmäßiges Auseinandersetzen damit notwendig. Der Traum an sich, indem er geträumt wird, hat bereits etwas verändert.

Das würde bedeuten, wenn ein Kind einen Traum erzählt, daß man sich den Traum einfach anhört und es dabei bewenden läßt, ihn nicht deutet oder erklärt, sondern vielleicht nur nachfragt oder allgemein darüber spricht.

Oder wenn ein Kind einen Angsttraum hat, dann könnte man es einfach trösten und ihm sagen, daß es jetzt wieder hier ist und alles wieder gut ist, und es keine Angst mehr zu haben braucht.

Ja, und man kann beispielweise auch sagen, wie gut es ist, daß die Dinge in der Nacht geschehen, im Traum und nicht hier, weil sie jetzt nicht mehr passieren werden und alles angsterregende weg ist, was, nebenbei bemerkt, tatsächlich in vielen Fällen auch stimmt.

Man braucht mit Kindern keine Traumarbeit in therapeutischem Sinne zu machen. Wenn ein Kind das Bedürfnis hat, einen Traum mitzuteilen, dann kann man ihn aufgreifen, aber eher im Sinne einer Anteilnahme, um das Interesse auszudrücken und an dem Traum Anteil zu nehmen, aber nicht, um ihn zu deuten oder zu bewerten. Die Traumwelt soll für ein Kind natürlich und zauberhaft bleiben.

Wenn ein Kind zum Beispiel Angst hat oder nicht einschlafen will oder krank ist, kann man ihm abends suggestiv sagen, daß in der Traumwelt Helfer und Freunde warten, die ihm Rat geben, die es gesund machen, oder die einfach mit ihm auch spielen wollen, damit es leichter einschlafen und durchschlafen und auch erholt und vergnügt wieder aufwachen kann.

Man kann dem Kind erzählen, daß die Traumwelt eine andere Wirklichkeit ist, in die es hineingehen kann und die es gestalten kann, wie es will; daß sie das große Reich der Phantasie ist, in der es sich frei bewegen kann, wo es träumen kann, was immer es will, wo es ganz frei ist in jeder Form, wo es Freunde finden kann, Abenteuer erleben kann, und wo es auch die Eltern finden kann, wenn es möchte! So wird es sich auf den Schlaf freuen und die wache Wirklichkeit leichter hinter sich lassen.

Kinder haben häufig beim Aufwachen Schwierigkeiten, sie weinen oder schreien und brauchen eine gewisse Zeit, bis sie überhaupt richtig hier sind. Wodurch ist das bedingt und wie kann man den Kindern ein leichteres Erwachen ermöglichen?

Das Erwachen heißt zum einen Abstand zu nehmen aus diesem Reich der Phantasie. Häufig ist das Aufwachen für das Kind aber auch noch eine starke Erinnerung an den Geburtsvorgang, an das zwanghafte Hineingeworfenwerden in diese äußere, polare und oft sehr viel problematischere Wirklichkeit. Je mehr das Kind etwas hat, worauf es sich freuen kann, desto einfacher wird das Eintauchen in diese Wirklichkeit sein. Man kann beispielweise abends vor dem Einschlafen dem Kind gewisse Anregungen geben, was es morgens alles machen darf, was es an Schönem geben wird am nächsten Tag, damit so die Motivation, aufzuwachen, vergrößert wird. Dies gilt nebenbei nicht nur für Kinder, sondern auch für Erwachsene, die mit mehr Motivation leichter aufwachen werden.

Im Zusammenhang mit Träumen und Schlafen frage ich mich, was günstige Randbedingungen für einen guten Schlafplatz sind. Wie sollte zum Beispiel die Schlafunterlage von Kindern beschaffen sein?

Allgemein betrachtet sollten Unterlage und Bettzeug aus natürlichen Stoffen mit einer weichen Oberfläche beschaffen sein, damit das Kind erinnert wird an den kuscheligen Bauch der Mutter. Je kuscheliger, je höhlenartiger und je weicher die Oberfläche des Schlafplatzes ist, desto mehr erinnert sich das Kind an das weiche, kuschelige, sorgenlose Dasein im Mutterleib. Und dies gilt z. T. noch für Erwachsene genauso, wobei aus Gesundheitsgründen die Schlafunterlage für Erwachsene eher hart sein sollte.

Welche Bedeutung hat die Zimmertemperatur beim Schlafen?

Die Umfeldtemperatur beim Schlafen ist nicht sehr wichtig, weil der Körper sich immer anpassen kann, wenn Extreme vermieden werden; wichtiger ist, daß die Luftfeuchte ausreichend ist, um die Atemwege nicht zu sehr austrocknen zu lassen. Für die meisten Menschen würde eine Temperatur um 18 Grad ausreichend sein.

Bei vielen Kindern kommt irgendwann ein Zeitpunkt, wo sie nachts ein-
fach ins Bett der Eltern krabbeln wollen. Wie kann man mit diesem Bedürf-
nis, bei den Eltern schlafen zu wollen, sinnvoll umgehen?

Wie wir an anderer Stelle sagten, stellt sich das schwierigste Problem für Kinder ein, wenn sie aus der Identifikation in die Konfrontation, in die Auseinandersetzung mit dem Umfeld gehen. Immer
wieder holen das Kind Erinnerungen an das ehemalige Eins-Sein
ein, und sie suchen wieder extrem die Nähe zu den Eltern. Dieses
Nähesuchen taucht wellenartig immer wieder auf und klingt dann
irgendwann langsam aus.

Wenn das Bedürfnis nach Nähe kommt, sollte man dem vorübergehend nachgehen, aber es nicht zur Regel werden lassen, um die
Entwicklung in die Freiheit zu unterstützen.

Grundsätzlich sucht jeder Mensch Geborgenheit, wenn er schlafen geht, und das ist der Grund, warum Kinder wieder zu den Eltern gehen, weil dort Liebe, Geborgenheit und Körperwärme sind.
Um dieses auszugleichen und die kleinen Menschen zu ermuntern,
sich selbst Geborgenheit zu geben, sollte man in ihr Zimmer Dinge
tun, die Geborgenheit vermitteln, zum Beispiel eine Tapete, die lustig und angenehm ist, auf die man beim Einschlafen schauen kann.
Musik, die gespielt wird, Kuscheltiere, die da sind, oder schöne Farben, die das Kind liebt. Im Grunde genommen sollte man ein Umfeld schaffen, in dem sich das Kind wohlfühlt und zu dem es einen
Bezug hat, und gleichzeitig auch die Gewißheit vermitteln, daß es
jederzeit zu den Eltern kommen kann, wenn es das braucht. Auf der
anderen Seite sollten die Eltern auch sehr klar sagen, daß sie alleine
schlafen möchten, um sich richtig erholen zu können. Das Kind muß
verstehen lernen, daß die Eltern auch Zeit für sich alleine brauchen
und vor allem auch ihren Schlaf brauchen, damit es ihnen gut geht.
Jeder braucht seinen Spielraum.

Man sagt, daß es Störfelder gibt wie Erdstrahlen, Wasseradern oder auch magnetische Felder, und daß diese den Schlaf, aber auch die Gesundheit zum Teil erheblich beeinflussen können. Ist es notwendig, die Schlafstellen auf solche Störfelder hin untersuchen zu lassen?

In der physischen Wirklichkeit gibt es überall Energien und Energiefelder unterschiedlichster Natur, die für den einen Menschen gut verträglich oder sogar nützlich sind, für den anderen aber nicht. Die Verträglichkeit ist abhängig von der Art und der Intensität des eigenen menschlichen Energiefeldes und ist nicht allgemein bestimmbar. Jeder Mensch sollte selbst herausfinden, welcher Ort und entsprechend welche Energien zu ihm passen, indem er auf sein Wohlbefinden achtet. Besonders geeignet dazu ist der Zustand vor und beim Einschlafen oder auch beim Aufwachen, wo die Wahrnehmungssensibilität in gesteigerter Form vorhanden ist. Der einzige Maßstab dabei sollte das persönliche Wohlbefinden sein. Wenn man gewöhnlich erholt und frisch aufwacht und leicht und entspannt einschläft, kann man davon ausgehen, daß die Randenergien entweder neutral oder sogar günstig wirken auf die betroffene Person. Für Kinder sollten die Eltern beobachten, beziehungsweise Kinder suchen sich bisweilen instinktiv ihren Schlafplatz aus.

Ihr sagtet an anderer Stelle, daß das soziale Umfeld und insbesondere die Eltern ein Vorbild für die Kinder sind und sie durch Nachahmung dieser Personen lernen. Das würde ja bedeuten, daß Kinder in gewisser Weise Spiegelbild ihrer Eltern bzw. des sozialen Umfeldes sind. Können Kinder auch Verhaltensweisen ausdrücken, die nicht über das soziale Umfeld erlernt wurden?

Grundsätzlich lernen Kinder sich in diese Wirklichkeit einzubringen, indem Vorbilder gesucht werden, nicht nur Menschen, sondern auch Tiere, Pflanzen und alles, was im Umfeld geschieht. Wann immer also ein Kind hineingeboren wird in diese Wirklichkeit, be-

116

ginnt es sich sofort zu identifizieren und über diese Identifikaticn einen eigenen Ausdruck zu suchen.

Ein Kind, das hier eintaucht in diese Wirklichkeit, gezeugt wird und ausgetragen wird im Mutterleib, hat zwar bereits etwas, was man eine eigene Identität oder gar Persönlichkeit nennen könnte, aber diese Persönlichkeit ist nicht im Muster von Gefühlen, Gedanken oder Ideen gefangen, sondern auf eine energetische Weise, die sehr schwer erklärbar und auf jeden Fall nicht mit dem zu vergleichen ist, was später als eine geformte Persönlichkeit auftritt. Die Grundnatur eines Kindes hat weder Gefühle noch Gedanken noch bestimmte Bilder des Ausdrucks in sich, sondern nur treibende Energien, die nach Ausdruck drängen. Diese Energien formen sich dann zum Ausdruck; Ausdrucksformen können Gefühle, Gedanken und Bilder sein, Ausdrucksweisen, die sie dann lernen bzw. übernehmen von Vorbildern. Aber im Grunde genommen ist das, was die Eigenheit eines Kindes ausmacht, weder seine Gefühle, mit denen es sich später ausdrückt, noch seine Gedanken, sondern das, was diesen zugrunde liegt.

Dies ist schwer zu verstehen, weil man, sobald man Mensch geworden ist, sich angewöhnt hat, sich selbst nur noch als Ergebnis oder als Summe von Fähigkeiten, Gedanken, Gefühlen und inneren Ideen zu betrachten. Man übersieht oder hat vergessen, daß dem etwas völlig anderes zugrunde liegt, daß, bevor überhaupt ein Gedanke gedacht oder ein Gefühl gefühlt werden kann, bestimmte energetische Prozesse in Gang treten, die wiederum ganz individuell für jeden Einzelnen sind. Insofern gibt es zwar auf der einen Seite eine Imitation des Umfeldes, aber auf der anderen Seite auch energetische Prozesse, die sich unabhängig vom Umfeld abspielen und austauschen. Diese haben es möglicherweise schwer, sich zum Ausdruck zu bringen, weil manchmal die entsprechende Struktur, die zum Ausdruck führen könnte in Form von Gedanken und Gefühlen, im

Umfeld nicht gefunden werden kann. Wenn das der Fall ist, ergibt sich ein Konflikt, ein Ausdruckskonflikt. Auf der einen Seite gibt es die Imitation, über die das Kind lernt, sich im Umfeld und in der Wirklichkeit auszudrücken und mit der es arbeitet, auf der anderen Seite aber existieren unabhängige Energiegefüge, die nach einer Ausdrucksform suchen und nicht über Imitation funktionieren. Wenn in einem Menschen Energiestrukturen existieren, die keine Form des Ausdrucks finden, entstehen energetische Blockaden, die letztlich als Aggressionen oder Verzweiflung zum Ausdruck kommen oder zur Depression und zur Labilität führen können.

Der Grund dafür, daß sich ein Kind vor der Zeugung ein bestimmtes Umfeld aussucht, ist grundsätzlich darin zu suchen, daß es die jeweilige Art des Ausdruckes für sein späteres Leben sucht, in dem das Umfeld entweder als Herausforderung erlebt wird, um daran zu wachsen, oder aber als günstiges Vorbild zur direkten Imitation, weil dieses Umfeld seinen eigenen energetischen Gefügen entspricht. Ein Kind sucht sich das Umfeld aus, das am ehesten geeignet ist, ihm langfristig im Verlauf seines Lebens zu helfen, sein Energiegefüge, das es mitgebracht hat, in dieser Wirklichkeit auch zum Ausdruck zu bringen.

Kinder in diesem Alter zeigen manchmal aggressive und trotzige Verhaltensweisen, die gar nicht zu ihren sonstigen Verhaltensweisen passen. Sie können zum Beispiel, um etwas durchzusetzen, ganz heftig mit Schreien reagieren und sich gar auf den Boden werfen, und toben und können sich überhaupt nicht mehr beruhigen. Wodurch sind solche Verhaltensweisen bedingt und wie sollte man sich als Erwachsener in einer solchen Situation verhalten?

Solche übertriebenen Reaktionen sind nicht nur Kindern zu eigen, sondern durchaus auch Erwachsenen. Der Grund ist darin zu suchen, bei Kindern sowohl als auch bei Erwachsenen, daß vielleicht über einen längeren Zeitraum hinweg ihr ureigenstes Energiegefüge nicht zum Zuge gekommen ist, daß also das Umfeld dem Einzelnen es nicht erlaubt und auch kein Instrument dafür bereitgestellt hat, daß er sein Energiegefüge zum Ausdruck bringen und schöpferisch gestalten konnte. Es kam zu einer Unterdrückung oder zu einer Lähmung des Energiegefüges. Wenn dann ein Ereignis kommt, was dieses Unterdrücktwerden dem Kind oder dem Erwachsenen sehr deutlich werden läßt und zeigt, daß sie machtlos sind, kommt es zu einer Explosion aufgestauter Energien.

Die aufgestaute Energie verschafft sich Freiraum. Der eigentliche Anlaß mag dann zwar klein sein, aber vorausgegangen ist vielleicht eine lange Phase von Verdrängung des eigenen energetischen Seins.

In wieweit spielen Erbanalgen eine Rolle für das kindliche Verhalten und die kindliche Persönlichkeit?

Ein Seelchen, das sich ein Elternpaar aussucht, sucht sich sein Umfeld aus, und in diesem Umfeld ist auch der genetische Code, also die Erbmasse der Eltern, des Vaters und der Mutter, entscheidend. In gewisser Weise bilden die Erbanlagen, die gesucht werden, auch ein Ausdrucksmittel für das energetische Gefüge, wobei allerdings bis zu einem gewissen Maße die Erbmasse bzw. deren Auswirkung verändert werden kann zugunsten des eigenen energetischen Ausdrucks. Wenn also Vater und Mutter zusammen ein Kind zeugen, hat die Erbmasse nicht eindeutig unveränderliche Konsequenzen auf das Erscheinungsbild und Ausdrucksvermögen des Kindes, sondern kann durch das energetische Gefüge im Bewußtsein des Kindes im Ausdruck noch verändert werden. Diese Aussagen klingen vielleicht für eine biologische Betrachtungsweise zweifelhaft, aber dennoch ist es so. Die Erbanlage ist durchaus nicht immer zwingend in ihrem eigenen Ausdruck, sondern ist in ihrer Auswirkung veränderbar.

Wenn ein Kind ein energetisches Gefüge hat, was sich nicht ausdrücken kann, dann wird sich diese gestaute Energie später gewalt-
sam Ausdruck verschaffen, und dieses gewaltsame Ausdrücken
kommt beispielsweise in Form von Kinderkrankheiten zum Vor-
schein, oder auch in unkontrollierten Ausbrüchen von Gefühlen und
Gedanken, bei Kindern sowohl wie auch bei Erwachsenen, bei denen dies bis zur Selbstzerstörung gehen kann.

*Bei unseren Töchtern beobachte ich, daß es manchmal, wenn sich die äl-
tere zu kurz gekommen fühlt, zu übertriebenen Schreikrämpfen kommt, durch
die sie die gleiche Beachtung erkämpfen will. Was ist in diesem Zusammenhang Eure Perspektive zu Eifersucht unter Geschwistern? Wie kann man
sinnvoll damit umgehen?*

Wenn es zu extremen Situationen wie Schreikrämpfen kommt, ist
vorher bereits wahrscheinlich ein Stau gewesen im Gefühlsbereich.
Gerade bei Geschwistern kommt es häufig vor, daß Eifersucht vorhanden ist und der ältere Geschwisterteil glaubt, er könne vielleicht
zu kurz kommen mit den Energien, die ihm zugeteilt werden. Solche Reaktionen auf Grund auch kleiner Anlässe sind durchaus verständlich und normal. Ein Kind muß erst lernen, daß es nicht möglich
ist, immer alles zu bekommen oder immer das Gleiche zu bekommen wie der andere.

Was es bekommen kann und bekommt, ist abhängig von der jeweiligen Situation und ist also veränderlich. Dies ist zu Beginn nicht
leicht zu verstehen, und insofern sollte man eine übertriebene Reaktion nicht überbewerten. Aber wenn ein übersteigerter Ausdruck
von Gefühlen entsteht, zum Beispiel im Sinne von Wut, von Verzweiflung oder Frustration, dann ist dem etwas vorausgegangen, was die
Energien aufgestaut hat und was man untersuchen sollte.

Wenn ein Kind glaubt, zu kurz gekommen zu sein, ist es wichtig, ihm zu erklären, warum es nicht so ist. Vielleicht könntest Du als Mutter Deinen Töchtern manchmal erklären, daß Du dich hin und wieder eher um deinen lieben Mann kümmern möchtest als um die beiden, und umgekehrt, daß dein Mann sich lieber um dich kümmern möchte als um die beiden, und auch, daß Du dich eher um die eine Tochter kümmern möchtest als um die andere, aber daß alles im regen Austausch ist, und daß alle gleich wichtig sind. Dieses Verständnis ist wichtig für später, damit die Kinder auch die Bedürfnisse anderer Menschen wichtig nehmen lernen und bereit sind, Bedürfnisse und Freiraum der anderen zu achten.

Wenn ein Kind geboren wird, muß es lernen, sich aus der Identifikation mit der Mutter zu lösen, aus dem deutlichen Gefühl des Einsseins. Wenn dann später ein Geschwisterchen geboren wird, ist das Problem nicht mehr nur, daß es sich trennen mußte in der Geburt von der Mutter, und sich nun langsam anfreunden lernen muß mit dem Umfeld, sondern daß jetzt auch noch ein zusätzliches Geschöpf da ist, was die Energie der Mutter anteilig in Anspruch nimmt und damit von ihm selbst abzieht.

Dies stellt natürlich für das ältere Geschwisterteil immer ein Problem dar, weil die Herausforderung, sich alleine und selbständig auseinanderzusetzen mit dem Umfeld ungleich größer wird. Deshalb erleben Einzelkinder normalerweise diese Ablösung wesentlich später und haben gerade deshalb auch in der Zukunft am meisten Probleme mit Eifersucht.

Glaubt Ihr, daß sich das soziale Gefüge in der Zukunft bei den Menschen verändern wird, denn Ihr habt ja wiederholt über eine Wende gesprochen und über eine ganz andere Art des Lebens, vielleicht schon im nächsten Jahrtausend. Wir sind jetzt gewohnt, in Familien und in zweigeschlechtlichen Be-

ziehungen zu leben, in Partnerbeziehungen. Wird das in der Zukunft anders sein?

Absolut. Wenn der größere Zusammenhang zwischen den physischen Aspekten des Menschen und seiner geistigen Kräfte mehr verstanden und genutzt wird, wird es kein Bedürfnis mehr nach Gruppenbildung und Partnerschaften geben, um sich sicher zu fühlen. Es wird kein Bedürfnis mehr geben, Abhängigkeiten aufzubauen und gleichzeitig Verpflichtungen zu erzeugen, denn der Mensch wird sich stark genug fühlen, in sich selbst und aus sich selbst heraus spielerisch und meisterhaft sein Leben ganz frei zu leben. Es wird dann noch immer Partnerschaften und Gruppen geben, aber nicht um der Geborgenheit willen, sondern für den gemeinsamen Austausch, zur Steigerung der Erlebnisintensität, basierend auf individuellem Ausdruck.

Die Beziehung zu den Kindern wird dann mehrheitlich sein, indem nämlich das Kind zwar von zwei Elternteilen gezeugt wird, aber das Erbgut der beiden Eltern stark von den psychischen Energien mehrerer Individuen beeinflußt werden kann und somit die Möglichkeit besteht, geistige Fähigkeiten direkt von außen, von Bewußtsein zu Bewußtsein zu übertragen.

Wie könnte man bis dahin die Kinder im Sinne eines solchen neuen Zeitgeistes erziehen und sie auf die neue Freiheit vorbereiten?

Man sollte ein Kind nicht abkapseln gegen eine scheinbar feindliche Umwelt, gegen feindliche Strahlung, gegen giftige Ernährung oder gegen ungünstige Einflüsse von Mitmenschen, sondern den Kindern den Kontakt und Austausch mit möglichst vielen Reizquellen ermöglichen, damit das psychische und physische Potential angeregt wird und sich schneller und ganzheitlicher entfalten kann als bei scheinbar behüteten, wohlumsorgten und gut erzogenen Kindern, die reizarm und ohne Herausforderungen aufwachsen.

Welche Bedeutung haben Namen für Kinder und Menschen allgemein?

Alles in Eurer Wirklichkeit ist Information und Energie, und die Energien, die man sucht, die Energien, mit denen man sich auseinandersetzt, und die Energien, mit denen man sich identifiziert, prägen das Ausdrucksverhalten. Ein Name ist eine Folge von schwingender Energie. Und wenn man sich mit dieser Energie längere Zeit identifiziert, nimmt man Qualitäten dieses Energiegefüges an, identifiziert sich damit und hemmt entweder damit den ureigenen Energieausdruck oder fördert ihn, abhängig davon, wie diese Energie zum eigenen Energiegefüge paßt.

Aus diesem Grunde ist es notwendig, wenn man einem Kind einen Namen gibt, sich wirklich auf das kleine Wesen einzustellen, den Namen auf sich wirken zu lassen und sich zu fragen, inwieweit diese Schwingung, die Energie dieses Namens, in Einklang steht mit dem Kind. Es ist natürlich möglich, verschiedene Namen energetisch aufzuschlüsseln und zu beschreiben, welche Grundenergien sie haben, was man damit tun kann und wie diese Grundenergien auf das Kind einwirken. Aber dies ist eine Fülle von Material, und an dieser Stelle nicht sinnvoll.

Grundsätzlich gilt, daß jeder Name, sowohl Vorname als auch Nachname, einen Einfluß hat, wenn man sich damit identifiziert. Man identifiziert sich normalerweise nicht mit dem Vornamen und dem Nachnamen, sondern mit seinem Rufnamen, so wie man gerufen wird. Wenn der Name fällt, weiß man, daß man selbst gemeint ist, und deshalb wird der Name bzw. der Rufname mit dem Ich identifiziert, und aus dieser Identifizierung erfolgt eine Prägung.

Es gibt Namen, die wirken leicht oder schwer, gefühlvoll oder kontrolliert, fröhlich oder ernst, bestimmt oder nachgiebig, fließend oder verklemmt, schüchtern oder frech und so fort. Wenn man einen Namen in sich klingen läßt, fühlt man, wie er wirkt.

Ich möchte Euch zum Schluß dieses Kapitels bitten Hinweise für die Erziehung und Betreuung von Kindern zu geben, die vielleicht fortführbar sind bis ins jugendliche Alter.

Grundsätzlich gelten die Hinweise, die wir gleich geben werden, für Kinder und für Erwachsene gleichermaßen. Erwachsene sollten mit sich selbst und untereinander ähnlich umgehen, wie sie es mit Kindern tun oder wie die Kinder es untereinander tun.

Der Mensch kommt hierher in diese Wirklichkeit, um sich selbst und sein Potential zum Ausdruck zu bringen. Der ganze Sinn des Lebens in dieser Wirklichkeit besteht darin, sich selbst im Ausdruck zu erleben. Immer dann, wenn es nicht zu diesem Ausdruck kommt, entstehen Probleme. Ein Mensch ist in sich vollständig. Jeder Mensch, jeder Einzelne, hat in sich die Möglichkeit, Zugang zu finden zu seinen Bedürfnissen, zu seinen Fähigkeiten, zu seinen Persönlichkeitsmerkmalen und sich mit diesen zu identifizieren und durch den eigenen Ausdruck zu lernen. Wenn von außen nicht entsprechende Impulse kommen, ist es manchmal schwer, diese eigenen Impulse zu finden. Sind die äußeren Impulse bedrängend, starr und nicht genügend freiheitlich, dann kann es sein, daß diese Starre empfunden wird und daß man sich mit ihr identifiziert im positiven wie im negativen Sinne und dadurch den Kontakt mit den anderen Impulsen von sich verliert.

Um Kinder zu ihrem eigenen Selbstausdruck zu bringen, ist es notwendig, ihnen den Freiraum zu lassen, sich in ihrer eigenen Weise mit der Wirklichkeit zu identifizieren und sich in diese Wirklichkeit hinein zum Ausdruck zu bringen. Man muß nur dort die Grenzen ziehen und diesen Ausdruck begrenzen, wo der Freiraum einer anderen Person angetastet wird, damit das Prinzip des natürlichen Austausches und der natürlichen Freiheit für jeden Einzelnen verstanden wird. Es geht darum, dem Kind nicht aufzuprägen, daß das gut ist, was die anderen glauben, sondern beizubringen, daß es selbst entdecken kann, was es für gut empfindet. Es ist wichtig, zwar eine Meinung zum Ausdruck zu bringen gegenüber einem Kind, aber ihm kein Wertesystem überzustülpen, ihm Anregungen zu geben, aber keine klaren Linien vorzuschreiben, ihm das Gefühl zu geben, daß es angenommen ist, ohne aber gleichzeitig den Eindruck zu erwecken, daß dieses Annehmen gebunden ist an bestimmte Verhaltensweisen durch Aussagen wie "Du bist aber ein liebes Kind", "Ach bist Du ein schlaues Kerlchen", "Aber das hättest Du wissen müssen", "So mag dich kein Mensch" und dergleichen. Es geht darum, eine Toleranz gegenüber dem Ausdruck eines Kindes zu entwickeln.

Immer dann, wenn ein Kind Schwierigkeiten hat mit sich, in der Schule, im Umgang mit anderen Menschen oder mit den Eltern, gibt es immer nur den einzigen Grund, daß das Kind glaubt, sich nicht selbst sein zu können, und nur angenommen zu sein, wenn es sich in einer gewissen Weise verhält, sich fügen zu müssen in Ordnungssysteme, zu denen es keinen Bezug hat. Wenn ein Kind lernen soll sich selbst auszudrücken, besonders wenn es noch klein ist, dann kann es dies nur lernen durch entsprechende Vorbilder. Wenn es keine Vorbilder besitzt in seinem Umfeld, ist es so gut wie ausgeschlossen, daß es lernen kann, sich selbst zu sein.

Wenn Kinder und Erwachsene oder auch Erwachsene unter sich gegenseitig glauben, sie hindern sich am Ausdruck, dann muß man grundsätzlich klären, wo genau sich eine Person eingeengt fühlt und warum. Dann muß man nach Alternativen suchen und beide Personen sich dann ganz frei entscheiden lassen, eine davon zu wählen. Wenn eine Mutter zum Beispiel glaubt, daß sie aufgrund des Kindes zu wenig Freiraum hat, um mit ihren Freunden zusammen sein zu können, einem Beruf nachgehen zu können, ruhig schlafen zu können, Zeit für sich haben zu können, einfach allein sein zu können mit dem Mann und dergleichen, dann muß man untersuchen, warum genau diese Einengungen da sind und in welchem Maße, und danach Möglichkeiten erforschen, um diese Einengungen umgehen zu können; zum Beispiel über Babysitter oder indem der Mann sich manchmal um die Kinder kümmert oder indem man verreist oder indem man das Kind auch einmal bewußt alleine läßt oder es woanders abgibt und dergleichen.

Wenn die Mutter dann Einwände macht wie, daß sie das Kind nicht alleine lassen kann und dergleichen, dann muß man die Alternativen nach ihren Sichtweisen aussortieren oder auch die Sichtweisen korrigieren, indem man ihr erklärt, daß ein Kind es vielleicht auch notwendig hat, einmal alleine zu sein oder Impulse von außen zu bekommen oder Herausforderungen annehmen zu können. Damit wird der Blick geweitet und die Mutter erkennt vielleicht, daß ihre Sichtweisen nicht die einzig möglichen sind.

Damit kann sie dann ihre Situation neu überdenken und es wird sich möglicherweise herausstellen, daß das Gefühl der Einengung nur daher kam, weil die anderen Alternativen bisher undenkbar waren, und plötzlich scheinen sie möglich. Schuldgefühle bei einer Mutter kommen häufig durch einseitige Sichtweisen darüber, was für ein Kind notwendig ist und was gefährlich sein könnte.

Das Problem bei vielen Müttern ist zum Beispiel, daß sie glauben, sie sind nicht zu ersetzen, und das Kind ist nur bei ihnen gut aufgehoben, und es gibt keine Alternativen für ihre eigene Betreuung, obwohl sie ihre Situation als Begrenzung fühlen und sie eigentlich ändern möchten. Um von dieser Denkweise abzukommen, brauchen sie Alternativen, die sie bereit sind, auszuprobieren.

Ich glaube, daß Eure Aussagen für die Betreuung der Kinder in dieser Zeit viel Nützliches und Praktisches beinhalten, das ich persönlich in Zukunft auf jeden Fall anwenden möchte. Vielen Dank.

Es war uns ein Vergnügen.

4. Kapitel

Persönlichkeitsentfaltung von der beginnenden Schulzeit bis zur Pubertät

Sei gegrüßt, liebste Freundin.

Sei gegrüßt, lieber Harald. Dieses Kapitel möchte ich der Entwicklung und Entfaltung der Persönlichkeit von Kindern im Schulalter bis hin zur Pubertät widmen, also den Kindern zwischen etwa sechs und vierzehn Jahren.

Was ist aus Eurer Perspektive allgemein zu den Entwicklungsprozessen in dieser Zeit zu sagen?

Die Schulzeit ist gefüllt mit Konflikten für den kleinen Menschen. Wenn das Kind älter wird und in den Kindergarten kommt, lernt es, sich aus der Identifikation mit dem Elternhaus zu lösen und sich zunehmend mehr auseinanderzusetzen mit dem Umfeld und langsam den eigenen Ausdruck zu finden, spielerisch und aus sich selbst heraus. Je vollkommener dies geschieht, desto mehr wird das Kind zu sich selbst, zu seinem eigenen Energiegefüge finden. Dies ist ganz anders in der Schule. Dort wird nicht der Ausdruck des Kindes angestrebt, sondern das Kind wird zum ersten Mal in ein festes Gefüge hineingestellt, und zwar in der Anschauung, daß es in dieses Gefüge hineingehört und sich einordnen muß. Nun wird der Ausdruck, der zuerst in der Kindheit aktiviert worden ist, normalerweise wieder gebremst, was aber durchaus nicht so sein sollte. Eigentlich sollte man in der Schule die Ausdrucksfülle und den Wunsch nach Ausdruck des Kindes unterstützen und es dazu bringen, lernen zu wollen, indem das, was gelernt wird, interessant ist und umgesetzt werden kann. Normalerweise wird aber nicht ein Lernwunsch erzeugt, sondern ein Lernzwang. Und dieser Lernzwang ist eben genau das, woran das Kind lange Zeit später leiden wird. Dieser Lernzwang nämlich nimmt die Lust und die Fähigkeit zu lernen weg. Die Fähigkeit zu lernen ist ein natureingeborener Instinkt des Menschen, die Lust auf Neues, die Lust auf Veränderung, die Lust auf Abenteuer, auf Erfahrung. Und wenn diese Lust geweckt wird und wenn das Lernen spielerisch, assoziativ und wechselhaft erfolgt, ist die Fähigkeit zu lernen und die Fähigkeit, Dinge im Gedächtnis zu speichern, nahezu unbegrenzt.

Auf diese lustvolle Weise lernt ein Kind spielend zu sprechen, erlernt spielend eine neue Sprache, lernt spielend mit Technik umzugehen. Im üblichen Schulwesen allerdings wird die Lust zu einem Lernzwang umgewandelt indem man dem Kind zum Beispiel sagt, daß etwas wichtig sei für später, was aber als Ansatz relativ sinnlos ist, weil Kinder sich immer auf den Moment beziehen und keinen Bezug zur Zukunft haben. Kinder leben in der Gegenwart und zum Teil in der Vergangenheit, aber hauptsächlich in der Gegenwart. Ein Kind motivieren zu wollen, indem man auf die Zukunft verweist, wird vergeblich sein, weil dabei das natürliche, gegenwartsbezogene Verhalten des Kindes ignoriert wird. In der Schule muß ein Kind also lernen, sich in ein vorgegebenes Gefüge einzuordnen, und es verliert dabei den gerade wachsenden Drang nach dem Ausdruck seines Ichs und beginnt sich wieder aufzulösen und einzuordnen.

Wer sich nicht in das System einordnen will, wird entweder aus dem System gedrängt, indem man ihm Schwierigkeiten macht, oder aber der Druck wird solange erhöht, bis man sich eben fügt. Die natürliche Lernfähigkeit geht verloren; statt ein genußvolles Aufnehmen von neuen Inhalten zuzulassen, wird hartnäckig in das Unterbewußte das eingetrichtert, was angeblich später wichtig sein soll, wie sich noch herausstellen würde. Die Motivation des Kindes bei solchem Druck ist gleich null, seine Lernfähigkeit schwindet und die Identität, die Eigenartigkeit, die Einzigartigkeit des Kindes, wird langsam zunichte gemacht, und es wird zum Massenindividuum besonders auch deshalb, weil jetzt die Phase beginnt, in der seine Leistung und sein Verhalten ständig mit dem Verhalten anderer und vor allem nach einem gewissen abstrakten Maßstab verglichen werden.

Das Kind sieht sich nicht mehr als Individuum, das sich selbst sein kann, sondern es sieht sich als ein Mensch unter vielen, der nur eine Berechtigung und Anerkennung hat, wenn er dem Maßstab entspricht, dem alle anderen entsprechen. Aus diesem Grunde ist die Schulzeit oft der Beginn einer Vergewaltigung der Psyche des kleinen Menschen und deshalb auch nur schwer zu verkraften. Wer dann aus dieser beengenden Zeit der Schule herauskommt, muß im Anschluß daran versuchen, wieder sich selbst zu werden. Im Grunde genommen muß er sich selbst wieder ganz neu aktivieren und neue Wege zur Individualität gehen.

Es gibt nun Eltern, die sich dessen bewußt sind und versuchen, auch während der Schulzeit statt auf einen zusätzlichen Lernzwang auf das Spiel zurückzugreifen. Sie holen vielleicht einen Nachhilfelehrer, der nicht so sehr darauf achtet, daß der Lernstoff durchgepaukt wird, sondern daß im Spiel gewissermaßen zusätzlich auch gelernt wird und im Gespräch zusätzliche Dinge erarbeitet werden. Er kann eine neue Perspektive für das Lernen bringen, natürliche Neugier wecken. Die Eltern können dies selbst natürlich auch tun, indem sie sich mit dem Kind entsprechend auseinandersetzen. Das größte Problem in der Schulzeit ist der Verlust der Identität durch das Eingefügtwerden in ein starres System und damit auch der Verlust der natürlichen Lernfähigkeit.

Die Konsequenz aus all dem wäre, daß dann eigentlich ein anderes Schulsystem und auch ein anderes Studium für Pädagogen geschaffen werden müßte, wo neue Methoden für die Unterstützung der Lernbereitschaft und Lernfähigkeit vermittelt und ermöglicht werden mit dem Schwerpunkt auf Neugier und Lustgewinn für die Schüler.

Seht Ihr für solche neuen Lern- und Lehrmethoden in der Zukunft überhaupt Möglichkeiten innerhalb der jetzigen Denkweise?

Langfristig halten wir eine solche Veränderung durchaus für möglich. In der Zukunft wird mehr und mehr verstanden werden, wie das Gehirn funktioniert, wie es vorwiegend bildhaft arbeitet, wie es Verknüpfungen herstellt, wie es über die Gegenwart vergangenheits- und zukunftsbezogen arbeitet, etc. Man wird herausfinden, daß, je verspielter und neugieriger die Gegenwart betrachtet wird, sie desto einfacher verarbeitet und eingefangen werden kann in das Netz von Vergangenheit und Zukunft. Es ist wichtig, das Gehirn nicht in Spannung und zwanghafte Zustände zu versetzen, sondern eher in einen Zustand der Entspannung, des kreativen Fließens. Dies wird mit der Zeit mehr und mehr erkannt und umgesetzt werden, und das Lehrsystem wird sich verändern.

In einigen Schulen wird schon heute versucht, auf das einzelne Kind etwas mehr einzugehen und die Persönlichkeit mehr zu berücksichtigen und das Kind nicht zum Massenindividuum zu machen.

Es ist wichtig, die Freiheit des einzelnen hoch zu bewerten, weniger Richtlinien, Prägungen und vor allem Wertmaßstäbe aufzustülpen, und zwar weder den Kindern noch den Eltern.

Die Eltern sollten versuchen, im privaten außerschulischen Bereich die spielerische und kreative Seite beim Lernen stärker zu unterstützen, und damit die Motivation aufzubauen. Freude, Neugier und Freiheit zum Experimentieren sollten das Streben nach Leistung ersetzen. Selbst in ihrer Freizeit werden Kinder oft zusätzlich bedrängt durch Kurse in den Bereichen Musik, Sport, Medien, etc., und wenn dies der eigenen inneren Absicht entspricht, hat das sicherlich auch seine Berechtigung, aber oftmals steht dabei doch mehr das Leistungsprinzip der Eltern im Vordergrund und wird den Kindern übergestülpt.

Bei dem Erlernen eines Musikinstrumentes zum Beispiel scheint es wichtiger, bestimmte Fingerspiele zu üben und eine bestimmte Technik zu erlernen, als den schöpferischen Ausdruck von Klangimpulsen zu verfolgen. Die Musiklehrer vergessen mitunter, daß die Musik entstanden ist aus dem Wunsch, Töne zu erzeugen, Klangspiele zu erzeugen, um sich auszudrücken, und Musiktheorie ist erst sehr viel später entstanden und der eigentlichen Musik aufgestülpt worden. Musik war Ausdruck für Gefühlsimpulse, für die Empfindung des Menschen. Heute ist sie für die Schüler das nicht mehr, wenn ihnen von Musiklehrern Technik durch starre Fingerspiele beigebracht wird, ohne Improvisation und Spaß. Es wird in diesem Zusammenhang hauptsächlich vermittelt, wie Musik nachempfunden und gespielt werden kann, die bereits existiert, aber nicht, wie der eigene Ausdruck und die eigene Kreativität zum Tragen kommen können.

Die Absicht Eures Lehrsystems besteht nicht darin, den einzelnen Menschen darauf zu trainieren, das Beste und Sinnvollste an schöpferischen Kräften in sich zu aktivieren und zum Ausdruck zu bringen, sondern eher einer bestimmten Norm, oftmals nur des jeweiligen Lehrers oder der jeweiligen Schulrichtung zu genügen und innerhalb der Norm zu funktionieren. Ob diese Norm gültig ist oder nicht, wird selten in Frage gestellt, die lehrende Seite erwartet einfach, daß man sich dieser Norm anschließt.

Könnt Ihr zum Thema Lernen abschließend noch einmal zusammenfassend für Eltern, Lehrer und vielleicht auch Psychologen allgemeine Hinweise geben, wie sie mit dieser Altersgruppe umgehen könnten?

Für die Altersgruppe zunächst bis zehn Jahren möchten wir den spielerischen Aspekt des Lernens nochmals herausstellen. Der Lehrer sollte keine Autoritätsperson sein, sondern eher einen väterlichen, vertrauten Umgang pflegen ganz im Gegensatz zu üblichen Gepflogenheiten. In späteren Jahren, sollte dann ein freundschaftliches Zusammensein und das Zusammen-Erarbeiten von Dingen im Vordergrund stehen. Es ist zum Beispiel viel intensiver, in Arbeitsgruppen zu lernen als durch Vorträge, wie es normalerweise in der Schule üblich ist. Anstatt daß einer erzählt und die anderen zuhören, sollte man Gespräche suchen in Arbeitsgruppen und Dinge auch gemeinsam in kleinen Arbeitsgruppen erarbeiten lassen. Die Gruppen können miteinander arbeiten und auch zusammen mit dem Lehrer.

Der Lehrer sollte hauptsächlich Anstoß dafür sein, daß etwas erarbeitet wird und nicht in erster Linie derjenige sein, der das Wissen vermittelt, und bisweilen unterrichten Lehrer ohnehin nur, was in Büchern steht, ohne viel zusätzliches Wissen, was dann ohnehin nachlesbar wäre. In Arbeitsgruppen lernen Kinder nicht nur Inhalte, sondern sie lernen selbständig Dinge zu erarbeiten und zu Wissen zu kommen. Gehörtes oder gelesenes Wissen über Details ist nicht gleichzusetzen mit eigentlichem Wissen, sondern es ist das Anlernen von Dingen, die zunächst behauptet werden. Nur die eigene Erfahrung gibt Wissen, alles andere ist Glaubenssache und spekulativ. Das müssen Kinder verstehen, damit sie geistig eigenständig werden. In gemeinsamen Arbeitsgruppen sollten Lehrer Gleiche unter Gleichen sein, Freunde eher als Autoritätspersonen, die motivieren und helfen, Wissen gemeinsam zu erarbeiten und es erfahrbar zu machen. Statt spekulativen Behauptungen sollten begreifbare Erfahrungen vermittelt werden.

Das klingt gut und es würde auch bedeuten, daß Lehrer Liebe und Wärme und eine Atmosphäre von Vertrauen für kleine Kinder schaffen müssen mit viel Raum für Nähe und Neugier.

Unabhängig von einem bestimmten Schulsystem werden heute ständig neue Formen des Lernens entwickelt und erprobt, einige davon arbeiten wohl mit Entspannungsmethoden wie zum Beispiel das Superlearning-System. Was haltet Ihr von solchen alternativen Lernmethoden zur Steigerung der Lernkapazität; scheinen sie Euch auch in einem festen Schulsystem anwendbar?

Im Grunde genommen gibt es zwei sehr verschiedene Möglichkeiten, um das Lernen möglichst einfach und effektiv zu gestalten. Die eine Möglichkeit ist, es spielerisch zu tun, indem das, was als Lerninhalt aufgenommen werden soll, so vermittelt wird, daß es spielerisch und herausfordernd ist. Während zum Beispiel das Kind mit Steinen spielt und es kreativ sein Spiel gestaltet, lernt es dabei Mengen unterscheiden und ordnen und entwickelt dabei ein mathematisches Verständnis. Die andere Möglichkeit ist, anstatt die spielerische Seite zu entwickeln und den Lerninhalt spielerisch zu vermitteln, das Kind in Zustände zu versetzen, die man traumähnlich oder meditativ nennen könnte. In diesen Zuständen wird das Bewußtsein frei, Neues aufzunehmen, indem eine gewisse Gleichgültigkeit nach außen erzeugt wird, in der das Kind nicht mehr so stark abgelenkt wird von anderen Dingen und ganz mit dem Lerninhalt verbunden ist. Das Erlernte kann dann leicht in das Unterbewußtsein einsinken und ist dort jederzeit wieder abrufbar.

Ein Grund, warum manche Kinder so schwer lernen, ist, daß ihr Interesse in einer völlig anderen Richtung liegt und sich neue Lerninhalte völlig uninteressant darstellen. Deshalb schweifen die Gedanken und Gefühle des Kindes immer wieder ab, vielleicht zur Mutter, zum Spiel oder zu Spielfreunden. Aber in diesem traumähnlichen Zustand werden solche Wünsche und Bedürfnisse relativ gleichgültig; ganz entspannt können Lerninhalte vermittelt werden, weil das natürliche Bedürfnis des Spielens ebenfalls entspannt am Einschlafen ist und damit auch die Ablehnung gegenüber den uninteressanten Informationen.

Das würde bedeuten, daß man vor allem bei Kindern, die Schwierigkeiten haben, bei einem Lernstoff zu bleiben, meditative Methoden wie zum Beispiel Superlearning einsetzen kann.

Durchaus! Man könnte diese Methode auf zwei Weisen zur Anwendung bringen: Einmal mittels akustischer Informationen, die zusammen mit entspannenden Tönen oder Klängen vermittelt werden, zum anderen über Filme oder andere visuelle Reize, weil Kinder sich stark visuell identifizieren mit den Dingen.

Oder auch in der Kombination, indem Lerninhalte über die Ohren eingegeben und gleichzeitig dazu passende Bilder über einen Film laufen gelassen werden, indem gleichzeitig die Sinnesorgane mit entspannenden Impulsen beruhigt werden, also über entspannende Klänge oder Bilder beispielsweise.

Möglich sind auch Erzählungen, die die Vorstellung aktivieren, und die mit leicht eingehenden Entspannungssuggestionen für Körper und Psyche kombiniert werden. Entspannungstraining für Kinder sollte nicht so direkt wie für Erwachsene geführt werden, sondern indirekt, zum Beispiel in eine bildhafte Geschichte verwoben. Man kann eine Traumreise machen und am Ende dieser Traumreise eine Schulbank oder auch einen Stein darstellen, wo jetzt ein Lerninhalt vermittelt wird, vielleicht wiederum in Form einer Geschichte. Eine solche Traumreise hat den Vorteil, daß, wenn später wieder etwas gelernt werden soll, das Kind sich an diesen Lernstein oder an die Geschichte erinnern kann und es sich über diese Symbolik vorbereitet und einstimmen kann auf die neuen Lerninhalte.

Ob der richtige Ansatz spielerisch oder entspannt sein soll, wird abhängig sein vom jeweiligen Kind. Es ist dann die Aufgabe des Lehrers, herauszufinden, welches Kind auf welche Methode besser anspricht, vielleicht kann man auch um der Vielfalt willen beide Methoden anwenden und damit zusätzliche Reize und Anreize bieten.

Ist es grundsätzlich sinnvoll, in der Schule Kinder in jedem Alter mit Meditation, Yoga und Entspannungsmethoden vertraut zu machen, auch ohne Zusammenhang mit einer Lernmethode?

Das kommt sehr darauf an, wie man die Dinge darstellt. Jede Form von Disziplin wirkt für ein Kind eher hemmend, weil damit der kreative und spontane Ausdruck der inneren Kräfte unterbunden wird. Wenn also Meditation gelehrt werden soll, dann sollte Meditation als Weg verstanden werden, um in sich hineinzuhören, seinen Gedanken nachhängen zu können und Gefühle fließen zu lassen, nicht aber ein Zustand, in dem man nur zur Ruhe kommen und abschalten soll. Ein Kind ist geistig selten überfordert, sondern ist allenfalls manchmal in einem Zustand, in dem es Dinge verarbeiten oder neu erleben muß, was es in diesem Verständnis von Meditation durchaus kann. Wenn es um andere Meditationsformen geht, die eher körperlich bezogen sind, dann sollten diese eher Formen von Bewegung beinhalten als starre, undynamische Körperstellungen, weil der natürliche Ausdruck eines Kindes in der Bewegung erfolgt. Eine tanzähnliche Bewegung ist besser als eine stille Meditation.

Ich könnte mir vorstellen, mit Imagination zu arbeiten, indem man zum Beispiel im Kreis sitzt und die Kinder sich eine Blume vorstellen, und dann Musik dazukommt und die Kinder sich wie Blumen im Wind bewegen, indem sie versuchen, praktisch in diese Blume hineinzugehen und sich wie Blumen zu fühlen.

Absolut, und solche Vorstellungsübungen haben noch einen hochinteressanten Nebeneffekt, indem sie nämlich die Konzentrationsfähigkeit und die Fähigkeit, sich mit etwas zu identifizieren steigern. Dies sind Bereiche, die sehr wichtig werden im späteren Leben, um überhaupt Dinge in das Leben hineinzuziehen und bewußt zu lenken. Bei vielen Methoden des kreativen Denkens und Fühlens, der kreativen Imagination besteht das eigentliche Problem, um diese Theorien Wirklichkeit werden zu lassen, darin, daß viele Menschen verlernt haben, sich mit etwas eindeutig zu identifizieren, sich etwas klar vorzustellen und sich vollkommen darauf zu konzentrieren.

Oft laufen die Gedanken unkontrolliert und wild durcheinander und bleiben nur schwer bei einer Sache oder Vorstellung.

Und der Grund, warum dieses Konzentrationsvermögen häufig verlorengeht, besteht darin, daß ein Kind zwar normalerweise unendliche Konzentration und Identifikation als Potential in sich trägt, es aber daran gewöhnt wird, sich auf Dinge zu konzentrieren, die völlig uninteressant sind und damit auch die Motivation zur Konzentration ständig begrenzter wird, solange, bis das Kind irgendwann weder das Interesse noch die Fähigkeit mehr besitzt, sich auf eine Sache vollkommen konzentrieren zu können.

Bei meiner Tochter ist mir häufig aufgefallen, daß sie ein Bild malen kann und sich dabei so konzentriert, daß sie mich überhaupt nicht hört, wenn ich zu ihr etwas sage, sie hat noch die Konzentrationsfähigkeit in sich.

138

Durchaus. An dieser Stelle möchten wir noch einem Mißverständnis vorbeugen: Viele Menschen glauben, daß, wenn ein Kind sich zunächst auf eine Sache konzentriert und dann eine andere anfängt und danach wieder zu einer anderen geht, dies ein Zeichen von Wechselhaftigkeit und schlechter Konzentration ist. Das Gegenteil ist der Fall.

Ein Kind konzentriert sich vollkommen auf eine Sache und sein Konzentrationsvermögen ist ganz ausgeprägt. Dann geht das Interesse weg und das Kind konzentriert sich genauso vollkommen auf eine andere Sache, es springt mit seiner Konzentration. Diese Fähigkeit ist außerordentlich wichtig und wertvoll, denn es ist die Fähigkeit, sich auf viele Dinge abwechselnd vollkommen einstellen zu können, eine Fähigkeit, die das eigentliche Potential eines Menschen voll zum Ausdruck bringen kann, mit wenig Zeitverlust, stark und intensiv. Auch diese Fähigkeit wird dem Kinde häufig abtrainiert, weil man sie nicht versteht. Man bringt ihm bei, sich ständig in eine Richtung zu orientieren, auch wenn ein Wechsel der Konzentration sinnvoll wäre oder ein neuer Weg oder ein neuer Ausdruck.

Wie kann man die ursprüngliche Konzentrationsfähigkeit erhalten?

Wenn ein Kind mit seiner Konzentration abschweift, sollte man es abschweifen lassen, man sollte die Konzentration auf ein Thema nicht zurückführen durch Disziplin, sondern indem das Interesse vermehrt wird in dem entsprechenden Bereich.

Die Konzentration eines Kindes ist unbegrenzt dort, wo sein Interesse liegt, deshalb liegt die Bedeutung eines Lehrers eben darin, nicht einen Lehrstoff zu erzählen, sondern ein Interesse daran zu erzeugen. Damit wäre bereits ein Großteil des Lehrstoffs gelernt, ohne weitere Mühe.

Optimalerweise sollte der Lehrer dann auch versuchen, den Lehrstoff so darzustellen oder zu vermitteln, daß das Kind nicht nur Interesse daran hat, sondern vielleicht auch spielerisch selbst mit eingreifen oder mit tätig werden kann, weil dann noch der eigene Erfahrenswert im Spiel mit dazu kommt.

Ein Lehrstoff sollte nie vermittelt werden durch Disziplin, Drohung oder durch Druck, gleich welcher Art, sondern indem Interesse für das Thema geweckt wird und damit die natürliche Lernmotivation.

Nach Möglichkeit sollten Lerninhalte von den Kindern selbst ausprobiert werden, um eigene Erfahrungen machen und damit entsprechende Erkenntnisse ableiten zu können.

Welchen Sinn und Aussagefähigkeit haben sogenannte Intelligenztests überhaupt, um beispielsweise die Schulreife zu definieren?

Intelligenz hat zunächst mit Schulreife wenig zu tun. Die getestete Intelligenz ist lediglich ein Maßstab dafür, inwieweit ein Kind oder auch ein Erwachsener gelernt hat, zu einem gegebenen Zeitpunkt mit der Information der Vergangenheit, die gespeichert ist im Gedächtnis, die Gegenwart in einer eigenen und eigenwilligen Form zu verknüpfen. Die sogenannte Intelligenz ist ganz stark abhängig davon, was in der Vergangenheit in das Gedächtnis einer Person eingeflossen ist und inwieweit sie gelernt hat, bis zu diesem Zeitpunkt aus den Eingaben, die eingeflossen sind, etwas Neues im kreativen Sinne entstehen zu lassen, bzw. das, was eingegeben worden ist, auf eine logische, sinnvolle und sachliche Weise zu verknüpfen.

Die Aussagekraft dieser Intelligenztests ist deshalb ganz stark abhängig von der persönlichen Vergangenheit einer Person, und sie lassen überhaupt keine Aussage darüber zu, inwieweit eine Person die

Fähigkeit hat, in der Zukunft über zusätzliche Eingaben einen größeren Intelligenzquotienten zu erzielen. Aus diesem Grunde sind solche Tests allenfalls eine Möglichkeit, um herauszufinden, inwieweit ein Kind bereits dahingehend schon vorgeschult worden ist, auf eine gewisse Weise Eindrücke zu sammeln und diese mit der Vergangenheit in Verbindung zu setzen, so daß ein kreativer gedanklicher Akt erfolgen kann, aber nicht um grundsätzlich Aussagen darüber machen zu können, ob es überhaupt diese Möglichkeiten hat und wie es um die absolute Intelligenz bestellt ist.

Eine Schulreife ist dann gegeben, wenn ein Kind von sich aus bereits eine größere, über das Spielerische hinausgehende Lernbereitwilligkeit zeigt. Ein Kind, das geboren wird und sich langsam entwickelt in den ersten Jahren, hat von sich aus einen natürlichen Trieb, Neues aufzunehmen und damit umzugehen. Es tut dies normalerweise im spielerischen Sinne. Je mehr es aufnehmen kann, desto mehr wird sein Gedächtnis gefüllt und desto größer ist später seine potentielle Intelligenz, um es so auszudrücken.

Eine Schulreife ist dann erreicht, wenn ein Kind bereit ist, das spielerische Umgehen aus eigenem Antrieb heraus aufzugeben und sich freiwillig in eine geordnetere Struktur begibt, um dann auch Dinge in sich aufzunehmen, wofür das Interesse bislang nur begrenzt da war. Es lernt dann, sich längere Zeit auf Dinge zu beziehen, auch noch dann, wenn das eigentliche Interesse schon nicht mehr da ist. Dies ist nur deshalb notwendig, weil das vorherrschende Schulsystem so aufgebaut ist. Würde das Schulsystem den Akzent eher auf das vergnügliche Aufnehmen von neuen Informationen richten und nicht auf das strukturierte, disziplinierte Erlernen von Inhalten, die zunächst nicht wünschenswert sind, wäre die Schulreife vielleicht schon im dritten und vierten Lebensjahr gegeben.

In diesem Zusammenhang möchte ich Euch zu Möglichkeiten und Grenzen von Sonderschulen befragen. Mir fällt dabei ein ehemaliger Schüler ein, der zu uns in die Sprachheilschule kam, da er nicht sprechen, sondern nur Vokale bilden konnte. Der damals durchgeführte Intelligenztest zeigte einen IQ-Wert, der so niedrig war, daß überlegt wurde, ob man ihn in eine Lernbehinderten- oder gar Geistigbehindertenschule überweisen sollte. Unsere Schule hat ihn dann nur aufgrund der schweren Sprachbehinderung aufgenommen.

Es hat sich im Laufe der vier Jahre, die der Junge bei mir in der Klasse war, dann gezeigt, daß sich sein IQ-Wert sehr stark in Richtung hochintelligent veränderte. Er war in dem von Euch genannten Sinne überdurchschnittlich lernfähig und hat wahrscheinlich, wenn ich Euch richtig verstanden habe, nur aufgrund des reizarmen Milieus, in dem er groß geworden war, keine Möglichkeiten gehabt, sein Gedächtnis zu füllen und Inhalte zu speichern, was zu seinem ursprünglich getestetem niedrigen IQ-Wert führte.

Indirekt hatte sich das natürlich auch auf den Schulreifetest ausgewirkt. Erst später, durch die Impulse in der Schule und durch die Freunde, die er dort fand und bei denen er sich auch außerhalb der Schulzeit in deren Elternhäuser aufhalten konnte, ist dann sein Potential, das er eigentlich hatte, zum Tragen gekommen. Kann man das so betrachten?

Durchaus, je mehr Eingaben und Informationen in das Gedächtnis einfließen, desto größer ist die potentielle Intelligenz einer Person. Dies gilt nicht nur in der Kindheit, sondern auch später und hört nie auf. Interessanterweise ist oft zu beobachten, daß bei älteren Personen mit zunehmendem Alter die Intelligenz abnimmt. Dies ist aber nur deshalb der Fall, weil das Interesse an neuen Informationen bei vielen älteren Personen schwindet. Damit schwindet auch das Interesse dafür, mit den gespeicherten und wahrgenommenen Informationen sinnvoll umzugehen, sie sinnvoll zu verknüpfen. Die

Intelligenz, die gemessen oder beobachtet werden kann, läßt im Grunde genommen nur eine Aussage darüber zu, wie groß die gespeicherte Kapazität ist und wie groß die Übung, damit sinnvoll umzugehen.

Wenn dieser Junge in die Lernbehinderten- oder gar Geistigbehindertenschule gekommen wäre, hätte er wahrscheinlich die Chance gar nicht in dem Maße gehabt, sein Gedächtnis mit neuer Information zu füllen und seine Intelligenz damit zu steigern, und damit scheint es ja direkt fahrlässig, Kinder mittels solcher Tests in entsprechende Schulen einzuweisen?

Durchaus. Diese Tests sind, wenn eine Aussage über die potentielle Intelligenz einer Person gemacht werden soll, völlig unsinnig, um nicht zu sagen, vollkommen falsch. Sie lassen allenfalls eine Aussage darüber zu, wie groß der Reiz bzw. das Reizmilieu in der Kindheit gewesen ist und vielleicht darüber, wie leicht oder schwer es sein könnte, ein Kind oder überhaupt eine Person dazu zu bringen, sinnvoll mit neuer Information umzugehen. Wenn eine Person in der Vergangenheit gelernt hat, mit Information umzugehen, diese aufzunehmen, sinnvoll zu speichern und dann abzurufen und zu etwas neuem, kreativen zu verknüpfen, dann kann sie auch mit neuen Informationen wesentlich leichter und schneller umgehen. Auch die Lerngeschwindigkeit ist grundsätzlich davon abhängig, wie stark eine Person gewohnt ist, mit Eingaben sinnvoll umzugehen und überhaupt Eingaben zu speichern.

Wenn ich Euch richtig verstanden habe, heißt das auch, daß es eigentlich gar keine Sonderschulen für Kinder mit einem in Anführungszeichen "niedrigen IQ" geben dürfte, zumindest nicht in den ersten Schuljahren. Denn man muß ja zuerst einmal beobachten, wie sich ein Kind entwickeln würde mit den gleichen Möglichkeiten, wie sie andere Kinder auch haben, oder man müßte solche Kinder vorher zusätzlich trainieren mit neuen Eingaben, und dann einen Nachtest machen. Man könnte beispielsweise versuchen, Kindern frühzeitig Schreiben und Rechnen beizubringen.

Welche Möglichkeiten haben Eltern, um die richtige Zeit für die Einschulung zu bestimmen? Jahrgangsmäßig liegen manche Kinder so, daß sie die Möglichkeit haben, sie entweder vorzeitig oder erst ein Jahr später einschulen zu lassen, und man die Einschulungszeit entsprechend als Eltern wählen kann.

Im Grunde genommen sollte man die Entscheidung davon abhängig machen, inwieweit ein Kind zunehmend Langeweile mit dem Informationsgefüge zeigt, das es zur Verfügung hat. Wenn ein Kind reichhaltig gereizt werden will durch neue Informationen, dann kommt irgendwann der Punkt, an dem die alten Informationen nicht mehr ausreichen und neue gesucht werden wollen. Genau dann ist der optimale Einschulungspunkt, denn die Lernbereitschaft ist sehr groß und Neues will aufgenommen werden. Solange ein Kind noch nicht zurechtkommt mit den alten Reizen des Umfeldes oder ständig am Spielen ist und überhaupt nur sehr schwer wegzubringen ist von dem, was es tut, solange ist es auch noch im Überfluß beschäftigt mit den Reizen, denen es bis dahin ausgesetzt war. Eine zusätzliche Reizflut wäre dann eine Überforderung. Je größer die Reizflut von Geburt an ist, desto früher wird das Einschulungsalter sein. Wenn das Einschulungsalter im Schulsystem spät liegt, könnte man die kindliche Lust an Reizen befriedigen durch frühzeitiges Erlernen von Rechnen und Schreiben.

In den letzten Jahren ist eine zunehmende Aggression an den Schulen zu beobachten, sowohl zwischen den Schülern als auch zwischen den Schülern und Lehrern bis hin zu Vandalismus in den Schulen. Was könnte aus Eurer Perspektive die Ursache dafür sein?

Ihr lebt in einer Zeit, in der die persönliche Freiheit und deren Ausdruck wieder ganz wichtig werden. In Euren Schulen wurde aber über Jahrzehnte die persönliche Freiheit der Lernenden ignoriert oder eingeschränkt. Statt persönlichem Ausdruck war persönliche Disziplin vorrangig. Der verspielte Ansatz beim Lernen und die natürliche Kreativität wurden zugunsten eines disziplinierten Erlernens von meist uninteressantem Material unterdrückt. Indem jetzt eine neue Atmosphäre von Freiheit gewachsen ist, wird diese Atmosphäre vor allem von Kindern und Jugendlichen aufgenommen, die sich noch mehr mit vorhandenen Energien identifizieren können als die Erwachsenen.

Als Folge wird das Bedürfnis nach Freiheit stärker als je zuvor, gleichzeitig steigen aber auch der Druck und die Disziplin im Sinne von äußerer Begrenzung im ganzen Schulwesen bis hin auf die Ebenen der Universitäten. Der Leistungsdruck ist extrem und läßt individuellen Ausdruck kaum mehr zu. Und dieses Unterdrücken der eigenen Energie erzeugt Aggression und Wut, die sich Luft verschaffen muß.

Um dieser Entwicklung entgegenzuwirken, müßte das Schulsystem, aber auch das Verhalten der Lehrer innerhalb des Systems verändert werden. Das Recht auf Freiheit und Ausdruck müßte wieder mehr Beachtung finden, und in Verbindung damit müßten auch wirkungsvollere Lernmethoden, wie wir an anderer Stelle schon angedeutet haben, den Spaß und die Neugier der Schüler wieder wecken.

Welche Bedeutung hat die Familie und der gleichaltrige Freundeskreis für die Entwicklung und den Ausdruck der Persönlichkeit in dieser Zeit?

Die Familie tritt jetzt allmählich mehr und mehr in den Hintergrund und der Freundeskreis beginnt mehr und mehr wichtig zu werden, weil dort nämlich die Menschen gesucht werden können, die für den momentanen Ausdruck sinnvoll sind. Die Familie oder die Eltern sollten deshalb nicht versuchen, scheinbar sinnvolle Freunde oder Kontakte auszusuchen und dadurch dieses mögliche Potential eines individuell gesuchten Freundeskreises zunichte zu machen. Der Freundeskreis soll das ergänzen, was in der Familie nicht oder nicht mehr zu finden ist oder noch nicht gefunden werden kann. Er stellt eine neue Identifizierungsmöglichkeit und vor allem auch einen Ausgleich für das starre System der Schule dar. Der Freundeskreis sollte flexibel sein und ungewöhnlich, um die Möglichkeit zu einem anderen Ausdruck zu geben, und damit zu einem Ausdruck im kreativen Sinne überhaupt als Ausgleich zu dem starren System in der Schule, damit dieses verarbeitet werden kann.

Viele Eltern machen den Fehler, daß sie die Freunde aussuchen, da sie glauben, beurteilen zu können, was für das Kind ein guter oder schlechter Umgang wäre. Sie glauben oft zu wissen, wieviel Zeit ein Kind bräuchte, um sich vorzubereiten, wieviel Restzeit dann für die Freunde übrigbleiben sollte und mit welchen Freunden diese Zeit geteilt werden könnte. Wenn die Eltern so die Zeit reglementieren, nehmen sie dem Kind die Möglichkeit, ein klares Ich und einen eigenen Ausdruck zu finden, und es wird später große Schwierigkeiten deshalb haben, sich selbst klar spüren und entscheidungsstark das passende Umfeld suchen zu können.

Jeder Umgang ist zunächst für das Kind ein passender Umgang, wenn er selbständig geknüpft wurde und deshalb auch zum Ausdruck der eigenen Persönlichkeit dient. Die Auswahl des sinnvollen Umgangs muß eigenständig bleiben, damit ein Kind aus eigener Erfahrung lernen und auch korrigieren kann, was es für gut und sinnvoll hält.

Welche Rolle spielt das andere Geschlecht in dieser Altersgruppe? Ich habe das Gefühl, daß es mehr Dominanz bekommt, daß die Geschlechtlichkeit erwacht und erforscht werden will.

Die Bedeutung des Geschlechts oder dessen Dominanz ist sehr stark davon abhängig, inwieweit die Eltern eindeutig männlich oder eindeutig weiblich sind in ihrem Ausdruck, und inwieweit das Kind eindeutige Vorstellungen über das männliche oder weibliche Sein vermittelt bekommen hat. Sind die Eltern in sich im Gleichgewicht und haben ihre männlichen und weiblichen Qualitäten im gleichen Maße ausgedrückt und lassen zum Beispiel auch den Jungen mit Puppen spielen oder das Mädchen mit der Eisenbahn oder mit dem Technikkasten, dann wird man finden, daß die Bedeutung des anderen Geschlechts für den Ausdruck weitaus geringer ist. Statt dessen wird aber wichtig die Erforschung des anderen Körpers und seiner Geschlechtlichkeit und der Wunsch nach Einheit und Verschmelzung mit dem anderen. Die eigentliche Rolle des Geschlechts steht dabei im Hintergrund, die Zuwendung zum anderen Geschlecht wird angeregt durch den Wunsch, das Neue, das Andere zu erforschen und zu verstehen. Kinder erforschen spielerisch den Körper des anderen Geschlechts oder auch des gleichen Geschlechts, um Gleiches oder auch um Unterschiedlichkeiten herauszufinden. Später entsteht dann der Wunsch, mit dem anderen Geschlecht eins zu sein und beide Seiten in sich zu integrieren.

Das sogenannte Doktorspiel fängt ja oft schon im Kindergartenalter an, und die Reaktion des Umfeldes darauf ist sehr unterschiedlich. Welchen Tip würdet Ihr hier Personen, die beruflich mit Kindern zu tun haben, geben, wenn sie Kinder bei diesem Spiel beobachten?

Grundsätzlich sollte man sie spielen lassen. Die Kinder suchen ihren eigenen Ausdruck und ihre eigenen Möglichkeiten, um ihre Neugier und ihren Wissensdurst zu befriedigen. Je mehr man dort

147

einschreitet, desto mehr wird dieser Wissensdurst verdrängt und muß später auf unnatürliche, krampfhafte Weise nachgeholt werden, und jede krampfhafte Weise des Nachholens bringt Probleme.

Mißhandlungen von Kindern in psychischer und körperlicher Weise scheinen zugenommen zu haben. Was könnten die Ursachen dafür sein, auch für sexuellen Mißbrauch?

Mißbrauch und Vergewaltigung von Menschen beruhen auf Gefühlen, die lange Zeit versteckt und unterdrückt waren und die zum Ausdruck kommen müssen. Kinder und Erwachsene müssen lernen oder wieder lernen, zu den natürlichen Gefühlen zurückzufinden und sie auch auszudrücken. Der Ausdruck von körperlichen und geistigen Gefühlen hat mit Lebensqualität zu tun. Bei Menschen, bei denen der Ausdruck über längere Zeit gehindert oder nie zugelassen wurde, kommt es zu übertriebenen Ausdrucksversuchen, die manchmal sehr destruktiv sind und auch nicht mehr Lebensqualität bringen. Um solche Entwicklungen zu verhindern, sollten Eltern und Lehrer schon im frühen Kindesalter die Sexualität als natürliches Ausdrucksmittel darstellen in Verbindung mit dem Austausch von Gefühlen.

In diesem Zusammenhang möchte ich Euch bitten, zur Pubertät als Entwicklungsphase etwas zu sagen.

Wenn die Pubertät beginnt, beginnt ein neues Körpergefühl zu wachsen. Die Kinder werden sich ihres Körpers bewußt. In diesem Zusammenhang wächst auch gleichzeitig das Bedürfnis nach Ausdruck. Die Kinder wollen jetzt ihre eigene Persönlichkeit, ihr Ich darstellen und nach außen bringen. Und sie tun dies auch über ihren neu entdeckten Körper. Dieser Ausdruck ist natürlich und muß stattfinden, damit die Persönlichkeit als Ganzheit von Körper, Seele und Geist einen Ausdruck in sich finden kann. In welcher Form sich dieser Ausdruck abspielt, ist nicht so sehr entscheidend als die Tatsache, daß er sich überhaupt abspielt. Deshalb sollte auch hier das Kontrollverhalten von außen nach irgendwelchen Wertmaßstäben möglichst klein gehalten werden.

Die Pubertät beginnt normalerweise schon mit zehn oder elf Jahren. Auf der körperlichen Ebene prägt sich dann das Geschlecht eindeutiger aus. Der Körper bereitet das spätere geschlechtliche Verhalten entsprechend vor und gewöhnt sich an diese Energien, stellt sich darauf ein. Die Drüsen arbeiten anders, der gesamte Körper, der Kreislauf, die Haut, alles verändert sich entsprechend, so wie es geschlechtsspezifisch sein sollte. Psychisch entspricht diese Veränderung des Körpers auch einem veränderten Verhalten gegenüber dem anderen Geschlecht oder manchmal auch dem eigenen Geschlecht gegenüber. Das Kind beginnt sich jetzt auch als Körper zu fühlen. Es fängt nicht nur an, den Körper neu zu entdecken, sondern sich auch mit dem Körper und seiner Geschlechtlichkeit zu identifizieren. Der Ausdruck durch den Körper entspricht dem Identifizieren mit dem neu entdeckten Körper.

Liegt es in erster Linie an der Umwelt, daß Kinder und Jugendliche, die sich in der Pubertät befinden, oftmals große Schwierigkeiten mit der Pubertät haben?

Absolut. Ein Kind in sich hat überhaupt keine Schwierigkeiten mit der Pubertät, sondern nur dann, wenn das Ausdrucksverhalten gehemmt oder eingeschränkt oder in eine gewisse Richtung geleitet wird, wo es von seiner Natur her gar nicht hin möchte. Erwachsene glauben häufig, daß ein junger Mann oder ein junges Mädchen sich in einer gewissen Form verhalten müsse, sowohl allgemein als auch besonders gegenüber dem anderen oder dem gleichen Geschlecht. Damit wird der natürliche Fluß im Ausdruck gehindert und gehemmt, und dort beginnen die Schwierigkeiten.

Sehr häufig kommt mit der Pubertät die sogenannte Pubertätsakne. Wodurch entsteht dieses Problem und was könnte man lindernd tun?

Die Haut in diesem Zusammenhang ist gewissermaßen die Aktionsebene des körperlichen, psychischen und sexuellen Ausdrucks. Wann immer dieser Ausdruck gehemmt oder einseitig geprägt ist, wird es Schwierigkeiten im Hautbereich geben.

Dies kann von aufspringender Haut, trockener Haut bis hin zur Akne gehen. Personen, die davon betroffen sind, sind Menschen, die Probleme haben, ihre Geschlechtlichkeit und ihre Persönlichkeit im Zusammenhang mit dem Körper frei zum Ausdruck zu bringen. Aus diesem Grunde müßte dieser Personenkreis als erstes vor allem seinen Ausdruck hinterfragen und entsprechend Hemmungen aufdecken und lösen.

Ein interessanter Nebenaspekt ist dabei, daß die starke Akne manchmal auch erst viel später auftreten kann, dann nämlich, wenn in der Pubertät zwar die ersten Ansätze des körperlichen Ausdrucks gemacht worden sind, aber der eigentliche Ausdruck gegenüber dem anderen Geschlecht oder dem gleichen Geschlecht nicht gefunden worden ist.

Trifft man dann später auf eine Person, die genau diesen Ausdruck konfrontiert oder aktiviert, können plötzlich die Energien, die früher nicht gänzlich zum Ausdruck kommen konnten und auch nicht indirekt über eine entzündliche Haut zum Ausdruck gebracht worden sind, später zum Ausdruck kommen, bevorzugt Anfang der zwanziger oder Ende der zwanziger Jahre, gewissermaßen in einer nachpubertären Phase.

Das kann ich in meinem Fall gut nachvollziehen, denn bei mir fing die Akne so richtig an, als ich meinen jetzigen Mann geheiratet habe, also in der

Auseinandersetzung mit ihm, und mein eigener Ausdruck war sehr mäßig in dieser Zeit.

Jugendliche zwischen zwölf und sechzehn oder achtzehn Jahren haben häufig eine Vorliebe dafür, sehr dunkle, vor allem schwarze Kleidung zu tragen. Womit hängt das zusammen?

Die Farbe Schwarz ist symbolisch gleichbedeutend mit Sterben und Tod. Eine alte Phase des Ausdrucks wird beendet und eine neue Phase vorbereitet. Aber die neue Phase ist noch nicht so weit vorbereitet, daß sie schon zum Ausdruck kommen kann. Sie wollen ihre Kindheit ablegen, haben aber ihre neue Geschlechtlichkeit und Individualität, ihren neuen Ausdruck noch nicht gefunden.

Wenn dieser Ausdruck oder die neue Individualität gefunden wird, entwickelt sich in der Regel der Wunsch nach Farben und entsprechend wird der persönliche Ausdruck auch bunter und hat mehr Motivation.

Setzen sexuelle Ausdrucksformen wie Homosexualität bereits in der Pubertät ein oder entwickeln sie sich später?

Jeder Mensch ist in seinem Wesen zweigeschlechtlich oder bisexuell geschaffen und würde sich natürlicherweise geistig und körperlich weder dem gleichen noch dem entgegengesetzten Geschlecht eindeutig zuwenden, sondern Energien nach allen Seiten ausdrücken und empfangen. Der Körper ist ein Ausdrucksorgan für Energien, die als sexuelle Energien nach Verschmelzung suchen. Der Wunsch nach Verschmelzung richtet sich auf alle entsprechenden Energien, die auch nicht eindeutig männlich oder weiblich sind, sondern zunächst einmal menschlich. In eurer Zeit wird sexuelle Energie als neutrale Energie der Verschmelzung nicht mehr verstanden und deshalb nur noch der gegengeschlechtliche Bezug in der Sexualität unterstützt.

Homosexuelle Beziehungen werden von vielen Menschen verurteilt und damit als natürliche Bedürfnisse nach Verschmelzung verdrängt. Das normale Verhalten eines Menschen wäre aber, sich in eine Person zu verlieben und nicht in ein Geschlecht. Die übliche einseitige Betrachtungsweise erzeugt in homosexuellen Beziehungen sehr häufig Schuldgefühle, die keinen natürlichen Ausdruck mehr zulassen, und auch sexuelle Energien als treibende, nach Verschmelzung suchende Impulse nicht mehr erkennbar werden zu lassen.

Ein Mann kann sich genauso gut in einen Mann verlieben wie in eine Frau und umgekehrt, wenn die Werte und Energien entsprechend sind. Eltern und Freunde von homosexuellen Personen sollten deren Neigungen als etwas Natürliches betrachten und ihnen zum einen damit gegen die oft intolerante und verständnislose Umwelt helfen, und zum anderen ihnen auch den Weg offen lassen, ihre Neigung und Vorliebe auch wieder in andere Richtungen zu lenken. Man sollte nicht versuchen, solche Neigungen zu unterdrücken, sondern sie zu verstehen. Menschen, die sich lesbisch oder homosexuell ausdrücken, sollten dies als einen ganz natürlichen Ausdruck verstehen, der in gleicher Weise nicht einmal eindeutig ist, sondern vielleicht nur eine Neigung zu dieser Seite darstellt, die sich sogar ändern oder erweitern könnte, zum Beispiel im Sinne einer Bisexualität.

Die Psyche des Menschen hat sowohl weibliche wie auch männliche Qualitäten, in der üblichen Definition dieser Begriffe. Die Qualitäten an sich sind natürlich weder typisch weiblich noch männlich, sondern werden einfach einem bestimmten Geschlecht zugeschrieben. Der Mensch ist eine komplexe Persönlichkeit, und als Persönlichkeit fühlt er sich angezogen von anderen Persönlichkeiten, die dann zufälligerweise den einen oder anderen Körper mit dem jeweiligen Geschlecht haben, was aber mit der Anziehungskraft zunächst nicht unbedingt etwas zu tun haben muß. Es ist allerdings durchaus so, daß die meisten Geschlechter sich von einem anderen Geschlecht der Gegensätze wegen angezogen fühlen, da man eine Ergänzung sucht. Aber es kann auch sein, daß zwischen den gleichen Geschlechtern sehr große Unterschiede bestehen, die gesucht werden und deshalb eine Anziehungskraft vorhanden ist. Man sucht entweder das gleiche, um sich zu stärken oder das andere, was man auch ausdrücken will, aber noch nicht kann.

Wie sollen Eltern damit umgehen, wenn das Bedürfnis nach Sexualität und körperlichem Austausch mit dem anderen Geschlecht schon früh entsteht, zum Beispiel bei einem dreizehnjährigen Mädchen, wo trotz aller Informationen vielleicht doch die Sorge wäre, daß sie schwanger werden könnten in diesem Alter.

Grundsätzlich gilt, daß nur die Seele von Mutter und Kind gemeinsam entscheidet, wann die Mutter schwanger wird. Es gibt keine zufällige Schwangerschaft, auch wenn dies bei Euch geglaubt wird. Dennoch ist es natürlich sinnvoll, den Kindern möglichst früh eine Aufklärung darüber zu geben, was der Körper ist, wie man sich durch den Körper ausdrücken kann, warum es männliche und weibliche Körper gibt, wie es zu einer Schwangerschaft kommen kann und was sie bedeutet, was ihre Folgen für Vater und Mutter sein können und wie eine Schwangerschaft das Leben, die Verantwortlichkeiten und die Freiheiten verändert, damit bei dem Kind eine bewußte Entscheidung möglich wird. Anstatt mit Druck-, Disziplin- und Ordnungsstrukturen zu lenken, sollte man ein Verständnis aufbauen durch Information, damit es zu einem natürlich zwanglosen Verhalten und Ausdruck im sexuellen Bereich kommen kann.

Ich merke, daß unsere Tochter mit dreieinhalb Jahren hier schon ein recht großes Informationsbedürfnis hat. Vor allem seit meiner letzten Schwangerschaft, die sie voll miterlebt hat, interessieren sie Fragen darüber, wie ein Kind entsteht, wie eine Geburt abläuft, u. ä. m. Sie fühlt sich im Spiel auch selbst häufig schwanger und bekommt dann gleich mehrere Plüschtiere auf einmal, oft mehrmals täglich. Schwanger sein ist eines ihrer Lieblingsspiele. Ich möchte das unterstützen und fördern und ihr so viel Auskunft geben, wie sie haben möchte, um ihr genau den natürlichen Ausdruck zu ermöglichen, von dem Ihr gesprochen habt.

Welche Bedeutung haben Haustiere für Kinder und Jugendliche? Ist es sinnvoll, für Kinder Haustiere anzuschaffen und ab welchem Alter?

Über Haustiere können Kinder lernen, sich mit anderen Lebewesen zu identifizieren, sich um sie zu kümmern, Verantwortung zu entwickeln. Sie haben einen Freund, der immer zuhört, gerade in den Phasen, wo sie sich unverstanden fühlen und fremd in der Welt der Erwachsenen. Sie haben etwas zum Schmusen und Kuscheln und lernen Wärme und Zärtlichkeit zu geben, auch dann, wenn die Erwachsenen keine Zeit haben.

Wenn ein Kind Bedürfnisse nach diesen Möglichkeiten zeigt, sollte man diese befriediegen. Aber man muß dabei immer genügend Information geben, damit ein Kind auch versteht, daß mit diesem Ausdruck auch Verantwortlichkeiten verbunden sind.

Oft werden kleine Kinder an einem Tier nur das weiche und kuschelige sehen, und sind kaum fähig, die Verantwortung zu erfassen, die mit einem Tier verbunden ist, wenn es ihnen von den Eltern nicht näher gebracht wird. Die Eltern sollten deshalb für die Pflege und den Umgang mit Tieren eine Zeitlang Vorbild sein.

Wenn die Verantwortung dann trotz Vorbild und vorherigem Verständnis nicht übernommen wird, müßte man sich auch wieder davon lösen oder die Verantwortung deutlicher werden lassen. Diese Konsequenz muß völlig klar schon zu Beginn vereinbart werden, und die Entscheidung für ein Tier muß entsprechend dieser Konsequenz bewußt und freiwillig sein. Das Tier sollte letztlich nur danr angeschafft werden, wenn ein Kind sich konsequent langfristig darum kümmern will.

Vielen Dank für Eure wertvollen Hinweise. Ich hoffe sehr, daß sie im Erziehungs- und Bildungswesen in der Zukunft einen Unterschied machen werden.

Durchaus, es war uns ein Vergnügen.

5. Kapitel

Individueller Ausdruck und Selbstfindung
bei Jugendlichen als Heranwachsende

Sei gegrüßt, liebste Freundin.

Sei gegrüßt, lieber Harald. Dieses Kapitel möchte ich Jugendlichen wid-
men im Alter von vierzehn bis etwa achtzehn Jahren. Welche wesentlichen
Entwicklungsprozesse spielen sich in diesem Zeitraum ab?

Nun, zwischen vierzehn und achtzehn Jahren geht die Phase der
Individualisierung und der Selbstfindung vorerst zu Ende. Bis etwa
das Alter von einundzwanzig erreicht wird, sollten sich alle Energi-
en in einem Menschen so stabilisiert haben, daß er ein festgefügtes
Selbstverständnis hat, nicht im starren Sinne, aber dahingehend, daß
eine gute Kritikfähigkeit erreicht ist. Diese sollte es ermöglichen, die
Energien außerhalb von den eigenen klar unterscheiden zu können
und zu erkennen, daß die Energien, die er in sich tragen will, nicht
unbedingt gleich sein müssen mit den Energien, die in seinem Umfeld fließen und daß die Energien der Vergangenheit nicht mehr die
sein müssen, die er auch in der Gegenwart festhält, sondern daß er
in der Lage ist, in seinem Selbst sich selbst beliebig und frei zu verändern.

Die Phase, wo die eigene Energie auch in geschlechtlicher Form
in der Pubertät am Erblühen war und sich extremen Ausdruck such-
te, kommt jetzt zum Abschluß. Der Mensch beginnt sich ganzheit-

lich zu begreifen. Er bringt die Energien, mit denen er sich jetzt klar und selbstbewußt identifizieren kann, in seine eigene Ausdrucksrichtung. Man könnte sagen, daß die ersten Jahre dafür dienten, sich sowohl als Mensch zu finden und eine Individualität zu erarbeiten, als auch vor allem ein Selbst-bewußt-sein zu erreichen, also ein Bewußtsein über sein Selbst. Jetzt, im Anschluß daran, geht es darum, dieses Selbstbewußtsein in eine persönliche Aktionsrichtung zu bringen. Es geht darum, daß das Bewußtsein, das Selbstbewußtsein, was sich im Sinne eines individuellen Selbstverständnisses gebildet hat, sich jetzt in einer persönlichen, individuellen Richtung zum Ausdruck bringt. In den Jahren davor ging es darum, sich selbst als Mensch zu begreifen und zu erkennen, welche Geschlechtlichkeiten man hat, welche geschlechtlichen Rollen man spielen möchte, wie das Umfeld aussieht, wie man sich mit dem Umfeld auseinandersetzt, wo der Freiraum der Individualität beginnt und aufhört, wie sich Individuen untereinander austauschen, welche höheren Ziele es in einer Gesellschaft geben könnte, in die der Einzelne eingebettet ist und was die persönliche Freiheit für eine Rolle spielt in diesem Zusammenhang. Es ging im Grunde genommen darum, im Austausch mit dem Umfeld, zunächst mit den Eltern, dann mit dem näheren Umfeld, dann mit dem weiteren Umfeld, dann über die Schule und dann mit Lerninhalten gewissermaßen sich selbst zu finden. In den Jahren achtzehn bis zwanzig etwa sollte das, was selbst gefunden worden ist, in die erste eigene Ausdrucksrichtung gebracht werden. Dies gilt besonders für euren Kulturkreis. In anderen Kulturen verhalten sich die Zeiträume etwas anders.

Wie kann man Jugendlichen helfen, ihre Persönlichkeit bewußt aufzubauen, unabhängig von ihrem Umfeld, und ihr Leben gezielt vorzubereiten und zu gestalten?

Ein Mensch muß lernen, kreativ zu denken, kreativ zu fühlen und seine inneren Bilder eindeutig auszurichten, wenn er bewußt leben und seine Persönlichkeit gestalten will. Wann immer sich ein Mensch identifiziert mit einer bestimmten Energie in ihm selbst, zum Beispiel mit inneren Bildern, mit Gefühlen oder Gedanken, setzt er damit einen energetischen Prozeß in Gang, weil diejenige Energie, mit der er sich identifiziert, verstärkt wird, ausstrahlt und das Umfeld beeinflußt. Kreativ denken und kreativ fühlen heißt nichts anderes, als daß man sich mit bestimmten Gefühlen, Gedanken oder Bildern identifiziert und durch die Identifizierung ein größeres Energiepotential schafft, das dann wiederum hineinfließt in das Umfeld, dort wirkt und sich dort widerspiegelt. Die äußere persönliche Wirklichkeit wird gewissermaßen zu einem Spiegelbild dafür, mit welchen Energien sich der jeweilige Mensch identifiziert.

Kreativ denken und fühlen heißt, bewußt mit diesen Identifizierungsprozessen umzugehen, zu wissen, womit man sich identifiziert und identifizieren will und wie es im Außen sichtbar wird. Wenn ein Mensch wissen will, mit welchen Energien er sich hauptsächlich beschäftigt, dann braucht er nur sein Umfeld zu beobachten, denn dort ist die Materialisierung von den Energien sichtbar, die er in sich trägt.

Diese bewußte Identifizierung mit Energien kann man schon mit Jugendlichen üben, und damit wird eine bewußte Ausrichtung der eigenen Energien und damit ein freier Ausdruck möglich, und zwar in vielfältiger Weise. Man kann sich mit Lerninhalten oder mit Informationen jeglicher Art identifizieren und sie auf diese Weise verinnerlichen, oder man könnte auch einfach versuchen, spielerisch in der Phantasie mit Energien umzugehen und dadurch ein Gespür dafür zu bekommen.

Wenn Jugendliche Schwierigkeiten haben oder mit ihrer Situation nicht zufrieden sind, könnten sie ihre Situation im außen genau analysieren und sich dann fragen, welche inneren Energien sich dort widerspiegeln, in dem Verständnis, daß das Innere sich im Äußeren spiegelt. Die Lebenserfahrung läßt sich durch ein neues freies Identifizieren mit Energien beliebig umgestalten und sie könnten dann lernen, sich mit neuen Energien zu identifizieren und die Auswirkung davon im außen zu beobachten.

Man könnte ihnen beibringen, sich selbst zu kontrollieren und Ihre Identifizierung mit Gefühlen willentlich zu wechseln. Wenn sie zum Beispiel ein Wutgefühl haben, worüber auch immer, und sich damit identifizieren, dann strahlen sie entsprechend auch nach außen Wut aus, das Umfeld wird infiziert, und die Wut kommt zurück. Es ergibt sich ein Kreislauf. Gelingt es ihnen jetzt, anstatt sich zu ärgern und in Wut zu geraten, über etwas anderes zu lachen, an das sie sich erinnern, ein beliebiges früheres Ereignis, was absolut lustig war und über welches sie damals lachen mußten, dann ist es möglich, die Konzentration und die Identifizierung mit dem einen Gefühl der Wut auf das andere Gefühl des Lachens zu lenken und damit sofort die inneren und entsprechend auch als Folge die äußeren Energien zu verändern. Wesentlich ist es also, die Idee praktisch zu verankern, daß die Energien, mit denen man sich identifiziert, beliebiger Natur sein können und jederzeit austauschbar sind und daß entsprechend der Austauschbarkeit der inneren Energien auch das Umfeld geprägt werden kann als Grundlage von innerer und äußerer Freiheit.

Es mag natürlich manchmal trotzdem sinnvoll sein, herauszufinden, was die Ursache von den Energien war, warum man sich zum Beispiel geärgert hat, woher die Angst oder die Wut kommt, um die Ursachen für später beseitigen zu können. Aber für die persönliche Freiheit ist es zunächst wichtig zu lernen, daß sich innere Gefühle wie auch äußere Energien beliebig austauschen lassen und damit ein freier Umgang mit solchen Energien möglich ist.

Wenn ich einfach meine Gefühle verändere, ohne nach den Ursachen zu
fragen, ist dann nicht auch die Gefahr, daß ich Gefühle, wie zum Beispiel die
Wut, die heraus möchte, unterdrücke oder auch Ängste verdränge?

Es ist grundsätzlich nicht die Wut, die heraus möchte, sondern das unterdrückte Energiepotential, das sich in Form von Wut äußert. Wenn es nun gelingt, diese aufgestauten Energien in eine andere Richtung zu lenken und zum Ausdruck zu bringen, indem man zum Beispiel auf einen Topf schlägt oder indem man heftig anfängt zu lachen, dann hat sich diese Energie ausgedrückt, aber eben nicht in Form von Wut, sondern auf andere Weise. Energie an sich ist neutral. Und wenn Energie in Form von Wut aufkommt, dann ist es sicher nicht richtig, diese Wut zu unterdrücken, aber man kann die Energie, die die Form von Wut angenommen hat, in eine andere Form bringen und so ausdrücken. Grundsätzlich muß aber trotzdem auch gefragt werden, welche Bedürfnisse oder Gefühle man nicht ausgedrückt hat oder was man getan hat, ohne es tun zu wollen, damit es überhaupt zum Aufstau der Energie in Form von Wut oder Angst kommen konnte.

Die aufgestauten Energien einfach umzulenken reicht allein nicht, weil sie sich wieder aufstauen werden, wenn sie nicht verstanden sind. Aber grundsätzlich sind Energien beliebig austauschbar. Manchmal wird Liebesenergie zu Haßenergie. Der Energiegehalt ist der gleiche, aber der Ausdruck ist vollkommen anders, bedingt durch eine veränderte Situation. Die Intensität der Energie und die Art der Energie haben nichts miteinander zu tun und sind jeweils austauschbar durch andere Energiemuster, andere Inhalte und andere Intensitäten. Energiegehalt und Inhalt von Gefühlen austauschen zu können ist für die meisten Menschen fremd und muß als Idee erst verinnerlicht und gelernt werden. Genauso wie es für den freien Umgang mit Gefühlen überhaupt auch sehr sinnvoll ist zu lernen, daß Gefühle nicht zwangsläufig entstehen und daß sie keinen Teil der Persönlichkeit darstellen, sondern daß Gefühle Energien sind, die man frei in einer beliebigen Form gestalten und aktivieren und dann entsprechend umsetzen und erleben kann als eigene Energie, die aber mit der Natur der eigenen Persönlichkeit nur sehr begrenzt etwas zu tun hat. Für dieses grundsätzliche Verständnis der Freiheit der Gefühle ist es ein wesentlicher Schritt, zu lernen, daß ihre Energien austauschbar sind, indem entsprechend Austauschübungen gemacht werden. Man kann sich dazu zum Beispiel mit freundlichen, harmonischen Energien in der Vorstellung beschäftigen und diese dann austauschen für ihr Gegenteil. Man kann auch überhaupt Vorstellungsübungen machen oder man kann verschiedene Energiequalitäten und Gefühlsqualitäten malen, zeichnen oder auf Musikinstrumenten zum Ausdruck bringen, um zu sehen, wie die verschiedenen Töne, Farben, Formen und Strukturen nach außen wirken und zurückwirken auf die eigene Persönlichkeit. Dadurch würde ein tieferes Bewußtsein über Energieintensitäten und Energiequalitäten entstehen. Man kann kleinen Kindern Figuren oder Puppen schenken, die bestimmte Charaktere und Gefühle ausdrücken, zum Beispiel im Kasperle-Theater, wo es den Bösen gibt, den Geist, den Polizisten, das Krokodil, den Priester, den Freund, die Mutter, den Vater, den Bruder, die Schwester, den Helfer und dergleichen, damit sie lernen, sich mit diesen unterschiedlichen Energien zu identifizieren und damit frei zu spielen.

Es ist in auch möglich, bestimmte Gefühle über die einzelnen Puppen zum Ausdruck zu bringen, und wenn die jeweiligen Gefühle mit den Puppen identifiziert wurden, kann man sie austauschen, indem man sich mit den jeweiligen Puppen abwechselnd anfreundet und identifiziert und ganz in deren Ausdruck hineingeht. Man kann mütterliche, umsorgende Gefühle suchen, indem man beispielsweise die Puppe des Vaters oder der Mutter nimmt und damit Gefühle von Sicherheit und Umsorgtsein ausdrückt. Vorhandene Angst oder Wut könnten auf diese Weise ausgetauscht werden, indem die

Kinder sich mit neuen Gefühlen identifizieren. Auf der anderen Seite könnte aufgestaute Wut auch zum Beispiel über das Krokodil zum Ausdruck gebracht werden, damit sie sich auflöst und die Freiheit geschaffen wird, sich mit etwas neuem zu identifizieren. Handpuppen sind dafür geeignet, aber auch mit Bildern oder Zeichnungen oder Klangmustern lassen sich die gleichen Wirkungen erreichen. Die verschiedenen Puppen können zusätzlich auch ins Bett mitgenommen werden, damit so die Gefühle zum Ausdruck kommen, die das Kind mit in den Schlaf nehmen möchte, zum Beispiel den abenteuerlustigen Kasper.

Das Entscheidende an diesen Austauschübungen ist die Unterschiedlichkeit der Energien an sich, nicht so sehr die Art der Energien, und wie intensiv eine Identifizierung und ein Austausch erreicht werden kann.

Wann geht die Phase der Pubertät zu Ende, welche Entwicklung ist dann abgeschlossen?

In der Regel ist die pubertäre Entwicklung mit einundzwanzig Jahren abgeschlossen. In einzelnen Fällen reicht die Pubertät allerdings bis zu dreißig Jahren oder länger. Die Pubertät ist dann zu Ende, wenn ein Mensch eine eindeutige Stellung bezogen hat zu seiner geschlechtlichen Rolle und dazu, wie er diese Geschlechtlichkeit zum Ausdruck bringen will im Zusammenhang mit seiner Persönlichkeitsstruktur. Wenn dies erkannt ist, dann endet die Pubertät, und der eigentliche Ausdruck als ganzheitlicher Ausdruck kann beginnen.

Wie Ihr schon erwähnt habt, ist die Pubertät von Problemen begleitet. Gehört dazu auch die sogenannte Magersucht, die anscheinend vor allem bei Mädchen auftritt?

Die Magersucht ist ein typisches Beispiel dafür, daß zum Beispiel ein Mädchen nicht mit ihrer geschlechtlichen Rolle zurecht gekommen ist. Es hat vielleicht irgendwo eine Persönlichkeit gespürt, ein Ausdrucksverhalten, Wünsche und Bedürfnisse, die ausgedrückt werden wollten, aber geschlechtliche Rollen vorgespielt bekommen, die möglicherweise nicht unbedingt mit der eigentlichen Geschlechtlichkeit etwas zu tun hatten, aber mit ihr in Verbindung gebracht wurden und besonders in der Phase überhaupt nicht im Einklang waren mit den Bedürfnissen ihrer Grundpersönlichkeit. Die Angst, sich nicht ausdrücken zu können auf Grund des eigenen Geschlechts, führt zu einer Ablehnung des Geschlechts und entsprechend auch zu einer Ablehnung des Körpers, der ja symbolisch für die Geschlechtlichkeit ist. Bei einem magersüchtigen Menschen kann man sagen, daß er mit seiner Geschlechtlichkeit nicht zurecht kommt, indem er glaubt, daß ein Mensch mit diesem Geschlecht nur bestimmte Ausdrucksweisen haben kann und soll und diese aber nicht dem entsprechen, wozu er sich als geeignet empfindet. Es ist nicht das Geschlecht, was abgelehnt wird, sondern immer die Rolle, die mit diesem Geschlecht in Verbindung gebracht wird und die dann möglicherweise nicht konform geht mit dem eigenen gewünschten Ausdruck der Persönlichkeit.

Das Verhalten von Vater und Mutter ist dabei entscheidend, da sie die geschlechtlichen Rollen in erster Linie dem jungen Menschen vorleben. Sie sind in der Regel dominant, obwohl auch jede andere, für den Heranwachsenden wichtige Person aus dem persönlichen Umfeld diese Vorbildfunktion einnehmen kann.

Magersucht ist nicht auf Mädchen beschränkt, sondern kann auch bei jungen Männern auftreten, wenn auch viel seltener, weil Männer eher dazu erzogen werden, sich auszudrücken als Mädchen. Bei Frauen gibt es ein zweifaches Problem: Erstens entspricht der geschlechtlichen Rolle der Frau selten das natürliche Ausdrucksverhalten, zweitens ist der eigene Ausdruck als Frau oft nicht so erwünscht wie beim Manne.

Liegen bei überdurchschnittlicher Dickleibigkeit oder bei der sogenannten Fettsucht ähnliche Gründe vor?

Nicht notwendigerweise. Fettsucht ist zunächst ein Ausdruck davon, daß man mit dem Umfeld nichts zu tun haben will, daß man sich in sich selbst zurückziehen und für sich alleine sein möchte.

Die Gründe dafür können vielfältig sein, zum Beispiel zu wenig Selbstvertrauen, indem die Eltern das Kind ständig übersorgt haben oder sich auch über das Kind lustig gemacht haben oder auch zu hohe Ansprüche an das Kind stellten, sodaß es glaubt, es könne diesen Ansprüchen nicht genügen. Das Zurückziehen hinter diese äußere Wand der Fettleibigkeit ist im Grunde genommen ein natürlicher Versuch, Abstand zu finden, etwas nicht tun zu müssen, nicht angefaßt zu werden und Distanz haben zu können, bei Kindern sowohl als auch bei Erwachsenen. Bei der Magersucht war nicht der Kontakt das Problem, sondern das Annehmen der geschlechtlichen Rolle, was allerdings auch bei der Fettsucht eine Bedeutung haben kann.

Dickleibige Menschen haben oft ein Gefühl von Machtlosigkeit, obwohl gerade unter Erwachsenen dicke Menschen oft außerordentlich souverän zu leben scheinen und ihre Identität verstecken. Wer dick ist, fühlt sich oft machtlos und versucht, Distanz zu gewinnen und sollte sich immer die Frage stellen, warum beziehungsweise in welchen Bereichen er sich machtlos fühlt.

Welche Gründe bedingen Phänomene wie Zwittergeschlechtlichkeit und Transvestismus, was sich ja schon ganz früh entwickeln und bis ins Erwachsenenalter hineinreichen kann?

Normalerweise legt ein junger Mensch, wenn er gezeugt wird, eindeutig fest, in welchem Geschlecht er sein Leben ausdrücken will. In einigen wenigen Fällen ist es so, daß die Geschlechtlichkeit nicht eindeutig festgelegt wird oder festgelegt werden kann, weil das Ausdrucksverhalten, in das sich ein Mensch hineinfühlen möchte, ebenso viel von beiden Geschlechtern hat, daß es zu einer Störung oder einer Irritation führen kann und es zu keiner Eindeutigkeit kommt, weder genetisch noch psychisch.

Jeder Mensch hat sowohl männliche als auch weibliche Qualitäten, die an sich weder männlich noch weiblich sind, sondern Merkmale, die dann dem weiblichen oder männlichen Geschlecht zugeordnet werden, ohne daß sie aber geschlechtsspezifisch sind. Es kann nun sein, daß ein Mensch Qualitäten entwickelt, die eigentlich einem Geschlecht zugeordnet sind, was nicht dem seinen entspricht und er nun irritiert ist und nicht genau weiß, wie er sich verhalten soll und wohin er gehört. Aus diesem Grunde könnte er entweder eine Liebesneigung zu dem gleichen oder auch zu dem anderen Geschlecht entwickeln oder er kann eine Liebesneigung zum anderen Geschlecht, aber gleichzeitig zu dem eigenen Geschlecht haben oder er kann sich einmal als sein eigenes Geschlecht ausdrücken wollen, dann wiederum als das andere Geschlecht.

Es sind im Grunde genommen keine Schwierigkeiten in den Energien an sich, sondern nur im Rollenverhalten, die den einzelnen Energien zugeordnet werden. Wäre das Rollenverhalten nicht gegeben, das heißt wäre dem Kind von klein an nicht eingegeben, daß ein Mann so sein müßte und eine Frau so, daß ein Mann zu einer Frau eine Beziehung haben müßte und umgekehrt, dann würden diese Energien viel natürlicher in Fluß kommen, und es wären weniger Probleme vorhanden. Es sind nicht die Energien, die dem Menschen ein Problem machen, sondern das Rollenverständnis, das ihm beigebracht wird im Zusammenhang mit diesen Energien, ein Rollenverständnis, das bereits im Mutterleib beginnt.

Ist es für Jugendliche in diesem Alter sinnvoll, bewußt zu träumen und Traumarbeit zu machen? Welche Möglichkeiten entstehen dadurch?

Traumarbeit kann immer sinnvoll sein, besonders dann, wenn versucht wird, in Kontakt zu kommen mit den eigenen Energien auf eine möglichst ganzheitliche Weise. Das Träumen, auch im Sinne von Abstand nehmen von den üblichen Denk- und Fühlweisen, ist hervorragend geeignet, diesen Kontakt herzustellen. Der Wachtraum kann eine Methode sein, um übliche Wertungen und Rollenidentifizierungen fallen zu lassen und sich auf eine neue Art mit den eigenen Energien auseinandersetzen zu können. Viele Träume sind geistige Aktionen und Abenteuer auf einer anderen Ebene und bringen Erfahrungen und Veränderungen, auch wenn sie nicht erinnert werden oder nicht deutbar sind.

Man kann Träume bewußt verinnerlichen und aktivieren, um sich mit bestimmten Energien in Kontakt zu bringen, nicht um sie über eine Deutung zu verstehen, sondern um sie intensiver zu erleben und damit die Möglichkeit zu haben, sich damit zu identifizieren. Bspw. könnte es hervorragend für eine Frau sein, sich männliche Träume vorzustellen, um sich mit diesen Energien zu identifizieren, sie zu verinnerlichen und damit ausgeglichen zu werden, ganzheitlich zu werden in ihrem Sein.

Wenn Ihr den Traum als Weg zu neuen Energien versteht und Ihr vom Identifizieren mit anderen Energien sprecht, frage ich mich, wie sich eine Frau männliche Träume vorstellen und sich mit dieser Energie identifizieren kann, um ganzheitlicher zu werden in ihrem Sein, wenn sie doch als Frau nicht weiß, wie ein Mann träumt?

Nun, zunächst geht es nicht so sehr darum, sich mit einem männlichen Traum zu identifizieren, sondern eher mit der Energie, die man beim Mann normalerweise als männlich bezeichnet. Damit ist die Energie gemeint, die aggressiv und dynamisch ist, das kontrollierende, das drängende und nach Veränderung strebende Element. Das Element, das analysiert und sachlich die Dinge betrachtet, das die Kontrolle behält, das die Gefühle zurückhält und stattdessen aggressive Kontrolle nach außen ausübt. Es ist die Energie gemeint, die sich mit dem Umfeld im aggressiven Sinne austauscht, ganz im Gegensatz zu dem weiblichen Element, das das Umfeld eher aufnimmt. In diesem Sinne sollte also eine Frau, die männlich träumen will, zunächst versuchen, sich mit diesen Energien zu identifizieren, sich beim Einschlafen zum Beispiel vorzustellen, wie ein Mann auszusehen, sich vorzustellen, sich wie ein Mann zu benehmen und wie ein Mann auf das Umfeld zu reagieren und das Umfeld zu beeinflussen. Mit diesen Ideen sollte sie einschlafen und dann das Traumgeschehen aufnehmen.

Wie Du weißt und wie wir des öfteren erklärt haben, ist im Menschen sowohl das weibliche als auch das männliche Prinzip enthalten. Der Grund dafür, daß diese Elemente weiblich oder männlich genannt werden, liegt in eurer Gesellschaftsordnung und ist nicht rein biologisch oder psychologisch eindeutig. Wenn wir also von der Auseinandersetzung mit männlichen Träumen sprechen, dann meinen wir, daß man sich mit diesen Energien identifizieren und sich in den Energien verselbständigen soll, die man zwar normalerweise als männlich bezeichnet, die aber als aktive Lebensenergien durchaus nicht nur im Manne zu finden sind, um damit vertraut zu werden und sie verinnerlichen zu können.

In diesem Sinne könnte sich ein Mann dann auch weibliche Träume und weibliche Eigenschaften vorstellen und diese in die Traumwelt mitnehmen, um über entsprechende Traumerfahrungen seire Persönlichkeit ganzheitlich zu entwickeln.

Und es gibt natürlich durchaus auch Männer, die viel zu sehr weibliche Elemente entwickelt haben und denen es gut tun würde, sich mit den männlichen Elementen auseinanderzusetzen oder auch Frauen, die viel zu männlich sind und sich mit weiblichen Elementen auseinandersetzen sollten. Es ist nicht grundsätzlich sinnvoll, sich mit andersgeschlechtlichen Elementen zu identifizieren, um sich selbst mehr als Ganzheit erleben zu können, sondern abhängig vom jeweiligen Ausdruck der Energiequalitäten.

Mit achtzehn, früher mit einundzwanzig Jahren, werden Jugendliche volljährig und gehen symbolisch vom Jugendlichen ins Erwachsenenalter über. Welche Bedeutung hat aus Eurer Perspektive die Volljährigkeit?

Ab dem Alter von etwa achtzehn oder zwanzig Jahren ist es wichtig, das, was man als Selbstbewußtsein und Selbsterkenntnis erarbeitet hat, in eine offizielle Ausdrucksform zu bringen; es beginnt die Zeit des freien, verantwortungsvollen persönlichen Ausdrucks.

Ungünstigerweise ist sehr häufig diese Ausdruckszeit mit einem Studium verknüpft, das nichts mehr mit dem individuellen Ausdruck zu tun hat, sondern im Grunde genommen nur noch ein Anfüllen mit mehr oder weniger sinnvollen Informationen ist und entsprechend wird die Entwicklungsphase, die jetzt kommen sollte, sehr häufig hinausgeschoben bis zum Alter von achtundzwanzig Jahren. Der eigentliche Ausdruck vieler Menschen, die studieren oder eine Ausbildung machen, beginnt häufig erst nach dieser Zeit, manchmal also erst, wenn der Beruf begonnen wird und vielleicht aufgrund der Anforderungen nicht einmal dann.

Aus diesem Grunde ist es auch sinnvoll, die Zeit des Studiums unbedingt zu kombinieren mit anderen Ausdrucksmöglichkeiten, mit Kontakten, mit Reisen, und vielen anderen Interessensgebieten, damit der freie persönliche Ausdruck dennoch, wenn auch noch nicht vollkommen geübt werden kann.

Jugendliche werden heute sehr oft gar nicht in einen Beruf als Berufung hineingeführt, sondern es wird oft ein Beruf gewählt, für den es einen Studienplatz gibt. Könntet Ihr hier vielleicht etwas zur Übergangszeit von der Schule zum Beruf sagen, welche Wege gibt es für eine sinnvolle Berufswahl?

Im Grunde genommen sollte immer versucht werden, so lange ein Ausdrucksfeld zu suchen, bis man seinen eigenen Ausdruck gefunden hat. Indem nun aber schon bereits in der Schulzeit nicht der Ausdruck vorangestellt wird, sondern das Leistungsdenken, verliert der junge Mensch den Kontakt zu sich selbst, und deshalb ist es so sehr schwierig, wenn er nun endlich seine Schulbildung abgeschlossen hat, zu entscheiden, wie er sich ausdrücken will. Er hat überhaupt keinen Bezug mehr zu seinem Selbst und kein Selbstbewußtsein. Die einzige Möglichkeit, die ihm dann bleibt, ist, einen Versuchsballon zu starten, irgend ein Feld zu suchen, in dem er sich vielleicht ausdrücken könnte, um dann im Nachhinein festzustellen, ob er sich dort tatsächlich ausdrückt. Und wenn dies erfolglos ist, muß er einen neuen Versuchsballon steigen lassen und ein neues Feld suchen, so lange, bis er in sich das Gefühl hat, er drückt sich aus. Es ist wichtig, bereits in der Schulzeit wieder den Schülern zu helfen, nicht nur Leistung zu bringen und völlig uninteressante Dinge in sich hineinzustopfen, sondern bereits individuelle Schwerpunkte festlegen zu können, in denen man sich ausdrücken kann. Statt einer gleichmäßigen Allgemeinbildung sollte eine Schwerpunktsbildung, entsprechend der individuellen Begabung, geschaffen werden.

Das wird langfristig wahrscheinlich zwangsläufig kommen müssen, denn die Fülle der Informationen, die schon heute gegeben wird, wächst immer mehr, und irgendwann kommt der Zeitpunkt, wo gar nicht mehr alles voll behandelt werden kann und Schwerpunkte vom einzelnen jungen Menschen festgelegt werden müssen.

An dieser Stelle möchte ich Euch zu Kinder- und Jugendkriminalität befragen. Was versteht Ihr als Ursachen und wie könnten Eltern, Pädagogen, Psychologen und überhaupt die Menschen dem entgegenwirken, wenn sie damit konfrontiert werden, und dem Einzelnen helfen, aber letztendlich auch der Gesellschaft?

Nun, jeder Mensch hat das natürliche, tief im Inneren verankerte Bedürfnis, sich zum Ausdruck zu bringen. Zum Ausdruck bringen bedeutet, die Qualitäten und Fähigkeiten, die Bedürfnisse und Wünsche, die er hierher in dieses Leben mitgebracht hat, auch zu erfüllen. In dem Maße, in dem es einer Person unmöglich gemacht wird durch äußere Umstände, sich selbst zu sein, scheint auch das Bedürfnis zu wachsen, sich mit Gewalt den Ausdruck zu verschaffen, der ihr scheinbar von außen versagt ist.

Jede Form von Gewaltanwendung, nicht nur bei Jugendlichen, ist im Grunde genommen ein Ausdruck von Wut und Verzweiflung dahingehend, daß eine Person glaubt, sie könnte auf normale oder übliche Weise nicht das bekommen, was ihr zusteht. Es entsteht ein Vorwurf gegen das Umfeld, weil es ihr seine natürlichen und zustehenden Möglichkeiten raubt oder geraubt hat. Vielleicht hat die Person in der Kindheit erfahren, daß sie nichts wert sei und glaubt deshalb, sie könne sich nichts verschaffen aus sich selbst heraus, also ohne es von den anderen zu nehmen, oder glaubt, daß selbst, wenn sie es aus sich selbst heraus schaffen könnte, das Umfeld sie weiterhin hindern und das Leben schwer machen würde, zu schwer, um ihre Anlagen noch zum Ausdruck bringen zu können. Vielleicht glaubt die Person, sie sei ungerecht behandelt worden, indem ihr nicht das gleiche Recht zugestanden wird, das andere haben. Kriminalität entsteht dann, wenn ein Mensch glaubt, er sei nicht in der Lage, aus sich selbst heraus das zu bekommen, was er eigentlich bräuchte und was ihm zusteht, oder wenn er glaubt, daß er vielleicht in der Lage dazu wäre, aber die äußeren Umstände ihn hindern, Menschen, Situationen oder was auch immer, und es zu beschwerlich ist. Kriminalität entsteht immer dann, wenn ein Mensch sich zu machtlos fühlt, um sich selbst zu sein und sich selbst das zu verschaffen, wovon er glaubt, er bräuche es dringend und es stehe ihm zu. In dem Maße, wie nun im äußeren Umfeld Kindern die Möglichkeit zu einem natürlichen fließenden Ausdruck genommen wird, steigt auch die Bereitschaft, sich mit Gewalt auszudrücken. Die innere Wut und Verzweiflung gegen das Umfeld wachsen und entsprechend wird diese Wut und Verzweiflung auch zum Ausdruck gebracht. Kriminalität ist nicht zu verhindern, wenn man denjenigen, der kriminell geworden ist, bestraft. Kriminalität kann auf lange Sicht nur vermindert werden, indem man dem Einzelnen hilft, sich selbst zu sein.

Wo immer ein Verbrechen geschieht, wo immer unlautere Situationen aufgetreten sind, ist Heilung dann möglich, wenn diejenigen, die an diesem verbrecherischen Tun beteiligt waren, darin unterstützt werden, sich selbst zu sein, indem sie sich angenommen fühlen, verstanden fühlen, und indem sie glauben, man will ihnen die Möglichkeiten und die Unterstützung für das geben, was sie so dringend für sich selbst in Anspruch nehmen wollen und brauchen. Kriminalität entsteht niemals aus sich selbst heraus, indem ein Mensch so geboren wird mit dem Wunsch, er möchte anderen Menschen schaden. Kriminalität entsteht, indem ein Mensch glaubt, ihm wird geschadet. Vorausgegangen ist immer das Gefühl, ungerecht niedergemacht worden zu sein, in seinen Möglichkeiten beschnitten worden zu sein, aus welchen Gründen auch immer. Jede Kriminalität ist eigentlich ein Verzweiflungsakt hoffnungsloser Personen

Hängt die Zunahme der Kriminalität damit zusammen, daß der zunehmende Wohlstand auch viel stärker das Gefühl aufkommen läßt, daß man zu kurz gekommen ist und von anderen zurückgedrängt wurde?

Sicher hat sie auch mit dem Wohlstand an sich zu tun, aber mehr noch mit den Klassen, die sich dabei bilden. Heute wird das Leistungsbewußtsein bei euch sehr groß geschrieben, und hinter diesem Leistungsbewußtsein wird die Persönlichkeit zurückgestellt. Es ist bei euch normal, daß Menschen nicht mehr beurteilt und verstanden werden auf Grund ihrer Persönlichkeit, sondern aufgrund von äußerer Leistung. Wenn jemand diese Leistung nicht gebracht hat, wird er ins Abseits gestellt und kann verkümmern, er ist uninteressant. Im Grunde genommen hat diese Entwicklung eine Eigendynamik bekommen, und der Einzelne wird nur noch als Leistungsfaktor beurteilt im Rahmen einer Gesellschaft, aber ist als Person kaum noch wichtig. Dieses Unpersönliche und Leistungsbezogene läßt viele Menschen in eine Isolation versinken, weil sich nicht jeder in der Lage fühlt, die erwartete Leistung zu erbringen. Diejenigen, denen nie beigebracht worden ist, auf ihre eigene Leistung zu vertrauen, müssen sich gewissermaßen in eine Situation hineinbringen, die ihnen das verschaffen kann, wovon sie glauben, sie könnten es aufgrund ihrer eigenen Leistung nicht erreichen.

Deshalb wird als Ausgleich dann oft versucht, Geld oder Wertsachen zu entwenden, um dadurch den Status zu erreichen, den man glaubt, auf natürlichem Weg nicht erreichen zu können?

Nun, das ist nur ein Aspekt. Ein viel wichtigerer Aspekt als das "Von-dem-anderen-nehmen-wollen" ist der Versuch, sich selbst unter Beweis zu stellen, sich zu zeigen, daß man auch Macht besitzt und so Leistung erbringen kann. Wer sich bewußt gegen die Regeln wenden kann, ohne daß ihm einer etwas tut, wer die Gesetze der Gesellschaft mit Füßen treten kann, ohne dafür zur Rechenschaft gezogen zu werden, hat Macht. Diese Selbstprofilierung anstelle echter Leistung oder anstelle des liebevoll Angenommenwerdens ist bei der Ausübung von Verbrechen oft wichtiger als der Wunsch, von anderen etwas wegnehmen zu wollen.

Ich dachte bei der Frage auch nicht an das Wegnehmen, sondern eher daran, daß das Geld oder das Materielle, das man dadurch in die Hand bekommt, eine gewisse Macht verleihen kann, die dann als Ersatz für die fehlende Leistung steht.

Durchaus. Der Besitz von Geld ist sicher ein Aspekt im Verbrechen, aber viel wesentlicher sind der Ausdruck von Wut, der Ausdruck von Frustration und der Versuch zur Selbstdarstellung und Selbstprofilierung, die ganz unabhängig vom Profit gesucht werden.

Welche Rolle hat dabei das soziale Umfeld? Spielen auch Vorbilder eine Rolle? Welche Möglichkeiten gibt es, um straffällig gewordenen Jugendlichen zu helfen?

Jeder junge Mensch identifiziert sich mit Vorbildern. Wenn ein Kind eine Familie hat, die glaubt, daß sie nur auf verbrecherische Weise die Ansprüche erfüllen kann, die sie erfüllen wollen, übernimmt es diese geistige Einstellung und glaubt von klein an, nur auf solche Weise das zu bekommen, was ihm zusteht. Ihm fehlen andere Informationen, ihm fehlt eine andere geistige Grundlage. Es will nicht absichtlich verbrecherisch werden, aber es glaubt, daß der natürliche Weg, sich zu verschaffen, was man braucht, eben dieser Weg der Eltern ist. Um ihm zu helfen, sollte man es nicht dafür bestrafen und auch keine scheinbar sinnlosen Belehrungen geben, die es nicht verstehen kann aufgrund seiner Identifikation mit den Eltern. Auch

Drohungen würden es vielleicht ängstigen und dazu bringen, einige Delikte zu lassen, aber auch so würde sich nichts in ihm verändern. Eine Heilung in ihm selbst wäre nur dann möglich, wenn man ihm zeigt, daß es Möglichkeiten hat, um aus sich selbst heraus sich das zu verschaffen, was es will und braucht, wenn man ihm gewissermaßen klar macht, daß jemand, der aus sich selbst heraus das schafft, was er haben will, ein ungleich tieferes Befriedigungsgefühl entwickelt als jemand, der es auf Kosten anderer tut. Es muß verstehen, daß es unnatürlich ist, auf Kosten anderer sich auszudrücken. Der natürliche Weg überall, im Tierreich, im Pflanzenreich und bei den Menschen ist der Ausdruck aus sich selbst heraus. Wenn es gelingt, einem solchen Kind zu zeigen, daß es die Möglichkeit hat, sich selbst zu sein und zum Ausdruck zu bringen und es schrittweise dorthin führen kann, wird es sich tatsächlich viel zufriedener, viel ausgefüllter, viel kraftvoller fühlen und ein völlig anderes Selbstbewußtsein entwickeln in seinem Selbstausdruck. Dann kann man ihm wirklich helfen, dauerhaft. Jeder Mensch ist von Natur aus sozial und strebt nach Selbstausdruck.

So betrachtet scheint der Strafvollzug, wie er bei uns existiert, ziemlich sinnlos. Aber wie könnten solche Einrichtungen aussehen für Kinder und Jugendliche, die straffällig geworden sind? Eure Aussage würde doch bedeuten, daß man sie aus ihrem sozialen Umfeld herausnehmen muß, hinein in eine Atmosphäre, die mehr Freiheit hat, die mehr Verständnis aufbringt, die mehr Möglichkeiten zum Selbstausdruck gibt. In dieser Atmosphäre müßten sie begleitet werden, vielleicht durch Pädagogen oder Therapeuten und lernen, sich selbst zu sein, sich auszudrücken und einen neuen Weg zu gehen.

Durchaus. Es müßte Institutionen geben, die stark psychologisch orientiert sind und zwischenmenschliche Beziehungen fördern und pflegen können. Der Kontakt nach außen müßte gewahrt werden, um die Betroffenen nicht in eine Isolation kommen zu lassen.

In eurem sozialen Gefüge gibt es das Prinzip des zwischenmenschlichen Austausches. Immer dann, wenn der zwischenmenschliche Austausch gut ist und funktioniert, ist jeder in der Lage, sich selbst zu sein und im Austausch auch das zu erhalten, was ihm zusteht. Man müßte also diesen Menschen beibringen, über den zwischenmenschlichen Bezug das Prinzip des Austausches und die Befriedigung im Austausch zu verstehen und wegzukommen von dem einseitigen Prinzip des Nehmens; eine große Aufgabe, die nur dann zu bewältigen ist, wenn auf der einen Seite eine psychologische Betreuung erfolgt, die auch Hintergrundwissen vermittelt und zum Beispiel klar macht, warum vielleicht der Vater war wie er war, oder auch die Mutter und deren Lebenseinstellung erklärt, ohne daß dadurch ein Vorwurf gegen Vater oder Mutter entstehen darf und auf der anderen Seite freundschaftliche zwischenmenschliche Beziehungen angeboten werden, die auf dem Prinzip des Austausches beruhen.

Ideal wäre es dann vielleicht, wenn Familien bereit wären, solche Kinder und Jugendliche zeitweise zu sich aufzunehmen, um ihnen zu zeigen, daß es auch andere Möglichkeiten des Austausches gibt als die, die in der eigenen Familie zum Ausdruck kommen.

In diesem Zusammenhang möchte ich auch nach den Ursachen von der Abhängigkeit von Drogen und Rauschmitteln fragen. Welche Perspektive habt Ihr dazu?

Ähnlich wie bei der Kriminalität liegen auch hier die Ursachen in innerer Verzweiflung aufgrund von fehlendem Selbstausdruck, der man zu entgehen versucht. Entweder versucht man, der Wut und Verzweiflung Ausdruck zu geben, wie eben beschrieben in der Kriminalität, oder man versucht zu fliehen in eine eigene Welt, in der man sich selbst seine Werte und Erfahrungen verschaffen kann. Man gewinnt Abstand von der Wirklichkeit und löst sich von dieser Hypnose der Leistungsgesellschaft und ihren starren Strukturen, geht in eine Traumwelt und kommt dort zur Ruhe, ins Gleichgewicht, wie es scheint. Dieses Fluchtverhalten ist durchaus verständlich, wenn jemand glaubt, sich nicht anders zum Ausdruck bringen zu können oder zu wollen.

Manchmal scheint beim Nehmen von Rauschgift auch Neugier mitzuwirken. Junge Menschen wollen einfach diesen neuen Reiz ausprobieren, um andere Erfahrung zu sammeln. Welchen Therapieansatz könnte es geben, um Abhängigen zu helfen?

Das Ausprobieren als Befriedigung einer natürlichen Neugier ist normal und menschlich. Aber wenn sich dann Abhängigkeiten entwickeln, hängt das damit zusammen, daß dort etwas erlebt wird, was schön ist und wofür es keine Entsprechung in dieser Wirklichkeit gibt. Wenn diese Erfahrung so schön war, daß sich ein Suchtverhalten daraus entwickelt, müssen Alternativen dazu gefehlt haben, die vielleicht noch schöner gewesen wären. Wenn man sich mit Rauschgift in eine andere Welt bringt, dann tut man dies, weil in dieser Welt keine vergleichbaren Gefühle zu finden sind.

Wer sich nicht zum Ausdruck bringt, kann nie glücklich sein. Aber in diesen Rauschzuständen kann man sich ganzheitlich erleben und die Welt auf eine neue, ganzheitliche und schöne Weise empfinden. Die Therapie wäre der Versuch, dem Einzelnen zu helfen, sich selbst zu sein und zum Ausdruck zu bringen, wieder Mut zu haben und die Illusion des Fliehens vor sich und der Welt zuzugeben. Rückhalt, Mut und Motivation ist das, was Süchtige am meisten brauchen.

Oft wird auch einfach der sogenannte schlechte Umgang für den Beginn von Kriminalität und Abhängigkeiten verantwortlich gemacht. Ist das als zusätzlicher Aspekt richtig?

Ein Mensch, der sich unter Druck setzen läßt von anderen oder sich auch freiwillig anderen anschließt, hat kein Selbstbewußtsein. Wer kein Selbstbewußtsein hat, drückt sich nicht aus. Selbstausdruck ist die Voraussetzung für Selbstbewußtsein. Ohne Selbstbewußtsein sind Menschen sehr anfällig für Einflüsse jeglicher Art, auch für schlechten Umgang, dessen Einfluß dann aber eine Folgeerscheinung ist und nicht die Ursache für das Problem darstellt.

Danke, das verstehe ich.

Ich möchte dieses Kapitel beenden und muß wirklich sagen, daß mich die Einfachheit und gleichzeitig die Tiefe Eurer Sichtweise immer wieder begeistert.

Es war uns ein Vergnügen.

6. Kapitel

Gesundheit und Krankheit als prägende Faktoren für den persönlichen Ausdruck

Sei gegrüßt, liebste Freundin.

Sei gegrüßt, lieber Harald. Dieses Kapitel möchte ich dem Thema Gesundheit und Krankheit widmen, da es doch das persönliche Leben und die eigene Entwicklung entscheidend zu beeinflussen scheint. Könnt Ihr zu Beginn Eure allgemeine Perspektive über Wesen und Ursachen von Krankheit geben?

Grundsätzlich betrachtet gibt es keine Krankheit, sondern nur veränderte Zustände, in denen der Mensch sich ausdrückt. Eine Krankheit ist ein bestimmter Ausdruckszustand, der allerdings in dem Sinne nicht natürlich ist, weil der natürliche Ausdruckszustand der ist, durch welchen der Mensch eine möglichst große Freiheit zur Veränderung hat. In der Krankheit ist diese Freiheit begrenzt, und deshalb kann man den Mangel an Ausdrucksfreiheit auch Krankheit nennen. Ein Mensch wird krank, wenn er die Freiheit, sich auszudrücken, nicht nutzt und deshalb sich selbst zwingt, sich auf andere Energien und Situationen zu konzentrieren, über die er sich dann ausdrücken kann oder muß. Krankheit ist aber nicht nur der Nicht-Ausdruck von bestimmten Energien im freiheitlichen Sinne, sondern auch das Zurückziehen dieser Energien oder in gewisser Weise auch ein veränderter und unfreiheitlicher Ausdruck von Energien, der häufig dann über den Körper erfolgt, über einen krankhaften Körper, oder auch über eine krankhafte Veränderung der Psyche. Wer krank ist, hat lange Zeit seine Freiheit, das zu tun, was er eigentlich tun wollte und konnte, nicht genutzt, oder er hat Dinge getan über lange Zeit, die nicht seiner Freiheit entsprachen, weil er sie nämlich nicht tun wollte, sondern stattdessen lieber etwas anderes getan hätte. Wer krank wird körperlich oder psychisch, hat über lange Zeit seinen freiheitlichen Selbstausdruck verleugnet, wodurch auch immer und wozu auch immer. Im Grunde genommen kann ein Mensch aus krankhaften, also begrenzenden Zuständen psychischer oder körperlicher Natur dann wieder herauskommen, wenn man ihm hilft, sich selbst wieder freiheitlich auszudrücken, das heißt wieder Zugang zu finden zu seiner Freiheit und zu seiner Flexibilität. Auch ein kranker Mensch drückt sich aus, psychisch und körperlich, aber das Ausdrucksverhalten ist nicht freiheitlich und nicht ganzheitlich.

Für das begrenzte, also krankhafte Verhalten kann nicht nur der Körper eine Ausdrucksebene sein, sondern auch die Psyche und auch das Umfeld, das genauso krank sein kann wie ein Körper. Wenn das Umfeld krank wird, äußert sich das zum Beispiel, indem dort Probleme auftauchen beruflicher, privater oder sonstiger Natur. Auch die Natur kann krank sein, ein Volk kann krank sein, eine Stadt und selbst das Klima kann krankhafte Veränderungen aufweisen als Ausdruck kranker Menschen, die dort leben.

Es können sogar Naturkräfte zum Ausbruch kommen, zum Beispiel Erdbeben oder Stürme, als Symbol und Ausdruck von Gesamtenergien, die lange Zeit unterdrückt waren und auf diese Weise eben in Fluß kommen. Mit Gesamtenergien meinen wir die Menschen und alles, was existiert, denn alles steht ständig in einem Austausch miteinander und beeinflußt einander. Auch Klima und Klimaveränderungen sind abhängig vom menschlichen Klima der einzelnen Personen dort und von den Gruppen, die dort leben.

Das Wesen von Gesundheit ist freiheitlicher Ausdruck der eigenen Energie und des gesamten Potentials auf jeder Ebene. Die Betonung liegt auf freiheitlichem Ausdruck, denn, wie wir sagten, drückt sich der Mensch auch in der Krankheit aus. Er kann nicht umhin, sich auszudrücken, aber er verliert in der Krankheit seine Flexibilität im Ausdruck.

Wenn man gesund bleiben möchte, sollte man also versuchen, sich freiheitlich auszudrücken und sich selbst zu sein.

Was ist dann die Basis für eine Heilung, und wie kann man jetzt speziell Kindern und Jugendlichen helfen, gesund zu bleiben beziehungsweise wenn sie erkrankt sind, ihnen helfen, wieder gesund zu werden?

Grundsätzlich gilt, daß derjenige, der krank ist, nach Freiheit streben muß, und daß derjenige, der helfen will, Freiheit vermitteln muß. Ein Heiler, also jemand, der heilend tätig ist, sollte ein Mensch sein, der selbst frei ist und damit die Möglichkeit hat, anderen auch wirklich ihre Freiheit zurückzugeben. Gesund machen kann nicht nur bedeuten, ein körperliches Symptom zu beseitigen, ohne damit dem Kranken seine Freiheit zum ganzheitlichen Ausdruck wiederzugeben, denn er würde sich vielleicht stattdessen allenfalls ein anderes intensives Feld für seinen Ausdruck, ein anderes Krankheitssymptom suchen.

Es ist wichtig, den Menschen ein grundsätzliches Verständnis für die Freiheit zu vermitteln. Wenn ein Jugendlicher krank wird, dann ist dies, weil er in der Konfrontation mit dem Umfeld gescheitert ist und den freiheitlichen Ausdruck nicht durchsetzen konnte. Also muß man ihn ermuntern, genau dies zu tun, aber nicht auf Kosten der anderen, sondern in Harmonie mit dem Umfeld und mit den anderen. Das ist wichtig zu verstehen. Harmonie suchen kann heißen,

dort wegzugehen, wo Disharmonie ist oder sich auf eine Weise auszutauschen, die frei ist und den ganzheitlichen Ausdruck unterstützt.

*Wenn ein Kind oder ein Jugendlicher krank ist, vielleicht sogar über ei-
nen längeren Zeitraum hinweg, könnte man also als Linderung mit Suggestionen oder Imagination, mit Gesprächen und Träumen arbeiten, immer mit
dem Ziel, ihm dabei ein besseres Gefühl für Freiheit, Selbstausdruck und
Selbstbewußtsein zu geben.*

*Könnt Ihr an dieser Stelle speziell auch etwas über die Ursachen von so-
genannten Kinderkrankheiten sagen, die ja doch sehr häufig vorkommen.*

In der Regel sind Kinderkrankheiten Entwicklungskrankheiten.
Wenn ein Kind krank wird, dann deutet das darauf hin, daß der
natürliche Prozeß der Entwicklung nicht so flüssig stattfindet wie er
könnte. Die Entwicklung bei einem Kind besteht zunächst in dem
Aufbau von Selbstverständnis, dann in dem Einbringen von diesem
Selbstverständnis in das Umfeld und endlich der Auseinandersetzung mit dem Umfeld. Es ist ein Weg von der Identifizierung mit der
Mutter hin zum Ich und dann zum Umfeld. Wenn dieser Weg gestört ist oder nicht flüssig verfolgt wird, gibt es energetische Probleme, die sich auch im Körper äußern. Eine Kinderkrankheit deutet
darauf hin, daß das Kind sich nicht so flüssig auf dem Weg entwik-
kelt, wie es könnte. Dies kann sein, weil die Eltern vielleicht zu viel
Druck ausüben oder es mit Liebe ersticken oder weil aus anderen
Gründen zu wenig Selbstvertrauen im Kind vorhanden ist, zum
Beispiel weil die Geschwister ihm den Freiraum wegnehmen. Kinderkrankheiten sind natürliche Stufen des Sich-Entwickelns und sollten deshalb auch als Entwicklungsstufen akzeptiert werden. Nicht
jedes Kind braucht Kinderkrankheiten, aber viele benutzen Kinderkrankheiten als Entwicklungshilfe.

Kinder neigen stark zur Identifizierung mit den Eltern, Geschwistern, aber auch mit dem Umfeld und anderen Kindern. Manchmal können Krankheiten deshalb auch Ausdruck einer Identifizierung mit anderen kranken Kindern sein, eine Art Sympathiekundgebung mit beliebten oder allgemein interessanten Kindern aus dem Umfeld. Oder Kinder können sich auch mit Ideen von Erwachsenen identifizieren, deren Ängsten, deren Spannungen und diese wiederspiegeln und damit ihre eigenen Energien, Gedanken und Gefühle blockieren, die zum Ausdruck gebracht werden wollen, aber so nicht mehr frei zum Ausdruck gebracht werden können, und durch das Zurückziehen in eine Krankheit damit zum Ausdruck gebracht werden müssen.

Kinderkrankheiten sind aber normalerweise, wenn keine Epidemie auftritt in dem Sinne, daß viele Kinder zur gleichen Zeit im Sinne einer Solidarisierung krank werden, einfach Ausdruck dafür, daß gewisse Entwicklungsschritte nur schwierig geleistet werden und nicht ablaufen, wie sie sollten. Es gibt Schwierigkeiten im seelischen beziehungsweise psychischen Bereich, wenn notwendige Abtrennungs- oder Neuidentifikations- oder Neuauseinandersetzungsprozesse durchlaufen werden müssen. In diesem Zusammenhang ist es möglich, daß Krankheitserreger eine Rolle spielen, also bestimmte Bakterien oder Viren oder andere Erreger, auf die der Körper reagieren kann. Aber inwieweit ein Körper reagiert, ist nicht vom Erreger allein abhängig, sondern besonders von der Bereitschaft, die Erreger aufzunehmen, sie zu neutralisieren oder einfach zu ignorieren. Kinder und Erwachsene müssen grundsätzlich bereit sein, sich anstecken zu lassen und das Zurückziehen in eine Krankheit ist ein sehr häufiges Mittel bei Kindern und auch bei Erwachsenen, um Freiraum für die eigene Entwicklung und den eigenen Ausdruck zu finden.

Bei manchen Krankheiten sollte man aus medizinischer Sicht Antibioti-
ka nehmen, oder auch Schmerzmittel bei starken Schmerzen. Nach Eurer
Sicht würde dies aber den Entwicklungsverlauf oder vielleicht sogar den Sinn
der Krankheit ungünstig beeinflussen. Ich sehe jetzt für mich einen Konflikt
darin, wie ich dem Kind spontan etwas gutes tun kann ohne aber seine Ent-
wicklung zu verhindern. Sollte man auf Medikamente ganz verzichten, oder
was könnte man als Eltern am besten tun?

Nun, wir können natürlich den Eltern nicht die Entscheidung ab-
nehmen. Aber grundsätzlich gilt, daß wenn ein Kind eine Krankheit
eingeladen hat, auch der Punkt kommen wird, wo die Krankheit
auch wieder ausgeladen wird und der Körper sich natürlich und
selbständig erholt. Dies schließt nicht aus, daß man von außen hel-
fend eingreifen kann, wenn man will. Nur damit wird bereits das
Verständnis im Kind erzeugt, daß die Krankheit vielleicht auch von
außen gekommen ist und deshalb auch von außen besiegt werden
muß. Auf der einen Seite wird zwar eine Krankheit möglicherweise
scheinbar schneller ausgeheilt, aber gleichzeitig wird das Bewußtsein geschaffen, daß von außen etwas entsprechendes unternommen
worden ist. Es besteht die Gefahr, daß Kinder in diesem Zusammenhang glauben, daß Dinge von außen kommen und von außen genommen werden. Das Umgehen mit einer Krankheit kann dann
nicht mehr so natürlich sein, sondern ähnelt dann mehr dem Verhalten, das bei den meisten Erwachsenen üblich ist. Die Krankheit
wird als ein von außen kommendes Phänomen betrachtet, was auch
von außen entsprechend wieder beeinflußt werden muß.

Die bessere Art, mit einem kranken Kind umzugehen ist, ihm
Gefühle zu zeigen, es zu trösten und zu sagen, daß man da ist und
sich um alles kümmert. Es muß in seinem Identifikationsverhalten
unterstützt werden, und wieder das Gefühl bekommen, daß es gut
aufgehoben ist, wieder eins ist mit den Eltern zum Beispiel und dem
Vertrauen, daß alles gut ist oder gut werden wird.

Kinder sind äußerst einfach suggestiv beeinflußbar, und das besonders, wenn es ihnen nicht so gut geht. Könnte man da mit positiven Suggestionen arbeiten?

Könnte man zum Beispiel erzählen, daß es kindliche Heilgeisterchen gibt, die ich zwar nicht sehen kann, die aber vielleicht das Kind wahrnehmen kann, und die ihm helfen, wieder gesund zu werden. Sind solche Aussagen sinnvoll und hilfreich?

Wenn man solche Aussagen macht, wird wiederum der Eindruck erweckt, daß die Heilung außerhalb des Kindes liegt. Es wäre möglicherweise langfristig günstiger, einfach zu sagen, daß alles wieder gut wird, daß sie sich erholt und gesund wird, daß sich alles reinigt, sich löst und gut ist.

Man sollte offenlassen, woher die Heilung kommt und auch woher die Krankheit gekommen ist und es dem Kind überlassen, seine eigenen Schlüsse zu ziehen.

Wenn ein Kind in eine Krankheitssituation kommt, in der es starke Schmerzen hat oder akute Gefahren für langfristige Schäden bestehen, sollte man ein Kind natürlich nicht sich selbst überlassen und aus Prinzip Medikamente meiden, aber das Kind spiegelt die Gedanken und Ängste der Eltern wieder und macht sie zu seinen eigenen. Auch wenn Eltern mit diesen Ideen vertraut sind und sie verstanden haben, sind häufig trotzdem Zweifel darüber vorhanden, wie weit diese Haltung tatsächlich getrieben werden kann. Der Glaube daran, daß der Mensch unabhängig ist von äußeren Einflüssen, ist noch begrenzt. Entsprechend identifiziert sich ein Kind mit den Eltern und sucht ebenfalls nach Hilfe von außen. Wir wollen nicht sagen, daß man ein Kind leiden lassen soll, sondern wir wollen sagen, daß, wenn es irgendwie noch vertretbar scheint von Seiten der Eltern, versucht werden sollte, die Heilung von innen heraus wachsen zu lassen und das Kind so zu beeinflussen, daß es sich geborgen und geliebt fühlt, auch wenn gegebenenfalls Medikamente oder medizinische Betreuung hinzugezogen werden.

Eltern können ein gutes Vorbild sein, wenn sie bei Erkrankungen selbst nichts mehr einnehmen und ihren eigenen Kräften vertrauen. Wie bei vielen anderen Dingen wird auch hier das Kind versuchen, das Verhalten der Eltern nachzuahmen.

Wenn Kinder sehr schlecht essen, wenig Nahrung aufnehmen, oder nur sehr einseitige Nahrung, was könnte die Ursache dafür sein? Wie könnte man helfen?

Solche Kinder haben oft große Angst davor, sich mit dem Umfeld auseinanderzusetzen, herauszutreten aus dem Bereich der Geborgenheit der Mutter hinaus in das Umfeld. Sie wollen sich abschirmen vom Umfeld und stoßen alles, was von außen kommt, als bedrohlich ab, einschließlich der Nahrung. Man sollte in solchen Fällen dem Kind erlauben, sich in sich selbst zurückzuziehen und es nicht überfordern. Es braucht von außen viel Aufmerksamkeit und Zuwendung, um zu spüren, daß das Umfeld gar nicht so bedrohlich ist, wie es vielleicht befürchtet.

Kann man sagen, daß bestimmte Krankheitsbilder eine allgemeine Symbolik oder Ursache haben oder geistige Prozesse widerspiegeln im kranken Menschen, also auch bei Kindern?

Durchaus. Wenn bestimmte geistige Energien oder Entwicklungsprozesse nicht freiheitlich zum Ausdruck kommen, entsprechen diesen Energien im Körper oder auch Energien im Umfeld, die ebenfalls nicht ausgedrückt werden können. Wenn, um ein Beispiel zu nennen, ein Mensch den Eindruck hat, daß äußere Energien ihn bedrängen und ihm den freiheitlichen Raum zum Ausdruck rauben und

186

Lebenskraft nehmen, kann sich dieser Druck sehr häufig in Form von Beschwerden in den Atemwegen zeigen, denn durch die Atmung über den Körper steht der Mensch im Kontakt mit dem Umfeld und tauscht sich aus. Insofern spiegeln Schwierigkeiten im Lungen- oder im Atembereich Schwierigkeiten im Austausch mit dem Leben wieder, zeigen, daß man mit äußerem Druck oder dem, was man als Druck empfindet, nicht zurechtkommt.

Energetische Prozesse im Menschen und der Ausdruck derselben stehen immer in Verbindung mit energetischen Prozessen im Körper selbst oder auch im Umfeld des Menschen. Es ist allerdings schwierig, Krankheiten in den einzelnen Organen als Symbolsprache genau festzulegen, weil die Zusammenhänge oft sehr komplex sind, und im Einzelfall eine differenzierte und ganzheitliche Betrachtung notwendig machen.

Oft sind es nicht nur Organe, sondern ganze Organgruppen, deren Krankheit eine gemeinsame Ursache in den geistigen Energien eines Menschen haben und deren Aussagekraft dann ganzheitlich verstanden werden muß.

Würdet Ihr in diesem Zusammenhang etwas über die Ursachen von speziellen Krankheitsbildern sagen, zunächst vielleicht über Hautkrankheiten wie zum Beispiel Windpocken, Masern oder Neurodermitis?

Ihr habt in früheren privaten Sitzungen schon viel über die Hautprobleme unserer Tochter gesagt, deren Ursachen erläutert und Tips zur Pflege gegeben, und ich möchte deshalb für die Leser dieses Buches zunächst Eure Antworten als Auszüge unserer Sitzungen anführen, soweit Ihr allgemeingültige Aussagen dazu gemacht habt, und im Anschluß daran Eure Antworten auf zusätzliche Fragen von mir zu diesem Thema:

Zu Beginn möchte ich kurz die damalige Situation schildern. Die Haut-
probleme unserer Tochter zeigten sich zum ersten Mal im Alter von neun
Monaten, als ich sie abstillte.

Damals bekam sie einen größeren roten Fleck auf der Wange, der stark
juckte und von ihr blutig gekratzt wurde. Verschiedene Salben vom Kinder-
arzt und Hautarzt schafften keine Abhilfe, und ich unternahm dann nichts
mehr. Der Fleck verschwand nach ein paar Wochen von alleine. Aber es kam
zu einer wesentlich heftigeren Hautreaktion, als ich wieder schwanger wur-
de. Diesmal waren die Hände betroffen, auf denen sich trockene rote Flecken
ausbreiteten, die sehr juckten und vor allem nachts aufgekratzt wurden.

Nachdem unsere zweite Tochter geboren war, kauften wir einige Wochen
später ein Haus und zogen in einen anderen Stadtteil um. Diese Verände-
rungen schienen für unsere ältere Tochter schwierig und sie reagierte mit
Flecken nicht nur vermehrt an den Händen, sondern auch an Armen und
Beinen. Die medizinische Diagnose war eine Neurodermitis in starker Form.
Unsere Tochter konnte wochenlang nicht durchschlafen, kratzte die Hände
oft blutig und riß teilweise ganze Hautfetzen heraus. Ihr Zustand erreichte
ein Stadium, wo ich ihr mehrmals täglich die Hände mit Desinfektionsmit-
tel und Wundsalbe verbinden mußte, um den Körper zu schützen. In dieser
Situation probierte ich alles aus, was mir von Ärzten, Heilpraktikern und
einer Geist-Heilerin empfohlen wurde, aber leider mit nur sehr mäßigen
Erfolg. Dies war die Zeit, in der wir mit Harald II eine private Sitzung such-
ten. Im Vordergrund stand die Frage nach den Ursachen der Hautkrankheit
unserer Tochter, vor allem natürlich die Frage, wie wir ihr helfen könnten.
Hier sind die damaligen Ausführungen von Harald II:

Die Haut, wie Du weißt, ist Abgrenzungsorgan und Austausch-
organ mit dem Umfeld. Was immer sich an der Haut widerspiegelt,
hat im Grunde genommen mit dem Austausch der jeweiligen Person mit dem Umfeld zu tun. Bei Kindern spiegelt sich insbesondere
der Austausch mit den Menschen wider, die sich um das Kind küm-

mern und mit denen sich das Kind identifiziert, also in eurem Fall mit dir selbst und deinem Mann. Hautstörungen in diesem Alter haben mit innerer Verkrampfung, mit Hemmungen im Ausdruck und Angst vor unkalkulierbaren Reaktionen zu tun. Wenn Störungen in der Haut auftreten, ist das ein Hinweis, daß das Kind sich im Ausdruck gehindert fühlt, Angst hat, so zu sein, wie es gerne sein möchte und Probleme hat, sich eindeutig mit denjenigen Menschen zu identifizieren, die sich in seinem direkten Umfeld befinden, also in eurem Falle mit euch beiden. Nun, Eure Tochter ist ein äußerst sensibles Geschöpf, ganz offen, sehr empfindsam, sehr wachsam und nimmt alle Energien des Umfeldes auf. Ihr Problem ist, daß sie sich von Natur aus in ihrer Persönlichkeit ganz öffnet und zu wenig verschließt. Im Grunde genommen wird sie überflutet von Eindrücken, und es besteht kein Ausgleich zwischen Öffnen und Schließen.

Bei dieser Schwierigkeit kann man ihr helfen, mehr Selbstvertrauen zu bekommen, indem man sie läßt, sie nicht bedrängt und ihr eine Atmosphäre von Geborgenheit und Ruhe gibt, was ja auch durchaus eure Absicht ist. Nun ist es aber so, daß ihr beide in eurer Persönlichkeitsstruktur sehr unterschiedlich seid. Du bist der ausgeglichenere Teil, sehr viel freier und offener im Gefühlsausdruck, verständnisvoll und kommunikativ. Dein Mann ist zwar genauso liebevoll, hat genauso viele Gefühle und ist ein sehr liebenswerter Mensch, aber hat auch wesentlich größere Schwierigkeiten, in einer ausgeglichenen Weise mit dieser Gefühlsflut umzugehen. Dies führt dazu, daß um deinen Mann Rolf oft eine unkalkulierbare Atmosphäre entsteht, eine Atmosphäre, die zwischen Wut, Angst und Verschlossenheit und zwischen freundlicher Selbstverständlichkeit und vollkommenem Zuhören schwankt. Dein Mann ist in seinen Gefühlen viel mehr noch in einer Hoch-Tief-Bewegung begriffen als Du. Normalerweise identifiziert sich ein Kind mit der Person, die am meisten mit ihm zusammen ist, was in eurem Falle Du bist, aber es besteht zwischen Mädchen und Vater immer eine sehr enge gefühlsmäßige Verbindung. Wenn nun der Vater anders ist als die Mutter, dann hat das Kind immer Schwierigkeiten mit einer klaren Identifizierung, denn das Kind identifiziert sich nicht nur mit der Person an sich, sondern auch mit dem Ausdruck der Person. Diese Unsicherheit und Spannung spiegelt sich wider in der Haut eurer Tochter, besonders heftig deshalb, weil sie äußerst sensibel, nahezu übersensibel ist und sich allzusehr öffnet, aber sich wenig verschließen kann und sich auch zu wenig spontan ausdrückt. Es wäre wichtig in ihrem Falle, ihr viel Freiraum zu lassen, und statt ihr Dinge zu verbieten, ihr Dinge zu erklären.

Man sollte nicht autoritär mit ihr umgehen, sondern sie erklärend und sanft lenken, damit sie spürt, daß man ihr nichts wegnehmen will, sondern ihr nach den Erklärungen eine bewußte Wahl läßt, sie nicht drängen oder zwingen will, sondern nur Möglichkeiten für sie schafft. Sie braucht sehr viel Kommunikation und Verständnis.

Auf diese Weise könnt ihr das Selbstbewußtsein eurer Tochter langsam aufbauen, und damit wird sich auch die Haut stabilisieren. Denkt daran, daß die Haut eurer Tochter den Druck signalisiert, den sie empfindet und die Schwierigkeit, sich mit einem eindeutigen Ausdruck als Vorbild zu identifizieren. Sie braucht Zuwendung, Austausch und Verständnis, und wenn ihr das ihrer Meinung nach fehlt, reagiert sie sehr empfindsam, verschließt sich und wird übernervös, und es ist diese Nervosität, die sich in der Haut widerspiegelt.

Anschließend folgen weitere Fragen zu diesem Thema an Harald II:

Glaubt Ihr grundsätzlich, daß es für die Kinder gut sein könnte, eine zusätzliche Person zu haben, die nicht zur engeren Familie gehört, mit der sie vielleicht auf eine andere Art und Weise eine Möglichkeit haben, sich aus-

190

*zudrücken, damit ihr Umfeld nicht so stark nur auf die Eltern begrenzt ist,
zum Beispiel Kindermädchen, Haushaltshilfen, Babysitter und dergleichen?*

Absolut. Kinder haben in sich eine natürliche Tendenz sich zu
identifizieren, und wenn nun zwei Elternteile als Vorbilder so unterschiedlich sind, wie zum Beispiel Du und dein Mann, zwar jeder
lieb auf seine Weise, aber ganz anders, dann haben sie bereits Schwierigkeiten mit der Identifizierung, und es entstehen möglicherweise
innere und äußere Spannungen. Wenn nun aber drei oder noch
mehr Personen als Vorbilder da wären, könnten sie lernen, sich mit
wechselnden Vorbildern zu identifizieren, die Identifizierung wäre
weniger vollkommen, sondern lockerer, würde leichter erfolgen und
gleichzeitig würde eine Tendenz wachsen, Unterschiedlichkeiten
und Veränderungen weniger dramatisch zu empfinden. Zu Beginn
wären sie vielleicht irritiert durch den Wechsel, aber insgesamt wäre
es gut für sie. Wichtig ist, daß, wenn solche Personen ausgesucht
werden, sich die Kinder auch wirklich hingezogen fühlen zu diesen
Personen und sie nicht als Autorität, sondern als freundliche Vorbilder sehen. Kinder brauchen andere Menschen, sie brauchen den
Austausch und sie brauchen vor allem die Erfahrung, daß sie sich
mit jedem Menschen auf eine andere Art und Weise austauschen
können. Ihre Tendenz zur einseitigen Identifikation nimmt ab und
ihr gesamtes Verhalten wird freier.

*Spielt bei Neurodermitis vor allem auch die Ernährung eine große Rolle
und ist es tatsächlich sinnvoll, Zucker und Milchprodukte wegzulassen?
Nach euren Aussagen müßte ich doch unsere Tochter normal ernähren können?*

Solange der Körper geschwächt ist, sollte man schwer verdauliche Nahrungsmittel reduzieren, um die Heilung zu unterstützen,
aber man sollte nicht radikal darauf verzichten, weil dann der Körper entwöhnt wird und noch mehr aus dem Gleichgewicht kommt.

Der Körper muß lernen, mit allem zurechtzukommen, und deshalb ist jede langfristige einseitige Ernährung ungünstig, und reduziert die Möglichkeiten des Körpers.

Das gilt besonders für Nahrungsmittel, die Kinder sehr gerne essen, zum Beispiel Kuchen oder Eiskrem. Die Verweigerung könnte das Gefühl geben, man würde dem Kind etwas wegnehmen, und es hätte damit sogar eine Sonderstellung unter den Kindern, was ohnehin ein Problem der Kinder ist, die Hautschwierigkeiten haben. Man würde das Problem damit sogar eventuell vergrößern. Kinder mit Hautproblemen sollten bevorzugt so behandelt werden, daß sie viel Freude haben, mit dem Gefühl, daß jeder sich um sie kümmert und sie all das haben, was ihnen gut tut. Ein Kind, dem Du Süßigkeiten wegnimmst, sieht dafür zunächst keine Gründe, sondern hat nur das Gefühl, etwas nicht haben zu dürfen oder gar nicht geliebt zu sein. Wenn eine Verweigerung notwendig sein sollte, ist es sehr wichtig, einfache Erklärungen zu geben, damit das Kind die Verweigerung von dem, was es gerne hätte, nicht gegen sich bezieht.

Die einfachste Art, zu verhindern, daß Kinder grundsätzlich eine Gier nach bestimmten Dingen wie zum Beispiel Süßigkeiten entwickeln, ist, eine gewisse Menge von Süßigkeiten offen liegen zu lassen, damit sie zugreifen können, wann immer sie wollen. Der Wunsch danach würde sich dann von selbst ausgleichen.

Um aber den geschwächten Körper zu unterstützen mit einer sinnvollen Ernährung, und um gleichzeitig eine Alternative zu Süßigkeiten anzubieten, könnte man auch Äpfel in zerkleinerter Form oder als Apfelmus geben. Alternativ könnte man auch Apfelsaft aus frisch gepreßten Äpfeln zum Trinken anbieten, aber keinen fertigen oder gar konservierten Saft. Grundsätzlich sollten Säfte nur in verdünnter Form getrunken werden und frisch gepreßt. Milch und

Milchprodukte sind möglichst zu reduzieren, weil sie von dem geschwächten Körper schwer verdaubar sind.

Kann man Kinder mit Neurodermitis in warme Gebiete mitnehmen, z. B. ins südliche Spanien, wo es ja doch zumeist sehr heiß ist. Können sie Sonne, Salzwasser und Sand körperlich verkraften?

Durchaus. Nur ist darauf zu achten, daß sie, solange die Haut angegriffen und noch nicht vollkommen ausgeheilt ist, nicht allzu starker Sonne ausgesetzt werden. Anstatt sie dick mit Sonnenschutzmitteln einzustreichen, sollten sie eher im Schatten langsam an die Sonne gewöhnt werden. Die Haut muß atmen können. Salzwasser ist sehr heilsam für die Haut und sollte nach dem Baden möglichst auch auf der Haut trocknen. Sand regt das Regenerationsverhalten der Haut an und ist überhaupt nicht schädlich.

Hautkrankheiten scheinen extrem zugenommen zu haben, vor allem bei Kindern. Liegen die Ursachen hauptsächlich in den von Euch erörterten Abgrenzungsproblemen, oder hat dies auch mit der Umwelt zu tun?

Die Lebensmotivation der Menschen hat sich in den letzten Jahrzehnten verändert. Es geht nicht mehr so sehr um das Überleben, sondern es geht mehr und mehr um den Selbstausdruck. Und deshalb ist das Bedürfnis nach Selbstausdruck auch wesentlich wichtiger bei Menschen, die jetzt geboren werden oder in den letzten Jahren geboren wurden. Wenn der Selbstausdruck gehemmt wird, ist die Reaktion darauf jetzt sehr viel extremer als sie vielleicht bislang war, weil das Überleben als Selbsterfahrung in den Hintergrund getreten ist. Die zwischenmenschlichen Beziehungen, Abgrenzung und Anpassung relativ zum eigenen sinnvollen Ausdruck sind heute die Herausforderungen, und dies besonders durch die zunehmende Bevölkerungsdichte, den zeitlichen Druck und die erhöhten Leistungsanforderungen, die das menschliche Leben bestimmen.

Wie kann man neurodermitische Haut behandeln? Darf man Kinder mit Neurodermitis in normalem Wasser baden oder zum Beispiel mit speziellen Zusätzen? Soll man die trockenen Stellen mit einer Fettcreme oder Körpermilch einfetten oder sie natürlich belassen?

Für die Haut ist es wohltuend, die betroffenen Stellen mit kaltem und warmen Wasser abwechselnd zu waschen, zum Beispiel, indem man ein Tuch in warmes Wasser taucht, das leicht mit Salz angereichert ist und über die betroffenen Steilen streicht, und dann in kaltes Wasser, das auch mit Salz angereichert ist und die Stellen noch einmal behandelt. Salzwasser hat eine sehr heilsame Wirkung auf die Haut, und der Temperaturunterschied unterstützt die Durchblutung.

Um die Wirkung zu verbessern, sollte man die betroffenen Stellen anschließend nicht einfetten oder in irgendeiner Weise die Poren verschließen, damit die Haut atmen und sich regenerieren kann. Andere Reinigungsmittel für die Haut sollte man möglichst meiden. Wenn Kinder in dieser einfachen Art ohne viel Pflege baden können, haben sie auch mehr Spaß und können die heilsamen Einflüsse des Salzwassers besser nutzen. Tägliche Bäder oder an jedem zweiten Tag wären durchaus sinnvoll.

Seit kurzer Zeit hat unsere Tochter wieder akute Probleme mit ihrer Haut. Es fing mit sehr trockener, roter Haut unter den Augen an, die ziemlich juckte. Dann kam Juckreiz an den Händen dazu, die sie nachts im Schlaf ein bißchen aufkratzte. Sind die Ursachen gleich wie im letzten Jahr, sind also ich und mein Mann mit unserem Verhalten beteiligt, oder liegen dieses Mal andere Ursachen zugrunde liegen?

Wann immer die Haut reagiert, wie wir schon sagten, geht es um den Zwiespalt zwischen innerer Ruhe und innerem Ausdruck auf der einen Seite und dem Unvermögen, selbst natürlich in das Umfeld hineinfließen zu können auf der anderen Seite. Beim ersten Mal, als wir uns darüber unterhielten, waren es die Energien zwischen dir und deinem Mann, die eure Tochter irritiert hatten, zu denen sie keinen Standpunkt finden konnte, womit sie Identifizierungsschwierigkeiten hatte. Indem sie jetzt aber älter wird und ihre Aufmerksamkeit weniger auf dich und deinen Mann gerichtet ist, sucht sie neue Vorbilder zur Identifizierung und zur Auseinandersetzung. Das Umfeld wird von jetzt an zunehmend wichtiger, was nicht heißen soll, daß ihr als Eltern unwichtig seid, aber die Orientierung nach außen wird wichtiger. Wenn von jetzt an Störungen in der Haut oder überhaupt gesundheitliche Störungen entstehen, dann ist es immer sinnvoll, nicht nur im familiären Zusammensein danach zu suchen, wo es vielleicht zu Reibungen gekommen ist, sondern vor allem auch im Umfeld Situationen von Konfrontation zu suchen.

Eure Tochter hat wahrscheinlich im Umfeld Schwierigkeiten mit ihrer eigenen Identität, mit der Identifikation mit den anderen und im Austausch zwischen sich selbst und den anderen. Zum einen muß sie in einem Übungsprozeß ihre Identität für sich selbst erarbeiten, muß sie sich darin üben, sich selbst zu sein, sich auszutauschen, sich zu identifizieren, ohne aber vollkommen alles anzunehmen und hinzunehmen, was außen geschieht. Zum anderen könnt aber Ihr selbst körperlich Sorge tragen, daß ihr physischer Organismus in einen optimalen, gesunden Zustand gebracht wird, indem ihr ihr mehr Flüssigkeit, mehr Wasser und wenig Milchprodukte gebt und auch sonst unsere Ernährungsratschläge für den Moment berücksichtigt.

Ich vermute, daß wahrscheinlich der Austausch im Kindergarten das Problem ist, weil er augenblicklich das erweiterte soziale Umfeld darstellt, das neben unserem familiären Rahmen momentan am wichtigsten ist und als Austauschzone gilt.

Hier kann sie lernen, sich auszutauschen, sich selbst zu sein, u. ä. m.,
aber ich denke, daß wir ihr hierbei gar nicht so viel helfen können?

In gewisser Weise ist es sogar ungünstig ihr zu helfen, indem ihr versuchen würdet, sie zu behüten oder sie abzuschirmen oder das Umfeld zu verändern. Sie muß lernen, aus eigener Energie und Initiative damit zurechtzukommen und sich selbst in einem Maß zum Ausdruck zu bringen, daß sie nicht angreifbar ist und auch keine Identifizierungsschwierigkeiten hat.

Wie kann man bei einer Pilzinfektion oder Hautausschlägen im Genitalbereich, die bei Babies im Windelalter ja häufiger vorkommen, ohne Medikamente helfen? Und warum bekommen Babies überhaupt dergleichen häufiger?

Die Haut ist ein empfindliches Organ und steht symbolisch, wie wir sagten, für den Austausch mit dem Außen. Gerade im kindlichen Alter versucht der kleine Mensch extrem einen Bezug zum Umfeld zu finden, sich auszutauschen und ein Gleichgewicht zu finden zwischen Aggression und Rückzug. Dieses ist oft schwierig und äußert sich in den Hautzonen, die besonders empfindlich sind, wo sich die Persönlichkeit besonders spiegelt, zum Beispiel an den Händen, im Gesicht oder auch an den Geschlechtsteilen. Wenn Hautkrankheiten auftreten, kann man sich im allgemeinen zusätzlich helfen, indem man die Teile mit Salzwasser regelmäßig reinigt und gleichzeitig versucht, die Durchblutung anzuregen und viel trinkt, zum Beispiel auch blutreinigende Tees stark verdünnt. Wenn die Haut sich regenerieren soll, ist es immer wichtig, viel Flüssigkeit durch den Körper fließen zu lassen, die Durchblutung anzuregen und Sauerstoff an die Haut zu lassen, damit sie sich leichter regenerieren kann. Öle, Fette oder antibiotische Salben sollten nur im Notfall verwendet werden.

Babies haben sehr häufig einen Milchschorf, welche Ursache hat diese Hautveränderung und wie kann man sie behandeln?

Im Grunde genommen gilt hier das Gleiche wie für jede Hautkrankheit. Man sollte versuchen, sie mit Salzwasser abzuwaschen, die Durchblutung anzuregen und viel Flüssigkeit dem Körper zuzuführen. Die Haut ist das Abgrenzungsorgan und somit das empfindlichste Organ beim Kind überhaupt, weil dort wirklich der Konflikt zwischen Umfeld und Privatsphäre ausgetragen wird.

Wenn beispielsweise ein Kind Schwierigkeiten hat in der Identifikation mit der Mutter, dann kommt es viel eher zu diesem Milchschorfsymptom als wenn ein Kind sich mit der Mutter identifiziert und sich wohlfühlt in einem entspannten Verhältnis.

Milchschorf ist dann nicht oder kaum vorhanden, wenn sich die Mutter in einer ausgesprochen entspannten Atmosphäre befindet und sich entweder vollkommen auf das Baby einstellen kann oder sie spürt, daß sich das gesamte Umfeld gewissermaßen auf sie eingestellt hat.

Wenn Milchschorf in Resten nach langer Zeit vorhanden ist, wird er in dem Maße verschwinden, wie der Austausch mit dem Umfeld natürlicher und selbstverständlicher wird.

Die nächsten Fragen beziehen sich auf Erkrankungen der Atemwege, wenn Kinder, die Schnupfen haben, nicht mehr richtig atmen können und auch nachts keine Ruhe finden. Was sind die Ursachen dafür und wie könnte man helfen?

Die Ursachen sind im Grunde genommen ähnlich wie bei Hautkrankheiten. Ähnliche Konflikte zeigen sich auf verschiedenen Ausdrucksebenen im Körper, entweder getrennt oder gleichzeitig. Die

197

Haut, der Halsbereich und die Atmungsorgane zum Beispiel stehen im Zusammenhang und sind oft in einem Symptomkreislauf verbunden. Ähnliche Konflikte können entsprechend mal auf der Haut, mal in der Atmung auftreten, aber repräsentieren bei diesem Symptomkreislauf immer Konflikte mit dem Umfeld.

Es ist oft zu beobachten, daß Kinder mit ihrem Eintritt in den Kindergarten sehr häufig über einen längeren Zeitraum einen Schnupfen oder eine starke Bronchitis haben, was nach Eurer Aussage jetzt völlig verständlich ist. Kinder müssen offensichtlich lernen, mit dem erweiterten sozialen Umfeld zurechtzukommen, haben aber vorübergehend Schwierigkeiten damit. Bei Kindern, die schon längere Zeit dort sind, legt sich das Problem von alleine wieder.

Absolut. Es herrscht ein Konflikt zwischen dem natürlichen Verhalten oder der natürlichen Tendenz, sich zu identifizieren und etwas anzunehmen auf der einen Seite, und auf der anderen Seite dem zunehmenden Gespür für sich selbst als eigene Persönlichkeit und dem Wunsch nach Individualität, die sich abgrenzen will und muß. Beides zu vereinen ist eben die Schwierigkeit. Dazu kommt, daß die kleinen Kinder beim Eintritt in den Kindergarten sich oft stark mit Größeren identifizieren und durch den Entwicklungsunterschied dann völlig überfordert sind.

Auch Zweitgeborene können sehr häufig an Erkältungskrankheiten leiden, zum Beispiel verschnupft sein oder Husten haben, weil sie gewissermaßen nachfolgen und damit konfrontiert sind, nicht nur selbst einen Weg finden zu müssen, um sich mit dem Umfeld auseinanderzusetzen, sondern sie auch noch mit zusätzlichen Vorbildern überhäuft werden, nämlich mit der Schwester oder dem Bruder. Sie müssen versuchen, mit diesen Vorbildern ihren Weg zu finden und gleichzeitig sich auch abzugrenzen gegen diese Vorbilder. Mit den Eltern war es einfacher, denn dort war von Beginn an eine völlige Identifikation, und es wurde dann versucht, diese Identifikation langsam fallen zu lassen. Zuerst lösen sie sich von der Mutter und identifizieren sich mit dem Vater; dann wird auch das innere Bild vom Vater fallengelassen und ganz selbständig ein Ausdruck gesucht. Aber Geschwister sind zusätzliche Einflüsse, mit denen sie sich jetzt auseinandersetzen müssen. Je nach Art des Einflusses kann dieser als hemmend oder fördernd empfunden werden. Viele Kinder fühlen sich psychisch unter Druck gesetzt durch Geschwister, manchmal allein durch die Tatsache, daß sie da sind und für sich bereits einen Weg gefunden haben, um sich mit dem Umfeld auseinanderzusetzen. Ob deren Weg erstrebenswert ist oder nicht, spielt dabei keine Rolle. Schon allein die Tatsache, daß sie da sind, muß verkraftet werden.

Neben diesen grundlegenden Konflikten gibt es aber, wie wir an anderer Stelle sagten, auch eine Form von Sympathiesymptom. Man kann häufig beobachten, daß Kinder unter sich eine eigene Verständnisebene haben, gleichsam Tieren. Sie bilden eine Art Gruppenbewußtsein. Wenn beispielsweise im Kindergarten ein oder zwei populäre Kinder krank werden, dann kann es häufig sein, daß die anderen auch krank werden als eine Sympathiekundgebung, die mit dem eigentlichen Erreger überhaupt nichts zu tun hat. Und bei Geschwistern geschieht dies um so mehr. Nicht immer ist die Identifizierung unter Kindern so groß, daß es zu diesen Sympathiekundgebungen kommt, aber häufig.

Erwachsene verhalten sich in dieser Weise oft ganz ähnlich. Wenn jemand zum Beispiel behauptet, daß es ihm schlecht gehe, sind die anderen in der Regel eifrig beflissen, auch zu sagen, daß es ihnen nicht sonderlich gut geht.

Ihr habt vorhin über Symptomgruppen gesprochen. Welche Ursachen seht Ihr bei Keuchhusten, welche Ähnlichkeiten bestehen zu Hautkrankheiten?

Auch bei Keuchhusten kann das Umfeld nicht richtig verarbeitet werden. Wer Keuchhusten hat, hat viel Aggression aufgestaut und läßt dann diese Aggression los. Es besteht Aggression dahingehend, daß das Kind sehr wohl spürt, daß es sich nicht ausdrücken kann, daß es gehemmt ist oder wird und die Schuld dafür auch außen sieht. Diese Aggression hat sich aufgebaut und bricht dann als Keuchhusten aus, wo die gesamte aufgestaute Energie herausexplodiert. Ob das Kind den Druck nur empfindet oder ob er tatsächlich da ist, macht dabei keinen Unterschied.

Es erfolgt ein Versuch, sich mit dem Umfeld und dem dort anfallenden Druck auseinanderzusetzen. Wer hustet, fühlt sich unter Druck gesetzt. Dies gilt entsprechend für andere Atmungsprobleme ähnlich, auch für Asthma. Äußere Einflüsse können den Zustand verschlimmern oder die Bereitschaft zur Krankheit erhöhen, aber grundsätzlich ist das psychische Gleichgewicht gestört.

Warum kommen bestimmte Krankheiten wie Asthma und Hauterkrankungen in Ballungsgebieten häufiger vor? Medizinisch betrachtet sind sicherlich die vermehrt vorhandenen Schadstoffe aufgrund der Fabriken, Autos, usw. schuld. Aber sicher gibt es noch eine andere Betrachtungsweise.

Jeder Mensch braucht Freiheit und Spielraum zum Ausdruck, insbesondere Kinder. Das wichtigste in der Entwicklung eines Kindes ist der Freiraum zur Entfaltung, der Freiraum zum Ausdruck. In Ballungsgebieten ist es häufig so, daß der äußere, rein architektonische Freiraum begrenzt ist. Dementsprechend verhalten sich auch die Menschen anders. Es ist offensichtlich zum Beispiel, daß in einem Gebiet, in dem die Häuser und Wohnräume eher großzügig und frei gestaltet sind, sich entsprechend die Menschen zueinander verhalten. Je enger dieser Raum wird, das heißt je dichter man aufeinander wohnt, je mehr Personen in einem Haus leben, je kleiner die Räume werden, je niedriger die Decken werden, desto größer wird auch der psychologische Druck, und die Menschen verhalten sich entsprechend gedrückter, gestreßter, mit weniger Toleranzraum, sowohl sich selbst gegenüber als auch dem eigenen Ausdruck gegenüber. Die Kinder stehen nun zum einen im Feld dieser Architektur, was bedrückend genug ist, zum zweiten aber auch und insbesondere in dem gedrückten Umfeld der Erwachsenen, das heißt der Eltern, die in einem Gebiet wohnen, das architektonisch eng ist, mit viel Abfallstoffen und hoher Belastung in Form von wenig Licht oder Kunstlicht und von einem großen Grundgeräuschpegel, der zum Großteil auch noch aus extrem vielen verschiedenen künstlichen Geräuschen besteht. Diese Eltern verhalten sich entsprechend dem Kind gegenüber. Es entsteht eine Atmosphäre von Hektik, Gereiztheit und Intoleranz, in der ein Kind kaum die Freiheit aufbringen kann, sich selbst frei und ungestört zum Ausdruck zu bringen. Es wird ein psychologischer Druck um das Kind herum aufgebaut. Und dieser Druck letztendlich ist verantwortlich dafür, daß die Toleranz des Kindes gegenüber äußeren Reizen ständig sinkt, es empfindsam wird, seine Reizschwelle niedriger wird und es sich nicht mehr so mit dem Umfeld auseinandersetzen und seine Reize so verarbeiten kann, wie es beispielsweise ein Kind könnte, das frei auf einem Bauernhof aufwächst. Die Schwierigkeit der Haut, mit dem Umfeld umzugehen und die Schwierigkeit der Lunge oder der Atmung, auf das Umfeld zu reagieren, spiegeln in ähnlicher Form die Schwierigkeit der Psyche wider, sich mit dem Umfeld harmonisch austauschen zu können. Aus den gleichen Gründen nehmen auch bei Erwachsenen und Kindern die Allergien stark zu, indem der Körper auf bestimmte Stoffe überreagiert. Der persönliche Toleranzbereich ist ausgereizt, Reize werden als zu viel allergisch abgestoßen.

Der Heuschnupfen kommt als Allergie bei vielen Menschen jährlich zu einer bestimmten Zeit wieder. Wenn man davon ausgeht, daß Krankheit ein Zeichen von fehlendem Ausdruck und von Einengung sind, so würde das doch bedeuten, daß jedes Jahr zur selben Zeit der Ausdruck verhindert sein würde?

Äußere Umstände wie Temperatur, Musik, Schall, Gerüche, Sonnenlicht, der Zustand der Natur und anderes, also alles, was im Umfeld um den Mensch herum passiert, prägen ihn gefühlsmäßig und gedanklich. Wenn sich also das Umfeld verändert, verändert sich auch die innerliche und körperliche Stimmung des Menschen. Es gibt viele Möglichkeiten, dies ständig zu beobachten, zum Beispiel bei Musik, die Stimmungen erzeugen kann, Gerüchen, die anziehen oder abstoßen, bei Licht und Farben, auf die wir reagieren, oder auch einfach dabei, wie sich ein Mensch in der Nacht anders verhält als am Tage. Wenn nun die Monate im Jahr dahinziehen, ändern sich das Klima und die Aktivitäten in der Natur. Auch diese Änderungen haben eine direkte Auswirkung auf die Menschen, psychisch wie körperlich.

Der Körper im Winter hat andere Funktionen als der Körper im Sommer, im Frühling oder Herbst. Mit dem Körper reagiert auch die Psyche anders. Wenn bspw. die Natur im Frühjahr am Aufblühen ist und die schöpferisch drängenden geschlechtlichen Kräfte am Wachsen sind in der Natur, würde normalerweise genauso beim Menschen entsprechende Energien zum Tragen kommen. Das heißt der Mensch empfindet seine dynamischen und geschlechtlichen Kräfte mehr in dieser Zeit. Sie wollen sich ausdrücken. Alles ist zum Beispiel verliebt im Frühling, um es noch einfacher auszudrücken. Die sexuellen Kräfte und das Bedürfnis, sich auszutauschen, das Bedürfnis nach Vermehrung, das Bedürfnis nach Ausdruck wachsen im Frühjahr und im Sommer, wo alles in der Blüte steht und die Energie der Sonne im Überfluß vorhanden ist.

Wenn nun ein Mensch da ist, der gerade dort Probleme im Ausdruck hat, dann wird er dieses Problem um so heftiger empfinden zu dieser Zeit, wo schon im Umfeld der Ausdruck der entsprechenden Energien stimuliert oder suggeriert wird. Das heißt die Ausdrucksschwäche dieser dynamischen Energien ist zwar kontinuierlich vielleicht das ganze Jahr über vorhanden, aber besonders in den Zeiten, wo es also im ganzen Umfeld zu diesem Ausdruck kommt, wird diese Ausdrucksarmut extremer empfunden und entsprechend wird darauf reagiert, zum Beispiel mit Heuschnupfen.

Menschen, die an Heuschnupfen leiden, integrieren das Umfeld in ihren Ausdruck zu wenig, leben zu wenig ihre Gefühle, sind etwas isoliert.

Die geschlechtliche Energie im Menschen ist die Energie, die sowohl nach Ausdruck der Geschlechtlichkeit als auch nach Verschmelzung drängt. Wenn eine Person Schwierigkeiten hat, sich mit dem anderen Geschlecht auszutauschen, zu verschmelzen, sich zu öffnen und Interesse am anderen zu haben, kann sie andere Menschen auch nicht ganz in den eigenen Ausdruck integrieren und hat möglicherweise ganz allgemein Probleme, sich mit dem Leben auszutauschen.

Bei einer Frau wäre das geschlechtliche Element als Energiequalität das zulassende, gefühlvolle, intuitive und kreative Prinzip. Wenn dieses gehemmt ist, könnte es sein, daß besonders dann, wenn alles fließt und sich ausdrückt, wenn alles zugelassen wird und harmonisch fließt in der Natur, dann eben dieses Problem besonders dramatisch zum Ausdruck kommt. Beim Mann wäre es eher das dynamische, sachliche, bestimmende Element, das die Wirklichkeit verändern und gestalten will, was vielleicht unterdrückt wird.

Dann ist für mich auch erklärbar, daß ich während der Schwangerschaft überhaupt keinen Heuschnupfen mehr hatte und danach nur noch in sehr abgeschwächter Form für wenige Tage. Mein weibliches Prinzip kam in Fluß und wurde ausgedrückt.

Sind die Hintergründe für den Heuschnupfen bei Kindern die gleichen?

Im Prinzip ja. Es könnte beispielweise sein, daß ein Kind unter heftigem Heuschnupfen leidet und es dann plötzlich zu einer Situation kommt, die das Kind vollkommen einnimmt. Vielleicht kommt ein Kind aus der Nachbarschaft, das schon lange kommen wollte, um zusammen zu spielen und sich endlich einmal wieder auszutauschen. Und plötzlich gerät der Heuschnupfen in Vergessenheit und ist wenig später vollkommen verschwunden. Sobald das Kind dann geht, kommt der Heuschnupfen vielleicht wieder. Bei Kindern geht es darum, sich zum Ausdruck zu bringen, aktiv zu sein, sich auszutauschen, zu verschmelzen und alle Energiequalitäten zum Fließen zu bringen, auch wenn sie scheinbar nicht ihrem Geschlecht entsprechen und bislang unterdrückt waren.

Wie könnte man Kindern helfen, die unter Allergien der Haut und der Atemwege leiden? Vielen Eltern ist es nur schwer möglich, aus den beengten Verhältnissen auszuziehen, und die müßten doch trotzdem Möglichkeiten haben, den nötigen Freiraum auf einer anderen Ebene zu schaffen und da vielleicht verstärkten Ausdruck zulassen zu können?

Für ein Kind ist ganz wichtig, immer das Gefühl zu haben, geborgen und frei zu sein, also die Freiheit zum Ausdruck zu haben, die Freiheit zur Geborgenheit im Sinne von Geliebtwerden und Angenommenwerden, und Verständnis zu finden und den eigenen Rhythmus leben zu dürfen. Man sollte versuchen, dem Kind gegenüber keinerlei Druck zu erzeugen, auch nicht im sprachlichen Umgang. Statt zu sagen: "Zieh mal schnell die Schuhe an" sollte man lieber sagen: "Wir wollen jetzt gehen. Ziehe bitte deine Schuhe an." Man sollte in der Sprache jeglichen Druck reduzieren soweit es eben möglich ist und gleichzeitig eine Atmosphäre von Vertrautheit und Geborgenheit schaffen, in der das Kind den Mut entwickelt, sich selbst zu sein. Wichtig ist es auch, dem Kind viele Möglichkeiten für einen Ausdruck und Austausch zu bieten, zum Beispiel in Form von verschiedenen Spielkameraden, damit es in der Vielfalt lernt, sich selbst zu finden.

Je mehr Möglichkeiten zum Ausdruck vorhanden sind, desto größer ist die Wahrscheinlichkeit, daß sich solche Symptome von selbst erledigen oder überhaupt nie bilden.

Wichtig ist dabei, die verschiedenen Möglichkeiten und Angebote nicht für das Kind zu bewerten, sondern ihm wirklich eine freie Wahl zu lassen. In der Sprache sollte man suggestiv lenkende Redeweisen wie: "Wir finden, Du solltest ..." etc. unterlassen und durch Fragen alleine Entscheidungshilfen geben. Wenn Eltern ihre Meinung zum Ausdruck bringen, dann sollten sie diese wirklich nur als Meinung und nicht als Richtlinie darstellen.

Die Sprache ist ein kraftvolles Kommunikationsmittel, und kann viel bewegen, wenn sie erst einmal akzeptiert worden ist vom Kind.

Häufig treten zum Jahresende und zum Jahresbeginn Erkältungskrankheiten wie Grippe- und Infektionswellen vermehrt auf. Wie ist das zu erklären?

Wenn man das Jahr betrachtet, dann stellen die verschiedenen Jahreszeiten auch Phasen, Ausdrucksphasen in der menschlichen Psyche dar. Im Herbst beginnen die Energien, die sich im Sommer über lange Zeit ausgedrückt haben, langsam zu Ende zu gehen, der Bezug nach außen wird kleiner und im gleichen Maße sollte der Bezug nach innen größer werden. Wenn der Ausdruck und die Beschäftigung mit dem Außen nachläßt, dann sollte der Mensch sich bemühen, wieder Kontakt zu seinem Inneren zu finden, zu seinen Ebenen der Ideen, zu seiner Phantasie, zu seinem Selbst, zu seinem Sinn gewissermaßen. Und genau damit haben viele Menschen Probleme heutzutage. Sie sind damit so beschäftigt, sich mit dem Umfeld auseinanderzusetzen, Geld zu verdienen, zu arbeiten, an ihrem Ausdruck zu arbeiten, an ihrem Image zu arbeiten, an ihren materiellen Umständen zu arbeiten, daß sie vergessen haben, daß es auch wichtig sein könnte, die Basis zu ihrem Inneren, zu ihrer Rückbindung wieder aufzubauen und sich selbst in einer neuen Weise zu verstehen und zu begreifen.

Wenn es Herbst wird und der Winter kommt, dann gehen die äußeren Energien zu Ende, sie sterben ab. Sterben bedeutet Wandlung in eine neue Phase. Die neue Phase, die der Winter darstellt, wäre die Phase des Ruhens und insofern des mit sich selbst Auseinandersetzens. Und da es viele Menschen gibt, die damit Probleme haben, äußern sich diese Probleme eben körperlich durch eine Schwäche der Ausdruckskraft, wobei der Ausdruck in diesem Falle gleichgesetzt werden kann mit Erkenntniskraft, der Zurückwendung der äußeren Energien auf sich selbst. Und diese Schwäche der Ausdruckskraft eben führt zu schwachen Widerstandskräften, das Gleichgewicht ist gestört und begünstigt besonders in dieser Zeit Erkältungskrankheiten.

Der Sommer ist die Zeit im Jahr, in der sich der Mensch zum Ausdruck bringt, in der er sich vollkommen auf das äußerliche Umfeld bezieht und sich dadurch erlebt. Er begreift sich und versteht und drückt sich aus durch das Außen, durch sein Umfeld. Er erreicht Selbsterkenntnis durch Selbstausdruck im Außen. Das Frühjahr ist gewissermaßen das Aufwachen dieser Ausdrucksenergien, die vorher nach innen gewendet waren und deren Umlenkung nach Außen. Das Frühjahr ist die Vorbereitung für den Ausdruck und das Erleben durch das Außen; so wie der Herbst die Vorbereitung ist für das Sich-nach-innen-wenden.

Was bedeutet es, wenn Erkältungssymptome oder Infektionen besonders im Halsbereich, zum Beispiel Mandelentzündungen oder Mumps auftreten?

Bei Krankheitssymptomen im Halsbereich handelt es sich besonders um Wahrnehmungsprobleme. Wer zum Beispiel an Mumps leidet, hat Schwierigkeiten, das Umfeld richtig, korrekt und ganzheitlich wahrzunehmen und entsprechend darauf zu reagieren, vielleicht weil er sich nicht ausdrücken kann und auch kein Interesse an einer ganzheitlichen Wahrnehmung hat. Oder vielleicht ist die Wahrnehmung einseitig, weil die Mutter oder der Vater dem Kind einseitige Weltsichten gegeben haben, oder weil zu wenig Impulse von außen kamen oder es sich mit bestimmten Dingen nie beschäftigen durfte. Oft ist dabei das Wirklichkeitsbild einseitig verschoben und erschwert deshalb den ganzheitlichen Ausdruck im Umfeld.

Die Eltern sollten versuchen, herauszufinden, was für das Kind interessant ist, wo es hin möchte, damit es sich besser zum Ausdruck bringen kann und auch wieder gerne wahrnimmt, weil es das Wahrgenommene auch gerne für den eigenen Ausdruck verwenden will.

Was ist als Ursache zu sehen für sogenannte lähmende Erkrankungen, wie zum Beispiel Kinderlähmung oder Multiple Sklerose?

Lähmungserscheinungen sind ein extremer Ausdruck von Machtlosigkeit. Kinderlähmung zum Beispiel ist ein Ausdruck davon, daß ein Kind grundsätzlich anzweifelt, ob sein Leben sinnvoll ist in diesem Umfeld. Es hat den Eindruck, ihm wird der freiheitliche Ausdruck abgeschnitten. In manchen Fällen kann ein Mensch mit dieser Einstellung schon geboren sein, und begrenzt seinen freiheitlichen Ausdruck absichtlich, um eine Intensität anderer Art zu bekommen in diesem speziellen Leben, weniger auf körperlicher Ebene, sondern in einer anderen Form.

Bei Multipler Sklerose liegen die Ursachen ähnlich, wobei die Krankheit häufig erst später ausbricht, und zwar immer dann, wenn die betroffene Person plötzlich veranlaßt wird, auf eine ganz selbständige Weise ausdrucksstark zu werden auch gegenüber anderen, aber sich eigentlich nicht traut, diese gewisse Rücksichtslosigkeit zu leben, und zwar hauptsächlich deshalb, weil sie Schuldgefühle oder Minderwertigkeitsgefühle hat. Tief innen glaubt sie vielleicht, vom Elternhaus, von Freunden oder von der Gesellschaft ausgestoßen zu werden, wenn sie deren Erwartungen nicht erfüllt. Es könnte sein, daß es eine Mutter gab, die das Kind überbemuttert und überpflegt hat und irgendwann im Kind dann der Wunsch gewachsen ist, sich distanzieren zu wollen. Als Folge hat es sich gegen das Elternhaus und vielleicht auch gegen die Gesellschaft gewendet, die vom Elternhaus repräsentiert war, oder schloß sich möglicherweise sogar revolutionären Ideen an. Aber plötzlich mußte die Person erkennen, daß sie sich damit ganz unbeliebt machte, und außer vielleicht einigen freiheitlichen Freunden die Mehrheit der Menschen sich abwendete von ihr und sie verachtete. Und aus dieser Situation heraus entwikkelte sich dann die Krankheit als Symptom der Hoffnungslosigkeit. Ihre Aussage ist: "Ich kann nicht leben, indem ich mich anpasse, aber sie lieben mich, wenn ich mich anpasse, ich kann aber auch nicht leben, indem ich mich gegen alles wende, denn dann lieben sie mich nicht mehr." Es könnte auch sein, daß eine autoritäre Elternperson dem Kind eingetrichtert hat, es sei nichts wert ohne die Eltern. Sie wüßten, was gut ist und würden das Kind erfolgreich werden lassen unter ihrem schützenden Mantel und das Kind so nie das Bewußtsein erlangen konnte, daß es aus sich selbst heraus erfolgreich werden kann. Es dachte vielleicht sogar anfänglich, es müsse sich fügen, um erfolgreich und anerkannt sein zu können. Dann aber verselbständigte es sich, kämpfte sich frei und machte eine eigene Karriere, bis es von der Vergangenheit eingeholt wurde, indem zum Beispiel der Vater aus gesundheitlichen Gründen seine Firma verlassen mußte und den Sohn als Nachfolger erwartete. Unter diesem

Erwartungsdruck überfielen das Kind plötzliche Gewissensbisse, es wollte frei sein, traute sich aber nicht. Es war hoffnungslos hin- und hergerissen und entwickelte in dieser Situation als Entsprechung zur geistigen Lähmung eine körperliche Lähmung.

Lähmungen könnten in dieser Betrachtungsweise zurückgehen, wenn die betroffene Person freiheitlich zu sich selbst stehen lernt, wenn Selbstbewußtsein und Mut zum Selbstausdruck das Handeln wieder bestimmen und Schuldgefühle dabei aufgelöst werden.

Welchen Hintergrund haben Fiebererkrankungen? Wie sollte man mit fiebrigen Kindern umgehen?

Kann oder sollte man mit ihnen ins Freie gehen, spielen oder spazieren gehen, wenn sie warm genug angezogen sind, oder sollten sie einfach viel schlafen? Sind Fiebermittel sinnvoll?

Fieber ist ein Ausdruck davon, daß körpereigene Energie durchbricht und sich die Dinge wieder ins Gleichgewicht setzen. Fieber ist in diesem Sinne eigentlich auch keine Krankheit, sondern ein Ausdruck von extremen Energien, die genutzt werden vom Körper, um sich selbst ins Gleichgewicht zu bringen.

Fieber ist auch ein Verarbeitungsprozeß, und deutet manchmal darauf hin, daß ein Mensch sehr viele Eindrücke aufgenommen hat, die er noch verarbeiten muß und die er verarbeiten kann in diesem fiebrigen Zustand, in dem das Denken und Fühlen vollkommen anders, freiheitlich und ganzheitlich funktionieren und in dem sich auch der Körper entsprechend ausgleichen kann. Je mehr Zeit sich ein Mensch nimmt, um Eindrücke zu verarbeiten, desto weniger braucht er solche Verarbeitungsphasen.

Grundsätzlich gilt, daß sich Temperaturschwankungen für die fiebernde Person ungünstig auswirken können, da sie neben dem Fieber eine zusätzliche Belastung für den Körper darstellen. Für Kinder und Erwachsene, die Fieber haben, ist es sinnvoll, in einer gleichbleibenden, warmen Umgebung zu sein, und sich nicht größeren Temperaturschwankungen auszusetzen.

Fiebersenkende Mittel sind nicht sinnvoll, da damit der Energiefluß unterdrückt und körpereigene Heilprozesse gehemmt werden. Um den unangenehmen Fieberzustand zu lindern, kann man die Haut etwas kühlen durch kalte Waschungen oder Wadenwickel, aber wirklich wichtig ist die Zuführung von viel Wasser, um die ausgleichenden und heilenden Körperprozesse zu unterstützen, und viel Ruhe.

Krebs soll bei Kindern die zweithäufigste Todesursache sein. Was liegt dieser Krankheit zugrunde, sind es ähnliche Gründe bei Kindern wie bei den Erwachsenen?

Krebs entsteht, wenn Gefühle verdrängt werden oder wenn Gefühle verletzt oder vergewaltigt worden sind, wenn kein Gefühlsfluß zustande kommt und ein Mensch nicht lernt, gefühlsmäßig sowohl sich selbst als auch das Umfeld zu finden und zu verstehen. Dies gilt für Kinder und Erwachsene gleichermaßen, wobei Kinder sich aber, wenn sie klein sind, sich auch häufig mit Erwachsenen identifizieren und von ihnen das Problem übernehmen.

Wo liegen die Gründe für Hirnentzündungen und Hirnhautentzündungen, was könnte man zum Beispiel tun, um die Heilung zu unterstützen?

Auch hier gilt, daß sich das Kind überfordert fühlt von zu vielen Reizen im Umfeld oder von zu viel Struktur oder von zu wenig Freiheit. Der eigene Ausdruck im Verhältnis zur Struktur, die eigene Freiheit im Verhältnis zum Zwang ist nicht mehr akzeptabel. Das Kind fühlt sich überfordert, wobei die Ursache für die Überforderung unterschiedlichster Natur sein kann. Ein Mensch kann es durch seine Art oder Ansprache überfordern, oder Situationen und Erlebnisse mit Geschwistern, vielleicht auch Konflikte im oder mit dem Umfeld, oder ständige Geräuschpegel, Gerüche oder auch ganz andere Dinge, die das Kind bewegen und denen es sich nicht gewachsen fühlt.

Deshalb wäre es gut, das Kind in ein Umfeld zu geben, wo es viel Spaß hat, wo Freunde sind, wo Spielen angesagt ist, wo kein Druck besteht und keine Anforderungen, ein Umfeld, das dem Kind gefällt. Es braucht Ruhe, und es braucht auch Spaß in Verbindung mit Freiheit und Verständnis.

Entsprechend sollte man Krankenhausaufenthalte möglichst weit reduzieren und ein kindliches Umfeld in der erwähnten Form suchen.

Bei dem sogenannten Wasserkopf handelt es sich in der Regel um einen krankhaften Zustand bei Säuglingen, bei dem es zu einer Liquorstauung in den Hirnräumen kommt. Was ist hier die Ursache und vor allem, wie könnte einem solchen Kind Hilfe gegeben werden?

Es ist schwierig, hier eine eindeutige Aussage zu machen, ohne vielleicht fälschlicherweise so verstanden zu werden, daß wir jemand die Schuld zuweisen. Wenn es zu so einer Mißbildung im Kopfbereich kommt, dann kann man davon ausgehen, daß der Kopf als Schaltzentrale und als Zentrale der eigenen persönlichen Freiheit, des persönlichen Ausdrucks, in der Vergangenheit bedroht schien, vielleicht in der Schwangerschaft oder schon zu dem Zeitpunkt, als es zur Zeugung kam. Es könnte sein, daß dort ein Druck existiert hat im Umfeld, daß die kleine Seele befürchtete, daß möglicherweise nach der Geburt der Druck noch immer vorhanden sein könnte in einer Form, die keinen persönlichen Ausdruck zulassen würde. Vielleicht war schon während der Zeit im Mutterleib die Angst vor dem Nichtausdruck so groß, daß sich die Energien stauten, hauptsächlich eben um den Bereich der Schaltzentrale der Freiheit überhaupt, im Gehirn nämlich oder im Kopfbereich. Kindern mit solchen Mißbildungen ist im Grunde genommen eine tiefsitzende Angst eingepflanzt, die weit zurückgeht, möglicherweise bis zu dem Moment der Zeugung, und es ist ganz wichtig, mit diesen Kindern dahingehend zu arbeiten, daß man ihnen Zutrauen, Vertrauen und auch die Atmosphäre von Geliebtsein gibt, daß man sie völlig akzeptiert und in ihrer Art unterstützt, sie ermutigt und in kleinen Schritten Erfolgserlebnisse vermittelt, die sie mutiger und sicherer machen.

Immer wenn es einen Elternteil gibt oder gar zwei Elternteile, die sich nicht ausdrücken, oder wenn ein Elternteil sehr dominant ist gegenüber dem anderen Elternteil, kann es zu einer solchen Angstentwicklung kommen. Nicht immer führt eine solche Angst dann auch zu Störungen oder zu einer Mißbildung am Körper, aber vielleicht zu einer weit verspäteten Geburt, weil sich das Kind überhaupt nicht getraut herauszutreten aus dem beschützenden Bereich des Bauches, um nicht konfrontiert zu sein mit dieser Schwierigkeit im Ausdruck.

Um solche Ängste auszugleichen, sollte man die Kinder auch mit ermutigender Sprache unterstützen, mit positiven Suggestionen.

Aber es ist dabei sehr wichtig, damit nicht einen zusätzlichen Druck auszuüben, indem man beispielsweise sagt: "Ich weiß, Du wirst das erreichen", denn eine solche Aussage ist zwar gut gemeint, könnte aber eine enorme Angst erzeugen, weil das Kind vielleicht sich fragt, was sein wird, wenn es das Ziel nicht erreicht, wenn es enttäuscht. Man muß Formulierungen finden, die Vertrauen ausdrükken, nicht aber das Ziel und den Erfolg zu wichtig werden lassen,

zum Beispiel in der Form : "Du hast die Möglichkeit, dieses zu erreichen, aber laß dir dabei Zeit; laß dich nicht drängen, alles wird sich
schon entwickeln." u. ä.

Es ist im Alltag sicher nicht leicht, immer auf die Sprache zu achten, aber es lohnt sich in diesem Falle besonders. Kinder, die Probleme haben, achten sehr auf Kleinigkeiten, alles scheint sehr wichtig,
und was sie am meisten brauchen, ist Zuwendung und Liebe und
Verständnis.

*Was sind die geistigen Ursachen der Krankheit Aids bei Kindern? Wie
könnte man Aids-Kranken helfen und warum können schon Kinder davor
betroffen sein?*

Aids ist im Grunde genommen keine genau bestimmbare Krankheit, kein genau begrenztes Symptom, sondern eher eine allgemein
mangelnde Bereitschaft des Körpers, sich mit Umfeldeinflüssen sinnvoll auseinanderzusetzen; auch geistig ist eine mangelnde Bereitschaft vorhanden, das Umfeld zu integrieren in das persönliche
Leben. Biologisch ist das Krankheitsbild bestimmt durch Viren, die
sich nachweisen lassen und durch bestimmte körperliche Zustände, die eine mangelnde Widerstandskraft andeuten, aber die eigentlichen Ursachen lassen sich damit nicht verstehen.

Die fehlende Bereitschaft des Körpers zur Anpassung wird verursacht, indem verschiedene Organe ihre Bereitschaft zur Ausschei-
dung und Regeneration verlieren und viele Drüsen nicht mehr
richtig funktionieren. Der Lymphfluß und die Entgiftung sind man-
gelhaft. Deshalb sollte man sich auch nicht mit dem Aids-Virus vor-
dergründig beschäftigen, sondern erforschen, wie die Betroffenen
ihr Umfeld geistig sinnvoller integrieren und sich dabei gesund ausdrücken können. Ein Körper ist oder wird immer dann gesund, wie
wir schon sagten, wenn sich ein Mensch ausdrücken kann. Der per-

sönliche Ausdruck ist für die Gesundheit wichtiger als die Bekämpfung von Krankheitserregern oder Umfeldeinflüssen allgemein.

Der sogenannte Aids-Virus scheint uns nicht verursachend für die Krankheit. Es gibt unzählige Menschen, die den aktiven Aids-Virus in sich haben, es aber nicht wissen, ganz normal leben und überhaupt keine Krankheitssymptome haben. Die Angst vor dem Aids-Virus entsteht durch Mißverständnis der größeren Zusammenhänge. Der Aids-Virus ist nur die Unfähigkeit des Körpers als Gesamtheit sinnvoll zu reagieren. Um Aids-Kranken zu helfen, ist es deshalb einerseits notwendig, sie dabei zu unterstützen, sich mit dem Umfeld intensiv auseinanderzusetzen und mit den Umwelteinflüssen besser zurechtzukommen, andererseits ihr Immunsystem biologisch zu stärken, die einzelnen Organe anzuregen durch entsprechende Entwässerung des Körpers und durch anregende und aufbauende Nährstoffe, wie sie in der Naturheilkunde bekannt sind. Alle Organe müssen gestützt werden, alle Körperprozesse angeregt werden parallel zu einer intensiven psychischen Betreuung mit dem Ziel, sich sinnvoll und tolerant mit dem Umfeld wieder auseinanderzusetzen. Viele Erwachsene, die unter Aids leiden, erfahren körperliche Gefühle und Liebe nicht mehr im Einklang mit geistigen Gefühlen. Sie sind von tiefem Selbstzweifel zerrüttet, und nicht mehr in der Lage, sich normal mit dem Umfeld auseinanderzusetzen und sich im Umfeld auszudrücken. Sie sehen sich in einer Randposition, fühlen sich nicht angenommen, nicht geliebt und sind vereinsamt. In diesem Sinne ist Aids auch vergleichbar mit anderen Krankheiten, die auf eine langsame Weise die Ausdrucksfähigkeit des Körpers zugrunde richten, zum Beispiel Nervenkrankheiten wie Multiple Sklerose oder Krankheiten, in denen sich Gefühle abkapseln in Form von Krebs zum Beispiel, weil sie nicht zum Ausdruck kommen können.

Bei Krebs wird als Folge unterdrückter Gefühle in bestimmten Körperbereichen das normale Regenerationsverhalten der Zellen gestört, die Zellen fallen aus dem allgemeinen Zellverband und dem normalen Körperbewußtsein heraus und verselbständigen sich. Viren oder Bakterien können diesen Prozeß steigern, aber verursachen ihn nicht, wie häufig geglaubt wird. Wenn der Mensch sich nicht ausdrückt im Umfeld, kommt es zum Stau geistiger und körperlicher Energien, und in diesem Stau verliert der Mensch bewußt und unbewußt die Kontrolle über die geistigen Kräfte im Körper, der Körper verselbständigt sich, Teile fallen aus dem sinnvollen Zusammenhang, werden angreifbar und störbar durch Fremdeinflüsse, genauso wie auch der geistige Mensch.

Wenn es gelingen würde, ein krankes Kind in eine vollkommen andere psychische Atmosphäre zu bringen und psychisch aufzubauen, könnte und würde sich der Körper auch selbständig regenerieren, und eine medizinische und biologische Unterstützung wäre dann nur anfänglich notwendig. Das Vertrauen in seine Persönlichkeit und einen Wert müßten gestärkt werden, damit er wieder Mut faßt, sich selbstverständlich mit dem Umfeld auseinanderzusetzen und zu den eigenen Gefühlen zu stehen. Die üblichen Krankenhäuser sind dazu in der Regel überfordert und es wäre sehr viel private und freundschaftliche Hilfe notwendig.

Ihr sagtet an anderer Stelle, daß Krankheiten bei Kindern häufig von Entwicklungsstörungen herrühren. Was bedeuten denn Kinderkrankheiten bei Erwachsenen?

Wie wir sagten, ist es besonders wichtig für ein Kind, sich auszudrücken und dadurch zu entwickeln. Wenn dieser Ausdruck nicht kontinuierlich stattfinden kann, erfolgt der Ausdruck, um die Entwicklung nicht zu behindern, schubartig oder explosionsartig in Form von Kinderkrankheiten. Bei diesem Ausdruck geht es um Grundqualitäten der Psyche, die sich ausleben und entfalten müssen. Nun gibt es viele Erwachsene, die aus verschiedensten Gründen diese Qualitäten nie voll entfalten konnten, aber trotzdem in der Kindheit stark genug im Ausdruck waren, um es nicht zu einer Krankheit kommen zu lassen. Diese Entfaltung wurde dann nie nachgeholt bis es eben zu einer Situation kommt, wo bestimmte Eigenschaften, Gefühlsqualitäten oder auch charakterliche Merkmale dringend zum Ausdruck kommen müssen, damit sich die Person weiter entwickeln kann.

Ein solcher Konflikt spitzt sich vielleicht über Jahre hin zu, bis es dann irgendwann soweit ist, daß der Ausdruck gelernt werden muß. Und dann kann es sein, daß auch Erwachsene als Symbol für einen kindlichen Entwicklungsschritt eine Kinderkrankheit bekommen, und dann meistens heftiger, weil sich das Problem über lange Zeit zugespitzt hat.

Wenn also Krankheiten einen Mangel an Ausdrucksfreiheit zeigen, was sind dann die Ursachen für Krankheiten im Embryostadium? Viele Kinder werden ja schon krank geboren.

Laßt uns in diesem Zusammenhang grundsätzlich etwas zum menschlichen Bewußtsein als solches sagen. Wenn wir von Ausdruck sprechen, dann meinen wir Ausdruck des Bewußtseins, wenn es einmal gebildet ist, in der Form, wie ihr es kennt. Interessant ist zunächst, wie sich das Bewußtsein bildet und warum. Wenn noch keine Identifizierung des geistigen Menschen mit seiner polaren Ausdrucksform, seinem Körper, stattgefunden hat, dann existiert kein "Bewußtsein" im eigentlichen Sinne, sondern es existiert eher eine Art "Bewußtheit", die sich nicht als getrennt von der restlichen Wirklichkeit erlebt. Diese Bewußtheit ist eins mit allem. Diese Einheit und Verschmelzung mit allem ist der Beginn, und in dieser Einheitsidee erlebt sich der Mensch als Bewußtheit in allem und durch alles. Wenn der Mensch gezeugt wird, sich entwickelt und dann geboren wird, entsteht aus dieser ganzheitlichen Bewußtheit das Bewußtsein, mit dem ihr vertraut seid, Bewußtsein, das sich aus diesem großen Meer der Bewußtheit als individueller Teil herausisoliert. Für diesen Prozeß ist es notwendig, daß sich ein Teil der Bewußtheit identifiziert mit einem polaren Gefüge, zum Beispiel mit einem Körper. Dazu isolieren sich Elemente der Bewußtheit und kapseln sich ab, die vorher nicht als Elemente wahrnehmbar waren und es erfolgt eine allmähliche Identifizierung dieser Elemente mit dem polaren, in sich unterschiedlichen Gefüge eurer Wirklichkeit. Das ist zunächst nicht der physische Körper, sondern überhaupt diese Wirklichkeit von Raum und Zeit und ihrer polaren Gegensätzlichkeiten, innerhalb der dann Ausdruckswege und Ausdrucksmittel gesucht werden, zum Beispiel der physische Körper. Das, was ihr menschliches Bewußtsein nennt, entsteht, indem sich Elemente des großen ganzheitlichen Meeres der Bewußtheit als individuelle Elemente erleben, sich isolieren und mit einem Körper zu identifizieren beginnen. Als isolierte Elemente erleben sie sich im Sinne einer Individualität und drücken sich so auch aus. Wenn nun in der ersten Phase, in der diese Identifizierung mit dem Körper als Vorbereitung für den späteren Ausdruck erfolgt, hemmende Einflüsse vorhanden sind, indem die Elemente, die sich aus der Bewußtheit herausgelöst haben und zu Bewußtsein werden wollen, erkennen, daß ihr Ausdruck vielleicht ungünstige Bedingungen haben wird, kann es sein, daß der Identifizierungsprozeß wesentlich langsamer erfolgt und infolgedessen beispielweise der Körper auch nicht richtig aufgebaut wird. Das Bewußtsein, was sich langsam bildet, freundet sich dann nur allmählich mit dem körperlichen Gefüge an und übernimmt nicht tatsächlich die Kontrolle über den Körper. Die Energie des Umfeldes prägt dann stärker den Körper als das neue Bewußtsein, das sich nur begrenzt mit dem Körper identifizieren will. So können sich Probleme des Umfeldes bald nach der Zeugung im Aufbau des Körpers bemerkbar machen.

Entscheidend in dieser Embryophase ist besonders die Einstellung der Mutter zu sich selbst und entsprechend zu ihrem Kind. Wenn ein Kind sehr unerwünscht ist, die Mutter Probleme mit dem Partner hat oder sich der werdenden Mutter andere Schwierigkeiten in den Weg stellen, kann sich diese Konfliktenergie ungünstig auswirken auf die Entwicklung und den Ausdruck des Kindes, auf seine Motivation, sich mit dem neuen Körper zu identifizieren und ihn bewußt zu gestalten.

Man könnte das Kind mit einem Schauspieler vergleichen, der auf die Bühne geht und feststellt, daß seine Rolle überhaupt nicht gefragt ist, sich niemand für ihn interessiert und auch kein anständiges Kostüm bereitgestellt worden ist. Niemand hilft ihm, sich in seiner Rolle auszudrücken, und dementsprechend ist er ohne Motivation und wird zum schlechten Spieler. Er achtet nicht auf sein Kostüm, sein Ausdruck ist unkonzentriert, sein Rollenspiel ist ausdrucksarm und ohne Kraft.

Ein Schauspieler mit einer solchen Rolle kann sich dementsprechend überhaupt nicht damit identifizieren, nicht mit der Rolle und nicht mit dem gesamten Spiel. So ähnlich fühlt sich ein Kind, das sich in seiner neuen Rolle nicht willkommen weiß oder nur Hindernisse ahnt.

Alle Krankheiten haben geistige Ursachen, sagt Ihr. Was aber ist dann der Hintergrund für sogenannte ansteckende Krankheiten? Kann jemand, der sich mit anderen identifiziert, sympathisiert, krank werden, auch wenn er sich selbst ausdrückt?

Durchaus. Aber wenn es zu einer starken Identifizierung kommt, ist trotzdem der eigene Ausdruck nicht gut oder noch nicht voll entwickelt. Eine starke Identifizierung ist nur möglich bei einem begrenzten Ausdrucksverhalten, wenn ein eigener Selbstausdruck nur in mangelhafter Weise vorhanden ist. Ist der Selbstausdruck gut, dann ist das Bedürfnis nach Identifizierung mit etwas anderem sehr gering oder nicht mehr vorhanden.

Wenn zum Beispiel Geschwister untereinander erkranken, der andere Geschwisterteil also dieselbe Krankheit bekommt als ein Solidaritätsakt, um auszudrücken, daß der andere Teil nicht alleine ist und man die Krankheit mit ihm teilt, dann ist dies eine starke Solidarisierung, bei der der eigene Ausdruck begrenzt bleibt, denn ansonsten würde der eigene Ausdruck vorrangig gesucht werden und die Solidarität andere Formen finden, anders ausgedrückt werden als durch die mitempfundene Krankheit.

Wenn ein Mensch krank wird, weil er sich eingeengt fühlt und sein freiheitlicher Ausdruck behindert ist, ist dann die Krankheit zusätzlich nicht nochmals eine Einengung?

Die Krankheit ist durchaus eine Einengung im Ausdruck nach außen, aber sie führt den Menschen auch zurück zu ihm selbst, indem sie die betroffene Person dazu zwingt, sich mit sich selbst wieder auseinanderzusetzen und gleichzeitig Abstand zu gewinnen von den Bahnen, die vorher gegangen worden sind. Die Krankheit bringt normalerweise den Menschen dazu, seine Aktionsrichtung und sein Entwicklungsverhalten zu verändern. Zunächst wird er auf sich selbst zurückgeführt. Die wesentlichen Dinge in ihm werden bewußt oder zumindest lebendiger und spürbarer, und damit ist eine neue Ausrichtung leichter möglich. Die Begrenzung wird zwar zunächst oft größer, aber dadurch wird der Mensch zurückgeführt zu sich selbst und als Folge eine neue Ausdrucksrichtung aktiviert.

Wer krank wird oder längere Zeit krank ist, läßt viele Dinge, die vorher wichtig schienen, los. Und es ist genau dieses Loslassen, was eine neue Ausrichtung ermöglicht und neue Wege zeigt.

Würdet Ihr in diesem Zusammenhang auch etwas über die Wirksamkeit von Impfungen und den sinnvollen Umgang mit Impfungen sagen? Unsere erste Tochter ließen wir impfen, weil wir damals noch die übliche Sichtweise darüber hatten, und sie hatte auch alle Impfungen gut vertragen.

Bei unserer zweiten Tochter dachten wir zwar schon etwas anders, aber wir ließen auch sie impfen, damit beide Töchter die gleichen Voraussetzungen hatten. Aber deren Reaktion auf die Impfung (Polio, Diphtherie - Wundstarrkrampf) war sehr heftig, sowohl bei der ersten als auch bei der Nachimpfung. Sie bekam hohes Fieber, konnte nachts nicht schlafen, weinte und war insgesamt sehr unruhig.

Wenn ein Krankheitserreger aus dem Umfeld in den Körper eindringt, aktiv wird und eine Krankheit entsteht, dann gibt es dafür einen Grund. Normalerweise weiß ein Mensch, auch ein Kind, daß ein Erreger da ist und entscheidet unbewußt, ob und wie er diese Situation nutzen und in seinen Ausdruck integrieren will. Bei einer aber ist es so, daß der Krankheitserreger nicht natürlich aus dem Umfeld, sondern überraschend und scheinbar zufällig, in das Körpergeschehen eintritt und der Körper ihn überhaupt nicht vorausahnen kann, was er normalerweise tun würde. Er weiß nicht, welcher Angriff auf ihn einströmt und ist gewissermaßen unvorbereitet. Deshalb ist jede Impfung wie ein Schock für den Körper und für die Psyche. Abhängig davon, wie stabil das körperliche Geschehen ist, wird dieser Schock leichter oder schwerer verkraftet. Der Körper ahnt normalerweise viele Wochen im voraus, welche Krankheiten im Umfeld aufgebaut werden und welche Erreger vorhanden sind und entscheidet sich, ob er sich dieser Bewegung anschließen will oder nicht. Bei einer Impfung hat er dazu keine Möglichkeit, denn der Erreger kommt überraschend, scheinbar aus dem Nichts, weder Psyche noch Körper sind vorbereitet, vor allem bei Kindern, Erwachsene können sich besser darauf einstellen.

Nach allem, was Ihr sagtet, könnte ein Kranker ohne irgendwelche äuße-
ren Hilfsmittel wieder gesund werden. Wären denn Suggestionen, gezielte
Ernährung, Akupressur oder Medikamente als zusätzliche Mittel zur Lin-
derung des vorübergehend akuten Krankheitszustandes trotzdem sinnvoll,
auch wenn sie in letzter Konsequenz nicht erforderlich sind, weil Psyche und
Körper sich von innen heraus mit ihren eigenen Selbstheilkräften heilen kön-
nen?

Normalerweise, wenn sich eine Krankheit bildet, ist das ein Zeichen dafür, daß der Kranke von seinen üblichen Ausdrucksformen
weggebracht und auf sich selbst zurückgeführt werden soll. Die
Krankheit ist dann genau so lange sinnvoll, wie er sie braucht, um
seine wirklichen Impulse wieder zu finden. In dem Moment, wo er
wieder Zugang gewonnen hat zu sich selbst, zu seinen tieferen
Aspekten, zu seinen Bedürfnissen und Triebkräften, die Anteil nehmen wollen an diesem Wirklichkeitsgefüge und ausgedrückt werden wollen, ist seine Krankheit überflüssig und der Körper wird sie
selbständig beseitigen.

Der menschliche Körper kann sich krank machen, aber er kann
sich auch genauso wieder gesund machen, und zwar ohne daß er
zum Krankwerden äußere Einflüsse bräuchte, genausowenig wie er
sie zum Gesundwerden braucht. Er ist vollkommen eigenständig.
Und aus diesem Grunde ist es auch unsinnig zu glauben, man könne den Körper gesund erhalten, indem man lediglich versucht, optimale Randbedingungen zu schaffen durch Ernährung, Vitamine,
Bewegung und dergleichen.

Genauso unsinnig ist es, zu versuchen, dem Körper durch rein
äußere Hilfsmittel, wenn er einmal krank geworden ist, wieder auf
die Beine zu helfen. Dies wird zwar oberflächlich betrachtet möglicherweise funktionieren, weil materielle Energien durchaus einen
Einfluß auf andere materielle Energien nehmen können, aber es

wäre nicht sinnvoll, weil der Krankheitsverlauf künstlich von außen unterbrochen werden würde und damit der eigentliche Sinn der Krankheit nicht mehr da wäre. Oft ist es dann notwendig, eine andere Krankheit zu suchen. Es kann andererseits aber auch sein, daß ein Mensch, der krank geworden ist und sich in diese Krankheit reingefühlt hat, zwar den notwendigen Abstand zum Umfeld gewinnt, aber trotzdem keine Neuorientierung einleiten kann, weil er sich so sehr an den Zustand der Krankheit gewöhnt hat, daß er nicht die Energie aufbringen kann, den neuen Weg zu gehen. In solchen Fällen kann eine Einflußnahme auf die Psyche oder den Körper sinnvoll sein, weil sie zuversichtlich stimmt und die Veränderung vereinfacht, aber der Heilprozeß wird trotzdem von innen heraus vollzogen. In dieser Weise hat eine heilende oder helfende Unterstützung durchaus ihren Sinn darin, daß man sich leichter zu einer Veränderung aufraffen bzw. sie annehmen kann.

Wann immer man versucht, über zusätzliche Energien aufgestaute, veränderte oder nicht zum Ausdruck gekommene Energien zu aktivieren, ist dies zunächst günstig, unabhängig davon, ob man über das Nervensystem oder über die Psyche einsteigt, ob man die Nahrung oder die Luft, Bewegung oder Atmung dazu benützt. Im Grunde genommen wird ein Mensch krank, wenn er seine Ausdrucksenergien einseitig konzentriert auf einen Bereich und sich nur darüber und deshalb unvollkommen zum Ausdruck bringt. Wenn man ihn also gesund werden lassen will, muß man die Energien in ihm selbst und in seinem System so anregen, daß neue Ausdrucksmöglichkeiten in mehreren Formen wieder möglich werden und damit die Notwendigkeit des alleinigen Ausdrucks in diesem einen Ausdrucksbereich schwindet und die anderen Energiearten nicht mehr blockiert bleiben.

Wenn ein Mensch, besonders ein Kind, krank wird, ist es dann wichtig, die geistigen Ursachen der Krankheit immer genau zu verstehen oder kann man sich zu sehr mit den Ursachen von Krankheiten auseinandersetzen und sie damit auch festhalten?

Man sollte Krankheiten grundsätzlich nicht überbewerten, genausowenig wie auftretende Probleme zwischen Eltern oder zwischen den Eltern und dem Kind, sondern man sollte sie beobachten, sie feststellen, sie verstehen und darauf reagieren auf eine selbstverständliche Weise. Vor allem sollte man auf keinen Fall Vorwürfe machen oder übertrieben reagieren und die Krankheitssituation mit zusätzlicher Spannung anreichern. Wenn es zu Problemen oder Konfliktenergien kommt, ist es nicht wichtig, diese mit aller Macht zu bekämpfen, um noch mehr Energie und Streß zu erzeugen, sondern sie einfach versuchen zu verstehen und langsam einzulenken. Es ist wichtig, sich nicht mit dem Problem zu beschäftigen, sondern mit den Lösungen, um das Problem nicht festzuhalten und Lösungen anzuziehen.

Ist die tägliche Einnahme von Vitamin C für den Körper hilfreich, um bessere Abwehrkräfte zu bilden und fit zu bleiben oder nebensächlich, wenn die geistige Einstellung stimmt?

Der einzige Weg, um körperlich fit zu bleiben und Abwehrkräfte zu bilden, ist eine psychische Stabilität zu finden, die alleine in Selbsterkenntnis und Selbstausdruck beruht. In dem Moment, wo der Selbstausdruck verhindert wird, helfen auch keine Vitamine, um einen Menschen gesund zu erhalten. Wenn die Krankheiten, die normalerweise durch eine geringe Aufnahme von Vitaminen auftauchen, beseitigt werden durch übermäßige Einnahme von Vitaminen, werden andere Krankheiten entstehen und deren Rolle übernehmen, solange, bis der Ausdruck wieder stattfindet. Der Körper wird immer Wege finden, eine Krankheit zu entwickeln, die der Mensch braucht, um Abstand zu gewinnen. Normalerweise ist der Körper in der Lage, sich von dem, was um ihn herum geschieht und von

dem, was in Nahrungsmitteln enthalten ist, genau das herauszusu-
chen, was er braucht, um gesund zu bleiben, wenn die Psyche ausdrucksstark ist und in ihrem tieferen Selbst ruht. Ist dies nicht der
Fall, wird auch ein übermäßiger Konsum von Vitaminen oder anderen Nährstoffen eine Krankheit auf Dauer nicht verhindern können,
sondern eher sogar noch den Körper aus dem Gleichgewicht bringen.

*In einer früheren Sitzung hattet Ihr in Verbindung mit einer akuten
Neurodermitis geäußert, daß wir unserer Tochter keinen Apfelsaft geben sollten und auch andere Säfte nur in stark verdünnter Form. Ist diese Aussage
nur bei Neurodermitis zutreffend oder gilt sie generell als Ernährungshin-
weis?*

Diese Aussage gilt ganz allgemein für Erwachsene wie auch für
Kinder. Jeder Saft als Extrakt einer Frucht oder eines Gemüses sollte
unmittelbar nach dem Pressen getrunken werden, denn dann hat
er noch die natürliche Substanz und die natürliche Energie der
Frucht selbst. Indem dann ein Alterungsprozeß eintritt, verändert
sich die Struktur der Energie und ist durchaus nicht mehr vergleichbar mit dem, was die natürliche Frucht gehabt hat. Deshalb sollten
Säfte grundsätzlich von frisch gepflückten Früchten gleich nach dem
Pressen getrunken werden. Wenn die Säfte älter sind, werden sie
eher auflösend in ihrer Wirkung, und sie können in einem Körper
dazu führen, daß natürliche chemische Bindungen aufgelöst werden und neue Stoffe entstehen, die dann zu Ablagerungen im stö-
renden Sinne führen. Der Körper kann übersäuert werden, und es
entsteht ein Ungleichgewicht zwischen Auflösen und Binden.

Es gibt einige Säfte, die mehr diese Tendenz haben als andere, so
wie Apfelsaft zum Beispiel Aber grundsätzlich gilt, daß Säfte nur
getrunken werden sollten, wenn sie direkt nach dem Pressen noch
frisch sind. Wenn der Saft aus dem Gemüse oder der Frucht heraus-

gepreßt ist, verliert er den natürlichen Zusammenhang und damit sein Energiebild. Saft, Fruchtfleisch und die ganze Frucht bilden eine Einheit und stellen meist auch eine aufbauende Substanz für den Körper dar, nicht mehr aber als Extrakt oder schon gar nicht nach langer Zeit des Auspressens. Deshalb sollten Gemüse und Früchte immer frisch und möglichst unverändert gegessen werden, und auch mit allen Fruchtteilen, um die ausgewogene Gesamtenergie nutzen zu können.

In wieweit spielt gesunde Ernährung überhaupt eine Rolle für den Körper?

Gesunde Ernährung bildet zwar nicht die Grundlage für einen gesunden Körper, aber kann einen großen Einfluß darauf ausüben. Je mehr die Psyche krank ist oder anders ausgedrückt, je unfreier und ausdrucksärmer sie ist, desto mehr verliert sie den Kontakt zum Körper und desto mehr gerät der Körper entsprechend außer Kontrolle. In diesem Fall kann es sinnvoll sein, zu versuchen, den Körper von außen mit Hilfsmitteln zu unterstützen und auszugleichen. Aber wenn sonst nichts getan wird für den freien Ausdruck, wird in dem Moment, wo diese Einflußnahme von außen abbricht, der Körper wieder zurückfallen, und die geistigen Ursachen werden sich im Körper wiederspiegeln. Man könnte diese Vorgehensweise vergleichen mit dem Versuch an einem Automobil, bei dem die Schrauben und Türscharniere locker sind, die Tür anzukleben oder sie mit einem Seil anzubinden, in dem Glauben, das Auto damit repariert zu haben. In dem Moment aber, wo das Seil reißt, wird sogar die Tür abfallen, weil nichts wirklich repariert ist, die Ursachen blieben unverändert. Und so ist es mit dem Körper. Wenn von außen Stoffe hinzugefügt werden, seien es chemische Stoffe oder auch natürliche Stoffe, um den Körper damit in ein neues Gleichgewicht zu setzen, den Blutdruck zu verändern, die Rhythmik zu unterstützen, oder um mangelnde Drüsenaktivitäten auszugleichen, kommt in diesem Moment der Körper noch mehr aus dem Gleichgewicht und wird überhaupt nicht gesünder. Er wird im Gegenteil sogar noch abhängig von dem Zuführen solcher Stoffe von außen und verliert seine Eigenkontrolle und Selbstsicherheit vollkommen. Solange die Medizin glaubt, daß Krankheiten dadurch entstehen, daß bestimmte Stoffe im Körper fehlen, weil der Körper sie nicht mehr erzeugt, oder daß äußere Impulse, zum Beispiel Bakterien oder Viren von außen das Körpersystem stören können, solange wird sie auch glauben, daß Stoffe, die von außen zugeführt werden, das Gleichgewicht wieder herstellen können. Aber das Gegenteil ist der Fall. Indem Stoffe von außen zugeführt werden, kommt das Gleichgewicht immer mehr durcheinander und der Körper verliert die Fähigkeit, sich selbst aus seiner Mitte heraus gesund zu erhalten. Eine Drüsenfunktion, die zu klein ist, kann nicht ausgeglichen werden, indem das, was die Drüse normalerweise erzeugt, von außen hinzugegeben wird, sondern stattdessen wird die Drüse immer weniger erzeugen, weil sie ihren natürlichen Sinn nicht mehr zum Ausdruck bringt.

Die Organe im Menschen haben eine Art eigene Intelligenz, und es ist ihnen bewußt, was für eine Funktion sie erfüllen im Gesamtgeschehen. Wenn diese Organe jetzt spüren, vereinfacht ausgedrückt, daß ihre Funktion nicht mehr wichtig ist, weil die Stoffe von außen kommen, werden sie ihre Funktion weiter reduzieren. Wenn Drüsen zum Beispiel zu wenig produzieren, sollte man nicht einfach die fehlenden Stoffe ergänzen, sondern nach Antworten suchen, wieso sie wenig produzieren, und ohne die Psyche und ihren Ausdruck mit einzubeziehen, kann die Medizin darauf keine Antwort finden.

Bezogen auf die Ernährung würde das grundsätzlich bedeuten, daß man das zu sich nehmen sollte, , worauf Appetit besteht, weil der Körper am besten weiß, was er braucht, um sich selbst auszugleichen. Ernährungshinweise sind nur solange sinnvoll, bis man wieder auf die Stimme des Körpers hören kann. Das gleiche gilt für die Zuführung von Heilstoffen verschiedenster Art.

Um Kindern zu helfen, die Stimme ihres Körpers von klein an zu hören, wäre es sinnvoll, Nahrung für Kinder nicht als gut oder schlecht darzustellen, sondern alles anzubieten in reichlicher Form, damit sie lernen, das auszuwählen, was im Moment gut zu ihnen paßt und so auch gesund ist. Was wenig angeboten wird, ist immer reizvoll und wird schon deshalb gesucht, auch wenn es eigentlich nicht gewünscht ist.

Wertende Bemerkungen über Nahrung sollte man bleibenlassen, vor allem auch negative Suggestionen, die sich im Unterbewußtsein verankern, und zwar nicht nur bezüglich der Qualität von Nahrung, sondern auch dahingehend, daß die Gesundheit überhaupt stark von der Nahrung abhängig ist.

Man sagt, daß Nahrung in einem bestimmten Zustand nicht mehr gesund ist, zum Beispiel wenn sich auf Teilen Schimmel ansetzt. Kann das überhaupt sein, wenn Nahrung bei der Gesundheit nur eine kleine Rolle spielt?

Die meisten Menschen haben bestimmte Abneigungen gegen Nahrungsmittel und deren Zustand, wenn sie nicht mehr frisch sind. Das zeigt, daß eine innere Abwehr gegenüber bestimmte Stoffe, zum Beispiel Schimmel, vorhanden ist, und zwar deshalb, weil der Körper zusätzliche Energie braucht, um sie zu neutralisieren, wenn sie in sein System hineingebracht werden. Er möchte sie nicht haben. Auf der anderen Seite kann man aber daraus nicht schließen, daß, wenn etwas in den Körper hineingegeben wird, was er nicht haben möchte, er auch davon krank werden muß. Der Körper kann fast alles ausgleichen, aber fühlt sich dann vielleicht nicht in einem optimalen Zustand. Wenn es beispielweise kalt ist und man sagt dir, daß Du einen Pullover anziehen sollst, damit dir nicht kalt wird, dann ist dies eine sinnvolle Aussage. Würde man aber auf der anderen Seite sagen, daß Du, wenn Du den Pullover nicht anziehen wirst, krank werden würdest, wäre diese Aussage nicht sinnvoll und nicht korrekt. Du mußt zwar mehr Energie erzeugen aus dir selbst, um eben warm zu bleiben, aber das ist alles und normalerweise kein Problem, wenn Du im Gleichgewicht bist.

Man glaubt heute, daß künstliche Stoffe in der Nahrung die allgemeine Abwehr des Menschen herabsetzen, Kopfschmerzen, Hautausschläge und Allergien verschiedenster Formen verursachen. Dieses Verständnis wäre dann wohl ebenfalls einseitig?

Wenn ein Körper geschwächt ist, weil der Ausdruck des Menschen nicht ausreichend erfolgt, kann er manchmal nicht die Energien erzeugen, die er bräuchte, um untypische Energien, die auf ihn einströmen, zu neutralisieren. Untypische Energien sind Energiequalitäten, die nicht dem entsprechen, was der Körper haben möchte und denen er normalerweise auch nicht ausgesetzt ist. Wenn die Psyche des Menschen gesund und frei und ausdrucksstark ist, wird der Körper die nötigen Energien zur Verfügung haben, um alles auszugleichen, was im Umfeld passiert. Ist dies nicht mehr gegeben, dann gibt es vielleicht Schwierigkeiten im körperlichen Gefüge, weil das Mehr an Energie, was aufgewendet werden müßte, um diese Randenergien zu neutralisieren eben nicht aufwendbar ist, da bereits die Psyche in sich selbst leidet und viele Energien aufbraucht. In diesem Fall kann es durchaus sinnvoll sein, auf die Ernährung zu achten, richtig zu atmen und sich mit entsprechenden Stoffen, Farben und Klängen, usw. zu umgeben, um zu verhindern, daß der Körper zu viel eigene Energie aufwenden muß, die er momentan nicht hat, weil die Psyche aus dem Gleichgewicht ist. Wenn der Mensch im Gleichgewicht ist, kann der Körper alle Energie aufbringen, die er braucht, um ungewünschte Einflüsse zu neutralisieren. Es ist sicher nicht richtig, daß künstliche Stoffe allein in der geringen Konzentration den Körper in seiner Immunstärke schwächen und Krankheitsbilder hervorbringen können. Wenn allerdings die Psyche und der Körper bereits aus dem Gleichgewicht sind, kann ein solcher Einfluß zusätzliche Probleme bringen. Versuche könnten zeigen, daß mehrere Menschen in verschiedenen psychischen Zuständen, die den gleichen Stoffen oder Reizen ausgesetzt werden, alle unterschiedlich darauf reagieren oder vielleicht sogar überhaupt nicht darauf reagieren. Ihr psychisches Gleichgewicht und die allgemeine Lebenseinstellung entscheiden darüber.

Wenn man frisches Obst und Gemüse nach der Ernte oder auch Säfte direkt nach dem Auspressen gleich einfriert, bleibt da die Ganzheit und der Nährwert der eingefrorenen Nahrung voll erhalten?

Durchaus nicht. Alles, was nicht natürlich und direkt verspeist wird, so wie es war, verliert etwas an Lebenskraft. Lebenskraft ist ätherische Energie oder Grundenergie, die allem, was lebt oder was ihr als Leben bezeichnet, zu eigen ist. Natürlich hat auch sogenannte tote Materie eine ätherische Energie, aber sie ist eine andere Energie als die Energie, die ein sogenannter lebendiger Körper aufnimmt und verwertet. Es ist zwar möglich, auch aus tiefgefrorener Nahrung Energie für sich abzuzweigen, weil die Nahrung an sich nicht verändert wird, aber wesentlich weniger, als wenn das gleiche Produkt noch frisch wäre.

Wenn die Möglichkeit besteht, sollte man also Nahrung immer frisch zu sich nehmen, um die optimale Nutzungsmöglichkeit zu gestatten.

Ist die Essenszubereitung im Mikrowellenherd unbedenklich, beziehungsweise wird der Nährwert der Nahrung erhalten?

Durchaus nicht. Die Mikrowellenstrahlen verändern die atomare Struktur dessen, was sich im Herd befindet. Die Bindungskräfte der Moleküle verändern sich, und was bleibt nach der Aufheizung, ist etwas völlig neues, etwas anderes, etwas, was in der Natur in dieser Form nicht existiert. Mit dieser neuen Qualität umzugehen ist für den Körper nicht einfach, braucht viel Energie und ist manchmal sogar unmöglich und es kann zu unangenehmen Nebenwirkungen im Körper kommen.

Welche Flüssigkeitsmengen sollten Kinder zu sich nehmen? Wird der Flüssigkeitsbedarf des Körpers über den Durst reguliert oder ist es gerade bei Kindern sinnvoll, ihnen zusätzlich etwas zu trinken anzubieten, weil sie das Trinken oftmals im Spiel vergessen?

Grundsätzlich neigen Kinder dazu, einfach zu vergessen, daß sie Hunger oder Durst haben, und deshalb ist es immer sinnvoll, ihnen ein attraktives Nahrungsangebot zu geben, so daß sie erinnert werden, aber auch ihnen es dann zu überlassen, ob sie zugreifen wollen oder nicht. Der kindliche Körper braucht wie jeder Körper viel Wasser für einen guten Stoffwechsel und er schickt normalerweise selbständig Signale in Form von Durst.

Unabhängig von der Art der anderen Getränke ist es wichtig, daß viel Wasser durch den Körper fließt, um abgelagerte Stoffe herauslösen zu können. Man sollte deshalb auch immer reines Wasser anbieten in reichlicher Menge in attraktiven Behältern.

Kann man Nahrungsmittel und Getränke unbedenklich süßen oder gibt es etwas dabei zu beachten?

Kinder lieben in der Regel leicht gesüßte Nahrung und die Art der Süße spielt im Grunde genommen keine allzu große Rolle. Allerdings sind natürliche Süßstoffe wie Honig, Ahornsirup oder

Fruchtzucker harmonischer im Körperzusammenhang und können deshalb mit weniger Energie verarbeitet werden. Künstliche unnatürliche Süßstoffe können die Gefahr von Ablagerungen in sich bergen und sollten besser gemieden werden.

Wie soll man bei der Nahrungszubereitung sinnvoll mit Salz umgehen? Ist die Empfehlung, Kinder salzarm zu ernähren, vor allem Babies, sinnvoll?

Kinder verbinden mit Nahrung auch einen Reiz und deshalb finden sie gewürzte Nahrung interessanter als geschmacklose. Aber die Würzung sollte ganz sanft sein, damit der gesamte Geschmack erhalten bleibt. Für den Körper ist eine geringe Menge von Salz ausreichend und auch wichtig, um einen normalen Stoffwechsel zu ermöglichen.

Heutzutage sind die Schadstoffbelastungen sehr groß geworden. Es gibt sauren Regen, schadstoffreicher Nebel und Smog, bei dem Kinder nicht nach draußen gehen sollten, weil die Schadstoffe sehr stark gebunden werden und somit den Atmungsorganen geschadet wird. Im Sommer wird verstärkt Ozon freigesetzt, das sich negativ auf die Gesundheit auswirkt, wenn man im Freien sehr aktiv ist. Ist dem wirklich so viel Bedeutung beizumessen oder ist es wichtiger, das Bedürfnis nach körperlicher Aktivität von Kindern zu befriediegen?

Man sollte sich vergegenwärtigen, daß jeder Organismus die Möglichkeit zur Anpassung hat, die Möglichkeit, sich auf wechselnde Umfeldbedingungen einzustellen. Der Organismus muß aber die Möglichkeit des Austausches haben, damit er lernen kann, solche Einstellungen auch durchzuführen. Je mehr ein Organismus isoliert wird vom wechselnden Umfeld, desto empfindlicher und allergischer wird er irgendwann darauf reagieren, da er nicht gelernt hat, sich anzupassen. Je natürlicher sich ein Mensch in einem ständig wechselnden Umfeld verhält, desto mehr lernt er sich damit auseinanderzusetzen und eben nicht allergisch darauf zu reagieren. Allergie ist die Unfähigkeit, Impulse von außen zu integrieren. Insofern können solche Vorsichtsmaßnahmen dazu führen, daß man ein Kind zu sehr behütet und seine Anpassungsmechanismen deshalb sich nicht ausbilden können, und damit wird das Problem erst richtig geschaffen.

Wenn es also sinnvoll ist, dem kindlichen Körper helfen zu lernen, mit stärkeren und schwächeren Umfeldeinflüssen selbständig zurechtzukommen, wie könnte man dann sinnvoll mit Irritationen oder leichten Verletzungen im Hautbereich umgehen, zum Beispiel mit Schürfwunden, Schnittwunden oder Verbrennungen, um den Schmerz zu stillen und die Heilung zu unterstützen?

Grundsätzlich gilt, daß bei Verletzungen der Haut übermäßige Sonneneinstrahlung zu vermeiden ist und sehr viel Sauerstoff zugelassen werden muß. Ein übermäßiges Verbinden von Wunden ist deshalb durchaus nicht sinnvoll. Je mehr Sauerstoff an die Wunde kommen kann, desto besser ist es. Ist die Wunde dazu geneigt, aufzuspringen, weil der Ort der Wunde ungünstig ist, dann sollte eher zum Beispiel der Arm oder das Bein oder überhaupt der Körper in einer starren Haltung gehalten werden, damit die Wunde nicht mehr aufspringen kann. Die Wunde selbst sollte so weit wie möglich der Luft oder dem Sauerstoff ausgesetzt sein. Dann gilt, daß sehr viel Flüssigkeit aufgenommen werden sollte. Viel Tee, Wasser und dergleichen wäre gut. Alle Nahrung, die Säure bildet und schwer verdaulich ist, sollte gemieden werden. Der Körper versucht normalerweise, eine Wunde möglichst schnell zu heilen, ganz aus sich selbst heraus, und alles, was dem Körper zusätzlich Energie entzieht, indem er Energie braucht, um es zu verdauen oder auszugleichen, wäre deshalb nicht sinnvoll, weil sein Energieniveau sinkt. Wenn Wunden nicht verbunden werden, kann es natürlich sein, daß Staub oder Schmutz in die Wunden kommt, aber das ist nicht von Bedeutung, solange ausreichend Sauerstoff an die Wunde kommen kann. Verbände zum Beispiel auch mit Heilerde sollten auf Notfälle begrenzt bleiben.

Bei stärker blutenden Schnittwunden sollte man die Schnittstellen so zusammenschieben und verbinden, daß die Wunde frei bleibt und natürlich verkleben kann und selbständig aufhört zu bluten. Dann sollte man dafür sorgen, daß sie nicht mehr aufbricht, indem man den Körper daran hindert, an dieser Stelle Spannung zu erzeugen. Wunden zu verbinden ist nur in Notfällen sinnvoll, und dann sollte grundsätzlich ärztlicher Rat hinzugezogen werden. Sollten die Wunden zu eitern beginnen, dann ist dies ein Reinigungsprozeß, der auf keinen Fall unterbunden werden darf. Die Wunden müssen offen, aber geschützt sein, eventuelle Fremdkörper oder Verunreinigungen müssen beseitigt werden.

Wie kann man bei Sonnenbrand Schmerzen lindern und die Heilung beschleunigen?

Zunächst ist es wichtig, jegliches weitere Sonnenlicht zu meiden. Dann sollte derjenige, der sich die Haut verbrannt hat, viel Flüssigkeit aufnehmen, und zwar in reiner Form, zum Beispiel Mineralwasser ohne Kohlensäure, und davon zwei bis drei Liter am Tag. Man sollte die betroffenen Stellen nur dünn mit atmungsaktiver Pflege- oder Feuchtigkeitscreme einstreichen, weil die Haut unbedingt atmen muß, um sich erholen zu können. Die Creme sollte nur eine weitere Austrocknung verhindern. Der Betroffene sollte nur wenig Nahrung zu sich nehmen, sondern lieber viel Flüssigkeit und vielleicht etwas Obst, was nicht sauer sein darf, vielleicht einen ganzen Apfel, aber keine Zitrusfrüchte. Verbrennungen erholen sich von selbst am besten an der frischen Luft; kaltes Wasser kann schmerzlindernd wirken, wenn die Verbrennung nicht zu stark ist, oder auch kühle Luft, die zum Beispiel über einen Ventilator sanft angeblasen wird.

Was kann man bei Schwellungen oder Blutergüssen tun, zum Beispiel auf Grund von Sturzverletzungen? Kann man bei Schwellungen kalte Kompressen machen, um die Schwellung und den Schmerz zu lindern, oder sollte man gar nichts unternehmen, da kalte Umschläge ein Kind eher irritieren und vielleicht zusätzlich belasten?

Kalte Umschläge belasten das Kind nicht nur, sondern sie schließen auch die Blutgefäße. Nach einem Schlag, wenn also zum Beispiel Gewebe beschädigt wurde, muß das auftretende Blut, was durch geplatzte Gefäße in diesem Bereich in großen Mengen vorhanden ist, abgeführt werden. Wenn man nun einen kalten Umschlag macht, ziehen sich die Gefäße zusammen und die Schwellung geht zurück, aber die Bluteinschlüsse, die dort vorhanden sind, werden wesentlich schlechter abgebaut, und die Wundheilung geht entsprechend langsamer vor sich.

Viel besser wäre es, nach einiger Zeit, sofern das erträglich ist, ganz leicht die Randbereiche mit den Fingern zu massieren, ohne allzuviel Druck auszuüben, um damit die Durchblutung zu steigern. Es gilt grundsätzlich, daß man immer, wenn eine Verletzung am Körper vorhanden ist, versuchen sollte, die Durchblutung in diesem Bereich zu steigern, damit das Blut besser abgebaut werden kann.

Normalerweise erzeugt der Körper entsprechend auch Wärme immer dort, wo eine Verletzung ist, damit die Wunde heiß und gut durchblutet wird. Diesen Prozeß äußerlich zu hemmen, ist nicht sinnvoll.

Wie kann es zu allergischen Hautreaktionen kommen beziehungsweise was kann man tun, daß sie verschwinden und ausbleiben. Unsere Tochter zum

*Beispiel wurde von einem Hund angesprungen, umgeworfen und abge-
schleckt. Daraufhin bekam sie an den Stellen, wo der Hund sie geleckt hatte,
einen starken Hautausschlag. Kann es zu Hautreaktionen kommen durch
Kontakt mit Tieren oder sind das nur vordergründige Zusammenhänge?*

Die Haut ist die schützende Wand zwischen Mensch und Umfeld,
und wenn diese schützende Wand irgendwie verletzt oder irritiert
wird, kann es zu einer körperlichen Reaktion kommen, zum Beispiel
im Sinne einer Hautirritation. Eine solche Reaktion geschieht bei
Erwachsenen und Kindern gleichermaßen, wenn sie äußerst sensibel sind. Wenn zum Beispiel Herausforderungen oder auch Anforderungen auftreten, können sie sich unter Druck gesetzt oder
überfordert fühlen, und als Folge können rote, hektische Flecken auf
der Haut auftreten, manchmal sogar innerhalb weniger Sekunden.
Sie fühlen sich in der Privatsphäre und Sicherheit bedroht und ziehen sich über die Haut zurück Das Schlecken des Hundes bei Eurer
Tochter wäre also nur der Anlaß für den Ausdruck eines Grundpro-
blems, aber nicht die Ursache.

*Was ist der geistige Hintergrund von Nasenbluten und was kann man
bei Nasenbluten als Ersthilfe machen?*

Nasenbluten deutet darauf hin, daß ein Mensch sich sehr unter
Druck gesetzt fühlt und daß durch äußeren Anlaß der psychische
Druck so gestiegen ist, daß er ein Ventil sucht.

Wenn sich der Druck in Form von Nasenbluten löst, sollte man
versuchen, die Durchblutung im Kopf zu bremsen, zum Beispiel
durch kalte Umschläge im Nackenbereich oder durch Flachlegen des
Körpers, wobei er aber nicht ganz flach liegen darf, sondern nur so,
daß der Kopf etwas nach oben, die Beine etwas nach unten gesenkt
sind und der Körper ruhig liegt und sich entspannen kann. Durch
die Entspannung läßt auch der innere Druck nach. Es wäre sinnvoll,

herauszufinden, wodurch der innere Druck entstanden ist, um eine Wiederholung zu vermeiden.

Was könnte man tun, wenn ein Kind an Erbrechen oder Durchfall leidet? Was sind die geistigen Ursachen?

Die geistigen Ursachen können unterschiedlich sein, aber mit Sicherheit fühlt sich das Kind irgendwie überfordert und hat Ängste und kann mit dem materiellen und geistigen Umfeld nicht mehr umgehen. Erbrechen und Durchfall sind beides Erscheinungen, bei denen der Körper versucht, sich zu reinigen. Man sollte ihn unterstützen, indem dem Körper zusätzlich viel Flüssigkeit gegeben wird und wenig oder gar keine Nahrung. Der Körper und die Psyche versuchen sich ins Gleichgewicht zu bringen und man sollte diesen Reinigungs- und Ausgleichprozeß nicht stören.

Wie kann man Kopfschmerzen lindern und was könnten geistige Ursachen dafür sein?

Auch Kopfschmerzen deuten auf geistigen Druck hin, auf Ängste und Entscheidungsprobleme. Am besten sollte ein Zustand tiefer Entspannung gesucht werden körperlich und geistig in Verbindung mit angenehmer Wärme, die hauptsächlich auf den Halsbereich und den Nacken wirken sollte, um die Durchblutung zu steigern, nicht aber auf den Kopf selbst. Massage im Halsbereich, an den Ohren und im Nacken ist ebenfalls günstig, zusammen vielleicht mit sanfter, leise gespielter Musik, die die Gedanken und Gefühle ruhig werden läßt.

Was kann man bei einer verstopften Nase, bei Schnupfen und Bronchitis tun, was können Ursachen sein von Erkrankungen dieser Art?

Nasen- und Atemwegerkrankungen deuten darauf hin, daß eine gewisse Lustlosigkeit sich eingestellt hat, weil man nicht sich selbst

236

sein darf, und sich nicht mehr ausdrückt in einem Umfeld, das man als hemmend empfindet.

Symbolisch und tatsächlich sollte das Umfeld mit viel frischer Luft angereichert werden, man sollte viel trinken, wenig essen, und vor allem keine schwer verdauliche Nahrung. Wenn jemand erkältet ist oder einen grippalen Infekt hat, dann ist es nicht günstig, ihn in einem geschlossenen Raum zu halten, sondern viel besser wäre es, Frischluft zuzuführen und kleine Spaziergänge zu machen, auch dann, wenn die Infektion von Fieber begleitet ist, aber dann eben nur ganz kurz, damit nicht zuviel Energie verbraucht wird und der Körper sollte gut warm gehalten werden.

Welche Bedeutung haben Zähne beziehungsweise Schwierigkeiten im Zahnbereich? Gibt es aus Eurer Sicht wichtige Hinweise zur Pflege von Zähnen?

Zähne und Zahnfleisch symbolisieren die Fähigkeit zur Durchsetzung, zur Auseinandersetzung, zur Integration des Umfeldes. Wenn ein Kind mit den Zähnen Schwierigkeiten hat, hat es Schwierigkeiten mit dem Schritt, sich selbst zu finden und sich dann als das gefundene Selbst mit dem Umfeld auseinanderzusetzen, aus dem schützenden Bereich des Inneren, des Selbst, herauszutreten und in das Umfeld hineinzugehen, um sich dort auszudrücken. Manche Kinder lernen diesen Schritt nur schwer, weil sie vielleicht überbemuttert werden oder ihr Selbstvertrauen nicht aufgebaut wird oder weil sie immer von dem Umfeld ferngehalten und isoliert werden oder weil sie sich einem dominanten Einfluß und Autorität zu Hause unterordnen müssen. Ausdruckstarke und selbstbewußte Kinder haben in der Regel auch gesunde, kräftige Zähne, ohne daß Pflege oder Ernährung einen allzugroßen Einfluß dabei spielen.

Trotzdem sollte die Ernährung ausgeglichen sein, damit der Körper sich das nehmen kann, was er braucht, auch Süßigkeiten sind nicht unbedingt schädlich.

Bei der Zahnpflege ist es wichtig, darauf zu achten, daß das Zahnfleisch nicht beschädigt und gereizt wird. Eine Beschädigung des Zahnfleisches durch zu heftiges Bürsten kann mit der Zeit Entzündungen entstehen lassen. Ein Mund, der sanft gebürstet wird und vielleicht etwas unsaubere Zähne hat ist besser als ein Mund, der saubere Zähne hat und entzündetes Zahnfleisch. Sanfte Zahnreinigungsmittel sind wichtig, um den natürlichen Zahnschutz zu erhalten. Wichtiger sind geschützte Zähne als saubere Zähne.

Eine Zahncreme sollte möglichst aus natürlichen Stoffen wie Salz oder Kräutern zusammengesetzt sein und auf keinen Fall Schmirgelelemente beinhalten, die die Zahnoberfläche zerstören.

Vielen Dank für diese sehr ungewöhnlichen Betrachtungen, die ich aber intuitiv gut annehmen kann und die ich auch praktisch anwenden möchte.

Es war uns ein Vergnügen.

7. Kapitel

Behinderungen
bei Kindern und Jugendlichen

Sei gegrüßt, liebste Freundin.

Seid gegrüßt, lieber Harald.

In diesem Kapitel möchte ich Informationen sammeln zum Thema Behinderungen in der Kindheit und bei Jugendlichen.

Es gibt Kinder, die bereits behindert geboren werden und welche, die während ihrer Kindheit eine Behinderung erwerben, Behinderungen ganz unterschiedlichen Ausmaßes. Was ist das Wesen und der Sinn von Behinderungen?

Zunächst müssen wir uns über den Begriff der Behinderung unterhalten, um zu einem gegenseitigen Verständnis hierüber zu kommen. Was heißt Behinderung? Hindern woran? Hindern wovor? Hindern wozu? Normalerweise sprecht ihr von Behinderung dann, wenn jemand nicht das tun kann, was die meisten anderen Menschen, also die Norm der Menschen, tun können; wenn also der Ausdruck, den die meisten Menschen suchen, körperlich oder geistig, nicht verfolgt werden kann aufgrund von individuellen Eigenheiten des Behinderten. Es ist allerdings zu fragen, ob für die betroffene, also behinderte Person diese Eigenheiten tatsächlich eine Behinderung darstellen, und das ist nicht so einfach zu sagen. Es könnte zum Beispiel sein, daß die betroffene Person all diejenigen Energien, Impulse und Absichten durchaus zum Ausdruck bringen kann, die sie tief in ihrem Inneren, vielleicht als unbewußte Absicht, zum Ausdruck bringen möchte, und die anderen, die eben nicht zum Ausdruck gebracht werden können aufgrund körperlicher oder geistiger Eigenheiten, ihr ohnehin nicht ausdruckswert scheinen. Es könnte also sein, daß das, was in den Augen der anderen eine Behinderung darstellt, von einer höheren Ebene aus betrachtet, überhaupt keine Behinderung darstellt für die betroffene Person oder sogar, um es noch extremer auszudrücken, die Person dahingehend fördert, daß andere Eigenheiten um so konzentrierter zum Ausdruck gebracht werden können, andere Energien, andere Absichten, die tief im Unterbewußten verankert sind.

Der Begriff Behinderung ist relativ zu einem normalen Zustand zu verstehen, wobei normal nichts mit gut zu tun hat, sondern allenfalls den üblichen oder meist verbreitetsten Ausdruckszustand der Menschen beschreibt. Es gibt nun Behinderungen, die schon genetisch angelegt sind und mit denen ein Mensch geboren wird. Dann gibt es Behinderungen, die erst später im Verlauf eines menschlichen Lebens auftreten. Eine klare Unterscheidung ist nicht immer möglich, weil Behinderungen oft schon in den ersten Wochen und Monaten der Schwangerschaft entstehen, sodaß bei Geburt die Behinderung zwar da ist, aber durchaus nicht von Grund auf vorgesehen war. Auf der anderen Seite kann es sein, daß Behinderungen auftreten, die sich zwar nach der Geburt erst zeigen, aber schon lange vorher angelegt waren.

Entsprechend ist auch die Frage, ob es einen wesentlichen Unterschied gibt zwischen einer Behinderung, die mitgebracht worden ist in dieses Leben und einer Behinderung, die erst später aufgetreten ist, nicht leicht zu beantworten, weil es eben nicht immer einfach ist zu entscheiden, zu welcher Art von Behinderung eine bestimmte Eigenheit gehört. Grundsätzlich gilt, daß ein Mensch, wenn er geboren wird, ein Instrumentarium von geistigen und körperlichen Eigenheiten und Fähigkeiten mitbringt, mit denen er eine gewisse Absicht zum Ausdruck bringen will, mit denen er sich selbst zum Ausdruck bringen will, mit denen er diese Wirklichkeit so nutzen will, daß er seinen Erfahrungswert und seine Erlebnisqualität aus dieser Wirklichkeit herausziehen kann, also sinnvoll lebt. So betrachtet, gibt es im Grunde genommen keine Behinderung im absoluten Sinne, denn jeder Mensch wird exakt den körperlichen und geistigen Zustand haben, wenn er in dieses Leben eintritt, mit dem er seiner Absicht nachkommen kann. Ob diese Absicht und der entsprechende Ausdruck verständlich ist für die anderen Menschen, ist dabei nebensächlich; häufig verstehen die Betroffenen selbst nicht die Absicht hinter ihrem Erscheinungsbild.

Im absoluten Sinne gibt es also keine Behinderung. Entsprechend kann die Frage, wozu eine Behinderung möglicherweise existiert, nur so sinnvoll beantwortet werden, daß sie als Ausdrucksmittel für eine Persönlichkeit aufgefaßt wird, als positive und als negative Ausdrucksmittel. Positive Ausdrucksmittel sind Eigenheiten, die direkt einen entsprechenden Ausdruck fördern, negative Ausdrucksmittel sind Eigenheiten, die den Ausdruck bestimmter Eigenheiten verhindern und so die Konzentration notgedrungen in eine Richtung lenken, wo der Ausdruck möglich ist. Ein Mensch zum Beispiel, der geboren wird und nicht sehen kann, wird seine Aufmerksamkeit eher auf die Ohren oder auf das Fühlen oder auf das Schmecken richten, sodaß die Behinderung des Sehens zu einer Übersteigerung der Intensität in den anderen Wahrnehmungsfeldern führt.

Dies wäre eine negativ wirkende Behinderung, wenn man so will, wobei negativ nicht als schlecht mißverstanden werden darf. Eine positive Behinderung wäre beispielweise, daß jemand eine Veränderung in seiner Sehstruktur hat und gerade dadurch aber Dinge besonders gründlich oder auf eine Weise wahrnehmen kann, daß er direkt Nutzen daraus zieht. Grundsätzlich sollte eine Behinderung nicht auf jeden Fall als schlecht betrachtet oder mit Gewalt aufgelöst werden, sondern man sollte versuchen zu verstehen, was die betroffene Person mit dieser Behinderung, wenn sie nicht auflösbar scheint, anfangen kann, wozu diese Behinderung führen könnte und welche Stärken aufgrund der Behinderung ausgedrückt werden könnten.

Jede Behinderung hat einen Sinn und birgt gewisse Möglichkeiten in sich.

Sollte man versuchen, ein Kind in den Bereichen zu unterstützen, wo man vermutet, daß der Ausdruck durch die Behinderung gefördert werden kann, und kann sich, wenn man das Kind dann darin unterstützt, die Behinderung bereits schon dadurch reduzieren?

Durchaus. Wenn ein Kind zum Beispiel Sprachstörungen oder Ausdrucksstörungen in der Sprache entwickelt, dann könnte man daraus schließen, daß um dieses Kind herum ein Druck aufgebaut wurde, der so stark ist, daß das Kind Angst hat vor seinem eigenen Ausdruck, Angst hat, sich auszudrücken. Es wäre nun nicht sinnvoll, zusätzlich den äußeren Druck zu vergrößern, indem man das Kind zwingt, immer wieder zu reden, immer wieder zu sprechen, sondern es wäre sinnvoll, zunächst den Ausdruck zu verbessern, aber nicht nur über die Sprache, sondern überhaupt. Es wäre sinnvoll zu untersuchen, warum sich das Kind zurückzieht; vielleicht weil man das Kind zu einem Ausdruck bringen will, den es selbst nicht suchen würde; vielleicht braucht das Kind mehr Freiheit, um anderen Dingen nachzugehen; vielleicht haben sich die Wertungen verschoben, und das Kind hat ein anderes Wertesystem als die Eltern, andere Wichtigkeiten.

Wenn man den äußeren Druck reduzieren und insgesamt den Ausdruck des Kindes fördern kann, wird man feststellen, daß sich die Ausdrucksschwierigkeiten verbaler Natur oft von selbst korrigieren. Das gleiche gilt für Sehschwächen. Wenn solche Schwächen in den Wahrnehmungsorganen natürlich mitgebracht worden sind, werden sich diese Schwächen vielleicht kaum verbessern, aber auf der anderen Seite trotzdem die anderen Eigenschaften durch vermehrte Konzentration darauf steigern. Die Schwächen werden bleiben, aber die Stärken werden stärker werden.

Dabei muß ich an ein hörgeschädigtes Kind denken, ein taubes Mädchen aus Luxemburg, das akustisch nichts mehr wahrnehmen konnte. Die Hörschädigung wurde sehr früh im Babyalter erkannt, und das Kind wurde vom Umfeld anscheinend so optimal gefördert, daß letztendlich es im Alter von 14 Jahren in der Lage war, sich über die Sprache zu verständigen und sogar eine Fremdsprache zu erlernen. Das wäre ein Beispiel dafür, daß eine Behinderung, die zwar organisch bestehen bleibt, sich doch funktionell lindern kann, so wie Ihr dies angedeutet habt.

Könnt Ihr zu verschiedenen Formen von Behinderungen und deren Therapiemöglichkeiten etwas sagen, vielleicht zunächst zu Sprachbehinderungen, die nach wie vor am Zunehmen sind.

Die Sprache, das gesprochene Wort, ist eines der wichtigsten Ausdrucks- und Kommunikationsmittel zwischen den Menschen geworden. Früher war sie weniger wichtig, weil der Austausch über Gefühle, über Gedanken und telepathisch über Energiestrukturen erfolgte. Aber in dem Maße, wie die Sensibilität für diese Art des Austausches direkt von Bewußtsein zu Bewußtsein nachgelassen hat, war es wichtig, ein Symbol für diesen Austausch oder einen Träger für diesen Austausch zu finden. Ein Träger ist beispielsweise die gesprochene Sprache. Die Sprache ist also ein Ausdrucksmittel, durch das eine Person versucht, sich einer anderen Person oder mehreren

Personen verständlich zu machen und eigene Energien so auszudrücken, daß sie aufgenommen und verstanden werden können,
damit die anderen eine Möglichkeit haben, darauf zu reagieren.
Wenn die Sprache als Ausdrucksmittel nicht flüssig funktioniert,
wenn die Organe Schäden haben oder wenn einfach psychische
Blockaden bestehen, sodaß das gesprochene Wort nicht fließend oder
sinnvoll zum Ausdruck kommen kann, handelt es sich zunächst um
eine Kommunikationsstörung. Es ist dabei die Frage zu stellen, woher diese Kommunikationsstörung kommt und was Kommunikation
überhaupt bedeutet. Kommunikation ist in diesem Zusammenhang
der Austausch zwischen unterschiedlichen Persönlichkeitsstruk-
turen. Wenn es eine Störung gibt in diesem Austausch, dann bedeutet
das, daß die betroffene Person sich nicht wirklich austauschen will
oder kann, weil sie sich unter Druck gesetzt fühlt und glaubt, sie
müßte sich über Dinge austauschen, über die sie sich nicht austauschen will. Vielleicht hat sie Angst zu versagen und fühlt sich
trotzdem zu Dingen gedrängt, vielleicht hält sie das Umfeld für ver-
ständnislos und glaubt, daß der Austausch ohnehin nicht fruchtbar
ist. Möglicherweise glaubt sie, daß der Austausch ohnehin nicht
möglich ist, weil ihr die Fähigkeiten zum richtigen Ausdruck und
Austausch fehlen.

Wenn Angst und fehlende Motivation die Ursachen der Sprach-
bzw. Kommunikationsstörung sind, sollte man nicht an den Sprach-
organen alleine arbeiten und auch keinen zusätzlichen Druck ausüben, damit klar gesprochen wird, sondern es wäre besonders
wichtig, an Selbstvertrauen und Selbstausdruck zu arbeiten, damit
überhaupt eine Motivation zur Kommunikation entsteht. Dies gilt
nicht nur für Kinder, sondern auch für ältere Personen. Es ist der fließende Selbstausdruck, das Bedürfnis nach freier aufrichtiger Kommunikation, was letztendlich die Stimme prägt und entscheidet, wie
die Stimme über die gesprochene Sprache zum Ausdruck kommen
kann.

In der Sprachtherapie wird sehr häufig bei Kindern, die zum Beispiel kein "s" oder „sch" bilden können, sprachtherapeutisch eingegriffen. Sind auch diese kleinen Blockaden aus Eurer Sicht Kommunikationsstörungen?

Nein, solche Störungen sind keine Kommunikationsstörungen, sondern sprachliche Eigenheiten. Das Problem ist, daß in der heutigen Gesellschaft bei euch angestrebt wird, daß jeder Mensch ein eindeutiges Ausdrucksmuster hat, was dem der anderen Menschen gleichgestellt sein muß, daß man also in einer bestimmten Form gehen soll, sich in einer bestimmten Form kleiden soll, und daß man die Stimme und Sprache in einer bestimmten Form gebrauchen soll, unabhängig davon, ob dafür eine Veranlagung da ist oder nicht. Der individuelle Ausdruck ist nicht erwünscht, so daß also Abweichungen im Sprechen eines "s" oder "sch" oder "r" oder dergleichen als Fehler betrachtet werden, aber in Wirklichkeit keine Behinderung darstellen, sondern nur persönliche Eigenheiten sind.

Es ist zweifelhaft, inwieweit die Korrektur solcher Eigenheiten sinnvoll ist. Wenn ein natürlicher Wunsch danach besteht, ist es sicher sinnvoll und vergleichbar mit einem Training für die Muskeln oder andere Organe, aber das hat dann nichts mit einer Verbesserung des Kommunikationsbedürfnisses zu tun. Wenn dagegen eine Person keinen flüssigen Satz sprechen kann oder der Sinn den Wörtern nicht richtig zugeordnet wird, dann kann man von Kommunikationsstörung sprechen, weil die Kommunikation nicht mehr vermittelt wird.

Wenn ein Kind unter seiner schlechten Sprachbildung leidet und besser sprechen möchte, sollte man ihm dabei auf spielerische Weise helfen, ähnlich, wie wenn man einem Kind das Gehen beibringt. Manche Kinder lernen es von alleine, andere eben nicht und brauchen Hilfe. Diese Hilfen sind sinnvoll, aber sie haben nichts mit einer Behebung von Kommunikationsstörungen zu tun.

Häufig würden sich solche Störungen mit der Zeit ohnehin be-
heben, nur der Lernprozeß dauert eben etwas länger, und selbst
wenn sie tatsächlich bleiben, könnten sie auch eine individuelle Note
darstellen. Bei manchen Menschen stellt sich eine Störung der Aussprache auch ein, wenn sie sich in ihrem Ausdruck gehemmt fühlen, obwohl sie sonst normal sprechen und die Laute richtig bilden.
In solchen Fällen handelt es sich um eine Kommunikationsstörung
dahingehend, daß sich die Person unter Druck setzen läßt und dann
der normale Ausdruck nicht mehr fließt. Es ist also wichtig, zu unterscheiden, ob es tatsächlich um eine kommunikative Störung geht
oder ob nur die Lautbildung geübt werden muß, ob die Ursachen
in psychischen oder in physischen Hemmungen liegen.

Wenn zum Beispiel ein Ausländer mit einer fremden Sprache nach
Deutschland kommen würde und er könnte weder ein "r" noch ein
"s" richtig bilden, dann würde niemand auf die Idee kommen, daß
er einen Sprachfehler hätte, sondern allenfalls, daß er nicht gelernt
hat, die entsprechenden Laute zu formen. Und so gibt es eben auch
Kinder, die einfach nicht von sich aus gelernt haben, die entsprechenden Laute zu formen oder zu korrigieren. Es handelt sich hierbei
nicht um einen Sprachfehler und auch nicht um eine Kommunikationsstörung, sondern nur um eine sprachliche Eigenheit, die
man korrigieren kann, wenn man will.

Liegen allerdings bei Kindern oder auch bei Erwachsenen Sprachstörungen im Sinne einer Kommunikationsstörung vor, muß das gesamte Umfeld bei einer Therapie miteinbezogen werden, eine
Schulung der Lautbildung reicht dann überhaupt nicht aus.

*Was sind die Ursachen für das Stottern bei Kindern, welche Möglichkei-
ten zur Hilfe gibt es?*

Das Stottern bei Kindern ist auch eine Kommunikationsstörung, bei der man letztendlich am besten helfen kann, wenn das persönliche Umfeld, also in der Regel die Eltern, in die Therapie mit eingeschlossen werden.

Grundsätzlich sind die Ursachen sehr ähnlich, die zu einem Stottern führen können. Entweder hat die betroffene Person Angst, nicht sagen zu können, was sie sagen will, oder aber sie befürchtet, etwas sagen zu müssen, was sie überhaupt nicht sagen will. Die Gründe für diese beiden gehemmten Verhaltensweisen können allerdings vielfältig sein. Vielleicht lobt ein Vater seinen Sohn immerzu und erzählt überall, was er für einen tollen Sohn hat. Der Sohn hört dies, freut sich, aber baut gleichzeitig Ängste davor auf, seinen Vater enttäuschen zu können. In diesem Moment bilden seine Ängste eine Blockade, die zunehmend anwachsen kann bis zu einem Punkt, wo er keinen Mut mehr hat, sich auszudrücken, aus Angst zu scheitern und zu enttäuschen. Der Druck ist zwar in gewisser Weise ohne Absicht und arglos entstanden, da der Vater seinen Sohn ja liebt und stolz auf ihn ist, aber für den Sohn hat die Erwartungshaltung des Vaters letztendlich Unsicherheiten und Hemmungen ausgelöst. Vielleicht aber tadelt ein Vater auch ganz im Gegenteil dazu den Sohn ständig, weil er in seinen Augen nichts taugt, weil er nicht klar denkt oder weil er zu wenig tut, und der Sohn entwickelt entsprechend Hemmungen, sich auszudrücken, da er die Vorstellungen des Vaters übernimmt und ebenfalls an seinen Fähigkeiten zweifelt. Oder anstelle des Vaters kann es irgendeine dominante Person in der Familie geben, die an das Kind ständig die Erwartung hat, Dinge in einer gewissen Weise zu tun und das Kind kann sich dagegen nicht abgrenzen.

In beiden Fällen besteht also eine Angst, sich nicht entsprechend den äußeren Erwartungen oder auch den eigenen Bedürfnissen ausdrücken zu können; die eigenen Energien werden blockiert und können nicht mehr fließend zum Ausdruck gebracht werden.

In eurem Kulturkreis sind deshalb männliche Personen vom Stottern eher betroffen, weil hier immer noch der Mann die dominante Persönlichkeit in der Gesellschaft darstellt und vor allem auch Erwartungen in erster Linie an die Söhne herangetragen werden und sie als angehende Männer viel stärker unter diesen Druck geraten als Mädchen.

Wenn für die Therapie gegen die Sprachhemmung auch der äußere und innere Druck wirksam vermindert werden soll, müssen die Eltern sehr stark in die Therapie miteinbezogen werden.

Es reicht auch nicht aus, stotternde Kinder einfach aus dem sozialen Umfeld oder dem Elternhaus herauszunehmen, denn die alten Verhaltensmuster und Probleme werden weiter mitgetragen, da sie gewissermaßen hypnotisch verankert sind. Es ist notwendig, zusätzlich zu versuchen, ein Gefühl der Lässigkeit aufzubauen, ein Gefühl von Gleichgültigkeit sich selbst gegenüber, und besonders auch den anderen gegenüber. Es muß gleichgültig werden, was andere Menschen erwarten, und es muß wichtig sein, was man selbst tun möchte, damit es wieder möglich ist, einen Bezug zu sich selbst aufzubauen und ein wirkliches Selbstbewußtsein zu entfalten. Mit dieser gleichgültigen Einstellung können die eigenen Energien auch in der Sprache wieder fließen, so wie auch der ganze Ausdruck wieder fließend wird.

Im Alltag würde das heißen, daß man in der Schule und auch zu Hause versuchen sollte, Situationen zu schaffen, in denen das stotternde Kind bestätigt wird, wo es sich angenommen fühlt und seine Fähigkeiten zum Tragen kommen, damit das Kind Erfolgserlebnisse hat.

Ja, aber man muß dabei beachten, daß Erfolgserlebnisse nicht wieder einen zusätzlichen Druck erzeugen, indem das Kind glaubt, es müsse nun immer erfolgreich sein, da es so gut angekommen ist. Es ist im Grunde genommen sinnvoller, den Erfolg nicht zu sehr zu loben, sondern eine gewisse Gleichgültigkeit zu zeigen und das Kind immer zu akzeptieren, unabhängig davon, was es tut und wie es Dinge tut.

Man sollte dem Kind das Gefühl geben, daß alles, was es tut, auch akzeptiert wird, solange es nicht den Freiraum der anderen einschränkt. Dann sollte man sich mit Bewertungen zurückhalten oder diese zumindest relativieren, indem man dem Kind vermittelt, daß zum Beispiel sein gemaltes Bild dann schön ist, wenn es selbst das Bild schön findet, und daß es nicht so wichtig ist, ob es einer anderen Person gefällt. Man sollte versuchen, das Verhalten eines Kindes so wenig wie möglich zu bewerten und dem Kind das Gefühl geben, daß es selbst entscheiden darf, was es gut findet und was nicht, solange es dabei den Freiraum einer anderen Person nicht eingrenzt. Wenn Kinder durch Reaktionen oder auch sprachlich von anderen bewertet werden, wird bei sensiblen Kindern auch dann ein Druck erzeugt, wenn es gute Bewertungen sind, der Druck nämlich, nun immer gut bewertet werden zu wollen.

Es gibt Tendenzen, stotternde Jugendliche und Erwachsene mit Hilfe von Hypnose zu therapieren. Was haltet Ihr davon?

Der Wert der Hypnose als Methode ist abhängig von dem Einfühlungsvermögen des Therapeuten. Hypnose kann ein Weg sein, um mit unbewußten Schichten einer Persönlichkeit ins Gespräch zu kommen, und es kommt dann darauf an, welche Art von Gespräch man sucht. Man kann zum Beispiel versuchen, in Hypnose einen Zustand von Ruhe und Gleichgültigkeit zu erzeugen und damit zu arbeiten, aber man könnte genauso auch einen zusätzlichen Druck erzeugen durch Suggestionen, die momentan nicht ausführbar sind. Gibt man einem Stotterer suggestiv den Befehl, fließend zu sprechen, kann dieser zunächst nicht ausführbare Befehl andere Zwänge auslösen. Vielleicht bessert sich sogar das Sprachbild, aber es bilden sich vielleicht andere Symptome für Zwänge wie zum Beispiel feuchte Hände. Hypnose ist ein Weg, um mit dem Unterbewußten ins Gespräch zu kommen, dieses Gespräch muß sehr feinfühlig genutzt werden, damit nur die Energien aktiviert werden, die die Zwänge auflösen und einen natürlichen Ausdruck unterstützen.

Man könnte Hypnose und Entspannungstechniken zum Beispiel sinnvoll nutzen, indem über einfache suggestive innere Bilder Phantasien angeregt werden, in denen sich die Kinder geliebt fühlen, in denen sie das Gefühl haben, alles ist in Ordnung. Das kann auch beim Einschlafen geschehen, über Märchen, die man erzählt oder auch über Filme, die die Kinder vor dem Einschlafen sehen. Je mehr ein Kind das Gefühl hat, alles ist in Ordnung und es ist geliebt und beliebt, desto mehr kann es sich natürlich entfalten.

Ist es grundsätzlich sinnvoll, Kindern und Jugendlichen Hilfen und Informationen zu geben, die es ihnen ermöglichen, Kontakt mit ihren unterbewußten Schichten, mit ihren inneren Quellen von Information und Energie aufzunehmen und wie könnten diese Informationen und Hilfen aussehen?

Die inneren geistigen Ebenen im Menschen können sich auf verschiedene Weise äußern. Zum einen kann ihre Energie und Information im Sinne von Spontaneität, Impulsivität und Intuition in Fluß kommen, und man könnte Kindern und Jugendlichen beibringen, möglichst auf ihre inneren Impulse zu achten und diese spontan zum Ausdruck zu bringen, sich selbst zu suchen, sich selbst zu fragen, sich selbst zu spüren und sich spontan zum Ausdruck zu bringen. Sie könnten lernen, das eigene Energiefeld, die eigenen Bedürfnisse und Fähigkeiten zu spüren und direkt zum Ausdruck zu bringen, ohne darauf zu achten, was die anderen davon halten, sofern dies im sozialen Zusammenhang natürlich möglich ist. Zum anderen könnte man versuchen, das innere Selbst zu symbolisieren durch einen inneren Helfer, durch Schutzengel, durch einen Gott oder den Geist eines Verstorbenen, der nachts da ist und schützend die Hand über sie hält. Zu diesen Symbolen kann dann eine Kommunikation hergestellt werden, im Traum, in der Entspannung oder auch im ganz normalen Tagesbewußtsein, indem die Kinder oder Jugendlichen dort Fragen stellen, Bitten äußern, Energie und Information bekommen können oder sich auch einfach aufgenommen fühlen.

Kinder haben offensichtlich nicht nur Ausdrucksprobleme im Sinne von Sprachbehinderungen, sondern auch Wahrnehmungsbehinderungen wie eingeschränktes Sehen oder Hören. Was können dafür die Ursachen sein?

Wann immer Wahrnehmungsprobleme vorhanden sind, sind auch Kommunikationsprobleme da. Wenn ein Kind Schwierigkeiten mit den Wahrnehmungen hat, sollte man sich also fragen, warum es nicht wahrnehmen will, ob es Angst hat, ob es einen Druck empfindet und befürchtet, auf das Wahrgenommene in einer gewissen Form reagieren zu müssen. Ein Abgrenzen über die Sinnesorgane ist gleichzusetzen mit einem sich Zurückziehen in sich selbst. Dies gilt nicht nur für Kinder, sondern überhaupt. Wenn die Wahrnehmungsfähigkeit begrenzt ist, verändert sich auch die Art der Kommunikation. Sie wird mehr und mehr einseitig und hört irgendwann vielleicht völlig auf zu existieren.

Wahrnehmungsschwierigkeiten sind also Schwierigkeiten in der Kommunikation, aber auch im Ausdruck. Wahrnehmung und Ausdruck gehören untrennbar zusammen. Sind permanente körperliche Probleme vorhanden, dann symbolisieren diese eine Verweigerung im Ausdruck, bestimmte Ausdrucksmuster werden nicht gesucht, aber dafür andere Ausdrucksmuster um so mehr über andere Körperbereiche. Blinde Kinder lernen die Welt zum Beispiel mehr zu erfühlen und setzen andere Wertmaßstäbe und Intensitäten. Äußerlichkeiten sind zum Beispiel nicht so wichtig.

Generell gilt, daß ein Mensch auch eine Behinderung mitbringen kann, weil diese Behinderung ihm behilflich ist, andere Sinneswahrnehmungen in einer stärkeren Qualität zu erfahren, sich anders auszudrücken und vielleicht auch einen anderen Lebenssinn zu suchen. Die Verweigerung in der Wahrnehmung ist nicht nur in der Angst vor Ausdruck begründet.

Wie sind sogenannte Lernbehinderungen zu verstehen in diesem Zusammenhang?

Kinder haben eine natürliche Gier, neue Impulse aufzunehmen und sind deshalb auch uneingeschränkt lernwillig und lerngierig. Was aber in eurem Schulsystem gelehrt wird, sind meist nur theoretische Inhalte, die unabhängig davon vermittelt werden, ob das Kind ein Interesse dafür hat oder nicht. Und genau da liegt das Problem. Ein Kind kann unbegrenzt lernen, wenn es um Inhalte geht, mit denen es sich identifizieren kann, die es haben will, die es integrieren will.

Aber die Lernfähigkeit ist dann gebremst, wenn ein Kind eine innere Abneigung oder Desinteresse empfindet, aus welchen Gründen auch immer. Eine Lernschwierigkeit hat häufig mit Lustlosigkeit zu tun. Es ist also zu klären, woher dieses Desinteresse kommen kann. Vielleicht will sich ein Kind nicht konfrontieren mit dem Umfeld, vielleicht lehnt es uninteressante, für sich unpassende Inhalte innerlich ab, vielleicht werden die Inhalte auf eine Weise vermittelt, die das Kind nicht attraktiv findet auf Grund seiner Persönlichkeit.

Natürlich können Lernschwierigkeiten auch körperlich begründet sein, indem das Gehirn zum Beispiel nicht so funktioniert, daß Lerninhalte ganzheitlich verinnerlicht werden können so wie es bei anderen Kindern der Fall ist, oder daß Inhalte zwar auf die gleiche Weise verinnerlicht werden, aber nicht mehr zum Ausdruck gebracht werden können, was äußerlich betrachtet nicht immer klar unterscheidbar ist.

In solchen körperlich begründeten Fällen von Lernbehinderungen kann es für ein Kind sinnvoller sein, daß andere Wege des Ausdrucks gesucht werden und daß dem Kind normale Lernwege dann nicht aufgezwungen werden, die es nicht gehen kann.

Wenn ein Kind die Möglichkeit hat, mit Spaß und Freude Lerninhalte zu verinnerlichen, die interessant sind, dann wird es dies tun, soweit dies nur irgendwie geht. Und in der Mehrzahl aller Fälle wird es so auch gehen. Wenn das Gehirn Störungen hat, dann ist es sinnvoll, durch Training das Gehirn zu aktivieren, aber nur in spielerischer und interessanter Form, damit die Motivation groß ist und sich ein natürliches Interesse entwickelt.

Um für diese Prozesse ein günstiges Umfeld zu schaffen, ist es dann sinnvoll, ein Kind in Kontakt zu bringen mit Kindern, die keine Lernprobleme haben, und es nicht abzusondern zusammen mit Kindern, die alle auch Probleme haben. Ein Kind lernt durch Identifizierung, und wenn nun alle Kinder im Umfeld des Kindes Lernprobleme haben, wird es sich mit diesen genauso identifizieren und eine Veränderung wird dadurch um so schwieriger sein.

Es gibt verschiedene Sonderschulen, Schulen für Sprachbehinderte, Lernbehinderte, Sehbehinderte, usw., weil man glaubt, daß diese Kinder mit ihren großen Problemen in den unterschiedlichsten Bereichen in normalen Schulen nicht ausreichend gefördert werden können. Nach dem, was Ihr sagt, sollte dann aber ein Großteil dieser Kinder sehr wohl in normalen Schulen gefördert werden, indem man die normalen Schulen anders organisiert und strukturiert, weil die Möglichkeiten von Sonderschulen begrenzt sind.

Absolut. Aber grundsätzlich gilt es zu unterscheiden zwischen Schülern mit Schwierigkeiten körperlicher Natur und solchen mit Schwierigkeiten, die auf Grund von Kommunikationsproblemen kommen. Bei Schwierigkeiten körperlicher Natur mag es sinnvoll sein, Schülern oder Personen mit der gleichen Problematik mit dem gleichen Training zu helfen, weil sie sich gegenseitig begeistern können, ähnlich wie bei einer Sportgruppe, die eine neue Übung lernt. Sind die Schwierigkeiten aber kommunikativer Art, dann ist es sinnvoller, diese Kinder mit anderen Kindern ohne diese Problematik in Kontakt zu bringen, die ganz frei kommunizieren und sich ausdrükken, damit sie in ihnen ein Vorbild haben.

Natürlich kann es dann die Schwierigkeit geben, daß solche Kinder den bisher üblichen Lernbetrieb aufhalten, aber das müßte durch eine entsprechende Organisation gelöst werden und durch zusätzliche Hilfestellung.

Noch schwieriger kann es werden bei Kindern, die nicht nur lernbehindert, sondern auch verhaltensgestört sind. Auch sie sollten möglichst in einen normalen Rahmen integriert werden, aber es kommt natürlich darauf an, wie stark die Verhaltensstörung ist und wo eine Toleranzgrenze gezogen werden muß. Es ist sicher nicht sinnvoll, in eine Klasse verhaltensgestörte Kinder zu integrieren, wenn sie das Gesamtniveau, die Gesamtatmosphäre verändern. Für noch tolerierbare Kinder wäre es aber eine große Hilfe, um leichter zu ihrem normalen Ausdruck zurückfinden zu können. Auch problematische Kinder aus Sonderklassen sollen möglichst schnell in ein normales System wieder integriert werden.

Kinder, die eine Verhaltensstörung im Sinne einer Kommunikationsschwäche haben, brauchen einen Therapeuten, der ihnen ihre Kommunikationsschwäche überwinden hilft. Es ist dabei zu unterscheiden zwischen Schulklassen, in denen Lerninhalte vermittelt werden, und Therapieklassen, in denen die Therapien im Vordergrund stehen. Oft wird versucht, beide Aspekte zu verbinden, indem auf der einen Seite Therapie mit den Kindern gemacht wird und gleichzeitig Lerninhalte vermittelt werden. Eine solche Verbindung ist nicht notwendig, sondern beide Ziele könnten sinnvoll einzeln erreicht werden. Es würde sich sogar zeigen, daß damit viel schneller Erfolge erzielbar sind, und vor allem dann, wenn der Therapeut ein Kind auch privat und über einen längeren Zeitraum betreuen könnte.

Vielen Dank, das war sehr aufschlußreich und hat mir viele neue Ideen gegeben, die ich sicher in meinem Umgang mit Kindern nutzen werde. Und ich hoffe sehr, ich kann damit auch in unserem gegenwärtigen System etwas bewegen.

Durchaus.

Anhang I

Erfahrungsberichte
zu den Hinweisen von Harald II

Anmerkung zu Seite 62, 194, 196

Erfahrungsbericht zu Pias Haut

Wir versuchten, die Informationen und Hinweise von Harald II schrittweise in unseren Alltag umzusetzen. Vor allem mein Mann war sehr bemüht, gefühlsmäßig in ein Gleichgewicht zu kommen und somit für unsere Tochter eine günstige Atmosphäre zu schaffen.

Die Tatsache, daß sie wieder alles essen und trinken durfte, vor allem auch wieder Süßes, versetzte sie in Hochstimmung. Sie erhielt einen eigenen Süßigkeitsteller, der zunächst auch drei bis vier Tage lang bis zum Abend vollkommen leer gegessen war. Aber danach flaute das Interesse daran auf ein ganz normales Maß ab. Der Reiz war offensichtlich befriedigt.

Als besonders wohltuend erwiesen sich die Waschungen mit Salzwasser, wo ich zunächst die Sorge hatte, daß sie vielleicht brennen könnten. Aber dies war nicht der Fall. Die Haut heilte wunderbar ab und nach zwei Wochen konnte unsere Tochter nachts ohne schützende Baumwollfäustlinge schlafen, brauchte weder Verband noch Pflaster und hatte wieder eine gesunde Haut, obwohl sie noch rauh war und Spuren des Kratzens als kleine Narben zu sehen waren. Nach neun Monaten tauchte dann wieder ein Juckreiz auf, aber nur in relativ milder Form, als unsere Tochter etwa drei Monate im Kindergarten war. Aber auch diese Reizungen verschwanden bald wieder.

Anmerkung zu Seite 196

Erfahrungsbericht zu Pilzinfektionen

Zwar selten, aber manchmal tauchten bei unserer jüngeren Tochter Rötungen, Entzündungen oder Pilzinfektionen am Popo oder im Genitalbereich auf. Entsprechend den Empfehlungen von Harald II wusch ich sie bei jedem Windelwechsel mit lauwarmem Salzwasser ab, ließ sie eine Weile nackt herumspringen oder fönte ihre Haut trocken. Im Windelbereich schützte ich dann die Haut mit einer normalen Salbe und meistens nach einem Tag war die Haut wieder in Ordnung ohne weitere Maßnahmen.

Anmerkung zu Seite 67, 220

Erfahrungsbericht zur Impfung

Unsere Tochter hatte auf die Impfungen mit heftigen Nebenwirkungen reagiert. Nach unserem Gespräch mit Harald II versuchten wir dann zu erklären, warum wir sie hatten impfen lassen und wie gut es für sie sei. Überraschenderweise ging es ihr nach diesem Gespräch relativ schnell besser, obwohl wir nichts weiter dazutaten.

Anmerkung zu Seite 76, 250

Kreativer Umgang mit Märchen

Aufbauend auf den Aussagen von Harald II, daß Märchen aufbauend, tröstend und aktivierend sein sollten mit einer Vorbildfunktion, ohne grausame oder erschreckende Inhalte, versuchte ich mit meiner Tochter zu bekannten Märchen wie Hänsel und Gretel, Der Wolf und die sieben Geißlein und Aschenputtel eine zweite Version zu finden, die die grausamen Aspekte mil-

derte oder abänderte. Das machte ihr soviel Spaß, daß wir stellenweise gleich mehrere Versionen zu den einzelnen Märchen erfanden, die sie mehr anzusprechen schienen als die Originalversionen, und die gleichzeitig ihre Phantasie sehr anregten.

Anmerkung zu Seite 226

Erfahrungen mit Ernährungshinweisen

In verschiedenen Gesprächen deutete Harald II an, daß nicht frisch gepreßte Säfte schwer verdaulich sind und bei Hautproblemen besser gemieden werden sollten. Aber in dem Kindergarten, den unsere Tochter besucht, gibt es täglich Apfelsaft und andere Säfte für die Kinder, wenn sie Durst haben. Unsere Tochter mochte nun ganz besonders den Apfelsaft, und ich hielt es für das kleinere Übel, sie den Saft mit den anderen Kindern trinken zu lassen, anstatt es ihr zu verbieten, obwohl er ihr vielleicht nicht gut tun würde, weil sie so keine Sonderstellung gegenüber den anderen Kindergartenkindern bekommen würde. Allerdings erklärte ich ihr, warum es günstiger ist, Säfte mit Wasser verdünnt zu trinken, was ihr ohnehin besser schmeckte, in der Hoffnung, daß sie, wenn der erste Reiz befriedigt war, aufgrund meiner Erklärung dann freiwillig etwas anderes trinken würde.

Diese Hoffnung hatte sich dann schon relativ schnell erfüllt, und ich probierte das gleiche Prinzip erfolgreich bei Alkohol aus.

Anhang II

Begriffserläuterungen von Harald II

Als Ergänzung und zum besseren Verständnis einiger Textstellen bei den Aussagen von Harald II ist dieser Anhang von Begriffserläuterungen gedacht.

Die Erläuterungen sind ausschließlich von Harald II und beziehen sich nicht nur auf bestimmte Textstellen in diesem Buch, sondern sind allgemeingültig für seinen Umgang mit Sprache.

Individueller Ausdruck des Menschen

Jeder Mensch wird geboren mit einer Summe von Grundenergien, mit treibenden Kräften, die ihn dazu bringen, nicht nur in diesem Leben als physisches Lebewesen zu überleben, sondern auch in einer ganz gewissen Form zu überleben. Es geht darum, nicht nur zu essen, zu trinken, zu schlafen und den Körper zu erhalten, sondern darüber hinaus dem Leben einen Sinn zu geben. Dieser persönliche Lebenssinn in jedem Menschen ist geprägt, profiliert und definiert durch die Energien, die er mitgebracht hat. Diese Energien treiben ihn dazu, zum Beispiel nicht nur irgendwo und irgendwann Nahrung zu sich zu nehmen und den Körper am Leben zu erhalten, sondern beispielsweise abends bei schöner Stimmung am Meer und bei Sonnenuntergang einen delikaten Fisch zu essen. Möglicherweise würde ein mit Butter bestrichenes Schwarzbrot ausreichen, um den gleichen Nahrungseffekt zu erzielen, aber trotzdem würde etwas fehlen, und das, was fehlt, ist der Ausdruck einer romantischen Energie, einer Stimmung, einer Intensität, die den Kontakt und die Einheit sucht mit dieser physischen Wirklichkeit, die weit über das eigentliche Überleben hinausgeht. Selbstausdruck heißt nicht nur, die eigentlichen Überlebenstriebe zu befriedigen, sondern auch die Persönlichkeitsaspekte, die einen ganz individuellen Austausch suchen mit der Wirklichkeit. Nicht jeder ist dazu geboren, als Einzelgänger zum Beispiel in Freiheit durch das Leben zu ziehen, ohne festen Wohnort, ohne feste Partnerschaft, ohne feste Freunde, ohne festes Einkommen, um vollkommen im Moment sorglos zu leben, aber einige schon. Dies gehört zu ihrem Ausdruck. Andere wiederum brauchen einen sicheren Rahmen, das Abschätzbare, die Geborgenheit, um sich ruhig und sicher zu fühlen. Auch dies ist deren persönlicher Ausdruck. Wiederum andere spielen kreativ mit Farben, mit Formen oder mit Musik, andere spielen mit Technik, Elektronik oder mit Schrift. All dies ist deren persönlicher Ausdruck. Es ist nicht sinnvoll, alle Menschen gleich und funktionell zu machen, damit die Gesellschaft funktioniert, sondern jeder Mensch soll sich ausdrücken, und er muß herausfinden, was er über das eigene Überleben hinaus aus dieser Wirklichkeit für sich mitnehmen will, um erfüllt und sinnvoll zu leben. Sinnvoll zu leben heißt, sich selbst entsprechend zu leben, und der einzige Maßstab für den sinnvollen Ausdruck im Leben ist die innere Zufriedenheit.

Menschliches Bewußtsein als multidimensionales Sein

Bewußtsein, wie das Wort sagt, ist ein Wissen um das Sein. Bewußtsein ist im Grunde genommen eine Wahrnehmungsstruktur, die sich verbindet mit einer bestimmten Erscheinungsform der Wirklichkeit und sie dadurch versteht. Bewußtsein und Energie sind unlösbar verbunden. Eure Wirklichkeit ist polar aufgebaut, setzt sich aus Unterschiedlichkeiten zusammen und basiert auf der Illusion der Getrenntheit. Indem es Getrenntheit gibt, also verschiedene Pole wie Plus und Minus, Oben und Unten, Tag und Nacht und dergleichen, kann in der Wahrnehmung des anderen Poles der eine Pol sich selbst erkennen und verstehen, sich seiner selbst bewußt werden. Energie entsteht durch das Spannungsfeld zwischen den Polen und fließt ständig zwischen ihnen als das vereinende Prinzip. Energie ohne Polarität oder Bewußtsein ohne Polarität können nicht existieren in der Form, wie ihr sie kennt. Bewußtsein und Energie sind deshalb Produkte der Polarität. Bewußtsein ist überall, wo Polarität vorhanden ist. Alles was existiert innerhalb der Polarität ist bewußt und Ausdruck von Energie. Bewußtsein und Energie durchdringen diese Wirklichkeit; individuelles Bewußtsein entsteht, indem sich das Bewußtsein nur mit einer begrenzten Menge polarer Energien in Bezug setzt und damit eine relative Begrenztheit zuläßt, die aber in polarem Sinne eine gesteigerte Intensität vermitteln kann. Bewußtsein ist Wahrnehmung.

Das Unterbewußtsein ist im Gegensatz zum Wachbewußtsein der Teil des Bewußtseins, der sich nicht konzentriert auf einige wenige Aspekte der Polarität, sondern der auch mit den restlichen Bewußtseinspartikeln oder Energiepartikeln der Wirklichkeit verbunden ist, und sich damit austauscht, ohne daß das Wachbewußtsein direkt daran beteiligt ist.

Das Wachbewußtsein ist der Teil des Bewußtseins, der sich in seiner Wahrnehmung oder in seinem Wissen um das Sein begrenzt auf einige Aspekte des gesamten Bewußtseins und der gesamten Wirklichkeit. Durch diese freiwillige Begrenzung entsteht aus der ganzheitlichen Bewußtheit ein individuelles Bewußtsein, das sich seiner selbst intensiv bewußt ist und auch einen eindeutigen, sehr individuellen Bezug zu den Wirklichkeitsaspekten hat, mit denen es verbunden ist.

Dieses individuelle Bewußtsein entsteht allmählich nach der Zeugung, indem es die Verbindung zum Restbewußtsein langsam aufgibt, bis eine Wahrnehmungsschwelle entsteht, die den direkten Zugang zwischen individuellem und ganzheitlichem Bewußtsein schwierig macht. Wenn diese Wahrnehmungsschwelle aufgebaut ist, kann man vom Wachbewußtsein als dem individuellen Bewußtsein und vom Unterbewußtsein als dem größeren Bewußtsein sprechen.

Das kollektive Unterbewußtsein ist lediglich eine andere Betrachtungsweise des Unterbewußtseins. Das individuelle Bewußtsein hat sich aus dem großen Bewußtsein abgesondert und hat nur noch einen sehr begrenzten direkten Zugang dazu, wohl aber einen indirekten, indem es dessen Impulsen folgt. Der Bereich des großen Bewußtseins, zu dem das Wachbewußtsein noch Kontakt hält, kann als das eigentliche Unterbewußtsein bezeichnet werden. Der noch größere Teil, zu dem das wachbewußte Ich kaum noch Kontakt hat, könnte als das alles durchdringende kollektive Unterbewußtsein bezeichnet werden, zu dem aber das persönliche Unterbewußtsein ebenfalls gehört.

Das kollektive Bewußtsein könnte nun unterschieden werden, in das Bewußtseinsmeer der Pflanzen, der Tiere, der Menschen, der Planeten und so fort. Es ist im Grunde genommen ein großes Meer von Bewußtseinspartikeln, die zwar eine Identität haben, aber sich nicht in individueller, polarer Form erleben. Das Wachbewußtsein beschreibt den Teil eines Menschen, der denkt und fühlt und der weiß, daß er denkt und fühlt. Es ist der Teil des Menschen, der über die Wirklichkeit reflektiert, der sich begrenzen und der sich konzentrieren kann in seiner Wahrnehmung, der beliebig entscheiden kann, welche Aspekte der Wirklichkeit er in seiner Wahrnehmung oder Betrachtungsweise verknüpfen will. Das Wachbewußtsein ist der Teil, der euch hilft, in dieser Wirklichkeit überhaupt eine Erfahrung zu machen. Im Verhältnis dazu ist das Unterbewußtsein der Teil des Menschen, der sich prägen läßt von der Zeugung an bis jetzt und gewissermaßen die Persönlichkeit des Menschen bestimmt.

Dieses Unterbewußte existiert für jeden Menschen in einer individuellen Weise, indem dort Aufgabe und Zielrichtung enthalten sind als Triebkräfte für diese Wirklichkeit, die vom Wachbewußtsein nicht zu trennen sind und das ermöglichen, was man individuelle Erfahrungen nennen kann. Dieses Unterbewußte ist geprägt von allem, worauf sich der Mensch jemals konzentriert hat von der Zeugung an bis zur Gegenwart. Dort fließen zusammen Energien und Informationen aus diesem Leben, aus anderen Leben, aus der Vergangenheit, der Zukunft, parallelen Leben, der Traumdimension, astralen Bereichen und anderen Wirklichkeitsbereichen. Für das Wachbewußtsein ist das Unterbewußte wie ein Sieb mit verschiedenen Löchern, durch die dann jeweils all die Energien und Informationen kommen können, auf die sich das Wachbewußtsein momentan konzentriert.

Aus dem unendlichen Meer des Seins hat sich ein Bereich dazu entschieden, in Form von bewußter Energie in einer polaren Wirklichkeit Ausdruck zu finden und ein Selbstbewußtsein in Form eines individuellen Bewußtseins zu erreichen. Wenn sich dieser Bereich von bewußter Energie mit dieser Materie über die Zeugung des Embryo zu identifizieren beginnt, ist zunächst noch kein individuelles Bewußtsein in Form eures Wachbewußtseins vorhanden, sondern die bewußte Energie ist eins mit allen polaren Phänomenen, die existieren.

In dieser Einheit, auch die Einheit von Embryo, Mutter und Umfeld, beginnt sich jetzt ein Bereich von bewußten Energiepartikeln abzusondern, die sich in einer mehr konzentrierten, aber auch begrenzten Form als Wachbewußtsein auf diese polare Wirklichkeit beziehen wollen. Es bildet sich ein Ich-Bewußtsein, bzw. ein individuelles Bewußtsein in Form von Selbstbewußtsein, was sich vom Rest der bewußten, alles durchdringenden Energie mehr und mehr absondert und nur noch zu Teilaspekten dieses alles durchdringenden Bewußtseins den Kontakt aufrecht erhält.

Die Summe dieser Teilaspekte könnte man das persönliche Unterbewußtsein nennen, zu denen das Ich noch Kontakt halten kann und zu deren Energie und Information es Zugang finden kann. Ein direkter Kontakt zu dem großen Bewußtsein ist schwierig und nur dann für das Wachbewußtsein möglich, wenn es seine Individualität und damit die Abgrenzung zu dem persönlichen Unbewußten vorübergehend aufgibt und statt des Zustandes der polaren Begrenzung Zustände von Einssein anstrebt.

Das persönliche Unterbewußtsein hat Zugang zum Wachbewußtsein und zum großen Meer des Bewußtseins und nimmt damit gewissermaßen eine Mittelstellung ein, von der aus es als Vermittler für Energie und Information aus beiden Bereichen dienen kann. Der bewußte Zugang zu diesem persönlichen Unterbewußtsein kann deshalb wichtige Informationen und Energien für das Wachbewußtsein ermöglichen, die die wachbewußte Lebenserfahrung steigern können.

Mit bewußtseinserweiternden Übungen ist es möglich, in unterbewußte Bewußtseinsschichten einzutauchen und von dort Informationen und Energien zu holen, die das wachbewußte Leben erleichtern.

Auch mit Kindern sind solche Übungen zur Bewußtseinserweiterung möglich, wenn man dazu die kindliche Vorstellungskraft benutzt. Man kann Kindern zum Beispiel erzählen, daß in der Nacht, wenn sie schlafen, Engel zu ihnen sprechen werden, kleine Engel, die in jedem Herzen sitzen, winzig kleine Engel, die in der Nacht aus dem Herzen herausgehen, um auch zu anderen Menschen zu gehen oder an Orte, um dort Informationen zu sammeln oder dorthin auch Botschaften bringen oder Hilfe geben und für andere Menschen liebevoll Dinge tun, liebe kleine Engel im Herzen, mit denen man sprechen kann und wo man seine Sorgen abladen kann.

Jugendlichen kann man eher von einem zweiten Körper erzählen, der im Herzen und überall im Menschen sitzt, ein feiner Lichtkörper, mit dem sie nachts auf Reisen gehen können, zu anderen Menschen, zu anderen Orten, in andere Zeiten, mit dem sie Kontakt aufnehmen können mit anderen zweiten Körpern aus dieser Wirklichkeit oder aus anderen Wirklichkeiten, auch mit Tieren und Pflanzen, um sich auszutauschen, zu lernen oder auch einfach Dinge zu tun.

Dieser andere Körper hat keine bestimmte Gestalt oder Form, sondern man kann ihm eine Gestalt geben, jede beliebige, da er gewissermaßen eine Art Wolke aus feiner Energie oder Dampf ist, die sich verdichten kann, zu welcher Form auch immer.

Ein erweiterter Teil des Wachbewußtseins ist das traumhafte Bewußtsein, das sich vom restlichen Wachbewußtsein löst, mit dem Unterbewußten Kontakt aufnimmt und dann zusammen mit den

Aspekten des Unterbewußten in verschiedene Bereiche der Wirklichkeit eintauchen kann, um dort Erfahrungen zu sammeln, und als das eigentliche Traumbewußtsein in die Traumebene geht. Die Traumwirklichkeit ist eine Wirklichkeit innerhalb des großen Bewußtseins, wo bestimmte Gesetzmäßigkeiten anders existieren als in der wachen Wirklichkeit, so wie sie das Wachbewußtsein erlebt, aber die trotzdem eine reale Wirklichkeit darstellt. Das Traum-Ich oder das Traumbewußtsein ist eine Art Wachbewußtsein, das anderen Gesetzmäßigkeiten folgt als euer Wachbewußtsein, das Raum und Zeit anders erlebt, was aber in gewisser Weise ein Aspekt eures Wachbewußtseins ist. In der Traumwelt könnt ihr als Traum-Ich in die Vergangenheit und Zukunft gehen, Fragen ganzheitlich beantworten, Probleme lösen, Krankheiten heilen und vieles mehr, was bei der Begrenzung dieser Wirklichkeit schwieriger ist.

In den Bereich des dem Wachbewußtsein nicht direkt zugänglichen Unterbewußtseins gehört auch das Körperbewußtsein, welches sich mit dem identifiziert hat, was ihr unter dem körperlichem Ausdruck oder eurem physischen Körper versteht. Jede Zelle, jedes Atom in eurem Körper hat Bewußtsein. Der Körper ist gewissermaßen eine Zusammenballung von einzelnen Bewußtseinsteilchen, die hauptsächlich aus den Bereichen kontrolliert werden, die wir vorher das persönliche Unterbewußtsein genannt haben. Das Körperbewußtsein ist ein in sich selbständiger Bewußtseinsbereich, der aber durchdrungen wird vom persönlichen Unterbewußtsein und auch kontrolliert wird vom persönlichen Unterbewußtsein. Es ist möglich, daß das Wachbewußtsein Kontakt aufnimmt mit dem persönlichen Unterbewußtsein, aber auch mit dem Körperbewußtsein und bei beiden Veränderungen erzeugt, oder auch von beiden Impulse bekommt.

Das Wachbewußtsein kann mit einzelnen Zellen, mit Zellorganisationen oder mit Organen, mit Drüsen und mit anderen Körperteilen oder auch mit dem Körper als Ganzheit Kontakt aufnehmen und sich verständigen, und zwar um so leichter, je mehr sich das Wachbewußtsein dieser Durchdringung mit den verschiedenen Bewußtseinsaspekten bewußt ist und bereit ist, die eigene Perspektive zu erweitern.

Gedanken und Gefühle

Gedanken und Gefühle sind wesentliche Energiestrukturen, die der Mensch nutzen kann. In eurer polaren Wirklichkeit fließen ständig Energien zwischen den unterschiedlichen Polaritäten, die in ihrem Erscheinungsbild und in ihrer Wirkung unterschiedlich sind. Alle Energien entstehen durch das Spannungsfeld der Unterschiedlichkeit, durch die Tendenz von "allem, was existiert als polarer Ausdruck" mit allem anderen eine Einheit bilden zu wollen. Gefühle und Gedanken sind persönliche Umsetzungen von Energien, die als Wirkungskräfte existieren, und die nicht im Menschen selbst entstehen, sondern bereits vorhanden sind in eurer Wirklichkeit und an die sich die menschliche Persönlichkeit bindet. Gefühle sind nicht Aspekte der Menschen, sondern Menschen haben Gefühle, indem sie sich an sie binden.

Das gleiche gilt auch für Gedanken. Gefühle und Gedanken sind Energien, an die man sich binden kann, um etwas in einem selbst oder in seinem persönlichen Umfeld in Bewegung zu setzen, aber sie sind kein Teil vom Menschen. Beide Wirkungskräfte sind auch Pflanzen und Tieren zu eigen, werden dort aber ganz anders umgesetzt. Wenn weißes Licht als die Summe aller Energien betrachtet wird, dann bilden in diesem weißen Licht die verschiedenen Spektralfarben das gesamte Energiepotential. Gefühle sind wie bestimmte

Spektralfarben in diesem weißen Licht, und Gedanken genauso. Gedanken und Gefühle stellen Energieaspekte einer Gesamtenergie dar, die in einer bestimmten Form etwas in Bewegung setzen, die benutzbar sind als Energiewerkzeuge.

Geist als unbegrenztes Lebensprinzip

Geist ist die Energie, die alles beseelt und schafft. Geist durchdringt Bewußtsein, Geist durchdringt Materie, Geist ist das Lebenselement als solches. Alles was existiert ist Geist. Geist ist die Lebenskraft an sich, die sich in verschiedener Weise äußert. Geist ist in einem polaren Wirklichkeitsgefüge genauso wie in einem nichtpolaren Wirklichkeitsgefüge, Geist durchdringt Bewußtsein und macht Bewußtsein funktionsfähig. Geist ist Leben, Ausdruck und Energie in einem. Ohne Geist wäre keine Wirklichkeit vorhanden, denn Geist ist Wirklichkeit. Geist ist die Wirklichkeit des Lebens an sich. Die Seele hat Geist, indem sich die Seele über die Lebenskraft aktiviert, ausdrückt und sich selbst erkennt. Geist ist das Lebensprinzip als solches.

Geist ist nicht entstanden und vergeht auch nicht. Geist ist immer da, war immer da und wird auch immer sein. Alles was existiert, ist Geist. Geist ist die Grundlage des Seins.

Der unendliche, ewige Aspekt des Geistes ist vom polaren menschlichen Bewußtsein nicht zu begreifen. Die menschliche Definition von Zeit, von Beginn und Vergehen und von einem Leben, was zwischen Beginn und Vergehen entsteht, indem aus dem großen Meer der Bewußtheit, in dem Geist als Lebensprinzip gegenwärtig ist, sich ein Teil herausisoliert und zur Individualität wird, die sich identifiziert mit einem polaren Gefüge, zum Beispiel mit eurer Wirklichkeit und eurem Körper. Es ist letztlich der Körper, der die Illusion schafft, daß die Wirklichkeit auf Grund von Energieimpulsen existiert, indem das körperliche Nervensystem die Wirklichkeit über Nervenimpulse wahrnimmt. Die abfolgenden Nervenimpulse geben so ein Bild über eine scheinbar lineare Wirklichkeit, aber können nicht deren zeitlose Qualität erfassen, die sich den körperlichen Sinnen entzieht.

Das, was ihr wahrnehmt als Wirklichkeit oder als Energie, ist nur eine polare Erscheinungsform des Geistes, und diese polare Erscheinungsform hat durchaus einen Beginn und ein Ende in eurer Wahrnehmung, aber nicht im eigentlichen Sinne.

Der Mensch erlebt die polare Wirklichkeit mit Anfang und Ende, weil seine Wahrnehmung einen Anfang und ein Ende besitzt und aus diesem Grunde ist das, was Geist wirklich ist, vom menschlichen Bewußtsein nicht zu verstehen. Geist ist die Lebenskraft als solche, das Potential zu allem, ewig, unbegrenzt und in sich eins.

Persönliches Ich und Individualität

Das persönliche ICH ist eine Qualität des Wachbewußtseins, die sich ganz identifiziert mit den Energiequalitäten eurer Wirklichkeit. Wenn das Ich traurig ist, dann identifiziert es sich mit den traurigen Qualitäten in dieser Wirklichkeit, ist es fröhlich, identifiziert es sich mit den fröhlichen Aspekten.

Das ICH kann sich mit beliebigen Qualitäten identifizieren, ist beliebig veränderbar und in seiner Natur alleine abhängig von seiner

Identifizierung. Es hat keine beständige Größe oder Qualität, sondern ist ein Aspekt des Wachbewußtseins, das seine Wahrnehmung einseitig ausrichtet und mit beliebigen Qualitäten der Wirklichkeit eins werden kann. Das Ich ist zwar individuell, aber die Individualität eines Menschen besteht nicht in seinem Ich, sondern in seiner Persönlichkeit und seinem Ausdruck.

Intuition

Intuition ist eine Form von Medialität, die sich in Form von Aussagen, Impulsen und Informationen äußert, die aus der Seelenebene entspringen, aus den Bereichen im Menschen, die unabhängig von Raum und Zeit existieren.

Die Intuition ist die Sprache des großen Selbst, indem bewußte und unbewußte Aspekte von allen Wirklichkeitsebenen zusammenfließen, wo Informationen und Energien vorhanden sind, die weit jenseits der Möglichkeiten des wachbewußten Ichs liegen. In diesem Sinne ist Intuition nicht zu verwechseln mit anderen Formen erweiterter Wahrnehmung, die zwar Informationen aus eurem Bereich von Raum und Zeit sammeln, denen aber eine ganzheitliche Perspektive abgeht. Intuition ist die Sprache der Seele, in der sich euer gesamtes Sein spiegelt und euer Lebenssinn Ausdruck bekommt.

Medialität

Medialität ist ein offener Zustand des Wachbewußtseins, in dem die starre Struktur des ICHs vorübergehend aufgelöst wird und andere Energiestrukturen, andere Informationsflüsse durch das eigene System der Psyche oder der Wahrnehmung hindurchfließen können. In der Medialität ist die Persönlichkeit bereit, die üblichen Bindungen an die Wirklichkeit über die Sinne aufzugeben und auf außersinnliche Energien des Umfeldes zu reagieren.

Medialität kann als das ungefilterte Folgen von inneren Impulsen beschrieben werden. Statt sich an starre Strukturen der logisch sinnlichen Wirklichkeit zu halten, öffnet sich das Ich für Eingaben, Energien und Informationen von außen oder auch von dem eigenen Unbewußten oder der eigenen Seele und ist bereit, diese ungefiltert zum Ausdruck zu bringen. Das Ich läßt los und kommt ins Fließen mit anderen Energien und Informationen.

Spontaneität und Impulsivität sind als Lebenseinstellung Voraussetzung für Medialität. Die Qualität der Impulse, denen das Ich folgt, ist nicht abhängig von der Qualität der Medialität, sondern von der inneren Einstellung des Menschen, der nur solche Energien und Impulse anzieht, die zu ihm und seiner geistigen Ausrichtung passen.

Die Persönlichkeit des Menschen besteht aus zwei verschiedenen Bereichen. Den einen könnte man als die Grundpersönlichkeit oder die Urpersönlichkeit bezeichnen. Sie wurde mitgebracht in dieses Leben, um ganz bestimmte Dinge in diesem Leben zu tun, zu lernen und zu erfahren.

Die Grundpersönlichkeit ist wiederum ein Aspekt aus all den Leben, die ein Mensch geführt hat, führt und führen wird. Sie ist ein Aspekt aus der Ganzheit eines Menschen, der für dieses spezielle Leben gestaltet wurde, um wie ein Puzzlestein für das große Puzzle der gesamten Lebenserfahrung eines Menschen zu dienen.

Die Grundpersönlichkeit taucht in das jeweilige Leben ein und wird in ein Umfeld gesetzt, wo zusätzliche äußere Persönlichkeitsaspekte angezogen werden, die als Zweitpersönlichkeit der Grundpersönlichkeit übergestülpt werden. Dadurch kommen Werte, Gefühle, Gedanken und Energien aus dem Umfeld hinzu, die eine gesamte Persönlichkeit gestalten, die dann als Einheit auftritt und nicht mehr unterscheidbar ist in ihre Urpersönlichkeit und zweite Persönlichkeit.

Die zweite Persönlichkeit, die der Grundpersönlichkeit aufgestülpt wird, kann entweder für die Urpersönlichkeit und deren Ausdruck unterstützend oder hemmend sein. Beides ist mit der Lebensabsicht bereits entschieden worden beim Eintritt in das jeweilige Leben. Wenn sie hemmend wirkt, ist sie eine Herausforderung für einen gesteigerten Energieeinsatz und Lernprozeß, ist sie unterstützend, dann dient sie als Basis für einen eindeutigen, konzentrierten Ausdruck, in der Regel verbunden mit großen ganzheitlichen Zielen.

Die Zweitpersönlichkeit kann beliebig verändert werden, denn sie ist nur geprägt worden von den Energien, die aus dem Umfeld aufgenommen wurden. Die Grundpersönlichkeit kann sich nicht verändern, aber in ihren einzelnen Aspekten mehr oder weniger deutlich werden und zum Ausdruck kommen. Ziel sollte in einem Leben sein, zurückzufinden zu dieser Grundpersönlichkeit, und die zweite Persönlichkeit so zu gestalten, daß sie harmonisch mit der Grundpersönlichkeit im Einklang ist und deshalb als Ganzheit der Persönlichkeit in das Leben hineinfließen kann, um das Leben in letzter Konsequenz auch vollkommen sinnvoll zu gestalten. Alles, was mit Erinnerung, mit Erfahrung, mit Intelligenz oder mit Logik zu tun hat, gehört zur Zweitpersönlichkeit. Die Grundpersönlichkeit kommt hauptsächlich dann zum Tragen, wenn sie mit der Zweitpersönlichkeit übereinstimmt. Die Zweitpersönlichkeit ist die treibende Kraft für die meisten Menschen, weil sie von Kindheit an aus dem Umfeld geprägt wurde und man sich mit ihr identifiziert hat. Entsprechend dem Wertesystem dieser Zweitpersönlichkeit bindet man sich an Gedanken und Gefühle. Die Grundpersönlichkeit kommt nur soweit zum Tragen, wie die Zweitpersönlichkeit es gestattet bzw. ihr Wertesystem es zuläßt.

Wenn die Grundpersönlichkeit sich zum Ausdruck bringen kann und im Einklang mit der Zweitpersönlichkeit ist, tritt ein energetischer Zustand des Gleichgewichts ein, alles scheint im Fluß zu sein, alles scheint in Ordnung zu sein. Immer dann, wenn Schwierigkeiten, Störungen oder Probleme auftreten, entstehen auch Zustände von Unzufriedenheit als Signal, daß die Grund- oder Urpersönlichkeit nur bedingt zum Ausdruck kommt. Wenn diese Unzufriedenheit oder Störungen auftreten, wird ein Mensch veranlaßt zu untersuchen, wo im Leben der persönliche Ausdruck begrenzt ist, wo er etwas tut, was er nicht tun will oder wo er nicht das tut, was er eigentlich tun möchte. Wer zu seiner Grundpersönlichkeit finden will, muß sich fragen, ob er die Persönlichkeit lebt, die er auch ha-

ben möchte und die er gut findet, vor der er Achtung hat. Die Grundpersönlichkeit äußert sich als Stimme des Gewissens, die den Menschen dazu bringt, Abstand zu seinem Leben zu finden und sich zu
fragen, wie er zu seinem Leben wirklich steht, ob er Dinge tut, die
er gar nicht tun will, oder ob er Dinge verdrängt, die er gerne tun
würde.

Die Grundpersönlichkeit ist sehr vielfältig und ihre verschiedenen Aspekte können in der Regel nicht alle zu einer Zeiteinheit
ausgedrückt werden, weil sie viel zu umfassend sind. Aber alles,
was in der Grundpersönlichkeit an Aspekten enthalten ist, kann irgendwann ausgedrückt werden. Es gibt Phasen im Leben eines
Menschen, in denen der Ausdruck von bestimmten Persönlichkeitsmerkmalen der Grundpersönlichkeit nur schwer möglich ist oder
auch garnicht. In diesen Phasen ist es wichtig, sich auf den möglichen Ausdruck zu konzentrieren, möglichst viele Aspekte zu leben,
und andere etwas später, wenn sich die Umstände ändern. Jede
Phase im Leben eines Menschen birgt Möglichkeiten zum Ausdruck
einiger Aspekte. Und die gilt es zu finden, damit der Mensch im
Gleichgewicht bleiben kann.

Physischer Körper des Menschen

Der Körper ist das Ausdrucksmittel der Psyche des Menschen.
Über den Körper kann der Mensch seine Motivationskräfte und seine persönlichen Energien in diese Wirklichkeit einbringen. Der Körper ist gewissermaßen das Haus der Persönlichkeit, in dem die
Persönlichkeit wohnt, das die Persönlichkeit widerspiegelt nach außen und über die sich die Persönlichkeit nach außen in das Leben
einbringen kann. Über den Körper wird das Umfeld wahrgenom-

men und über den Körper wirkt die Persönlichkeit auf das Umfeld. Der Körper ist auf der einen Seite ein wahrnehmendes Organ, das die Wirklichkeit wahrnehmbar macht für die Persönlichkeit, auf der anderen Seite ist der Körper auch das Ausdrucksorgan, über das dann die Persönlichkeit auf die wahrgenommene Wirklichkeit wieder reagiert.

Der optimale Zustand des Körpers ist dementsprechend auch entscheidend dafür, ob die Wirklichkeit richtig wahrnehmbar ist und ob die Persönlichkeit entsprechend reagieren kann. Über den Körper ist es möglich, den Bereich des Bewußtseins aufzubauen, zu bewahren und zu nutzen, den wir das persönliche, wache Ich-Bewußtsein nennen. Über den Körper sind Wahrnehmung und Ausdruck unlösbar verknüpft. Alle Ausdrucksmöglichkeit in der Wirklichkeit von Raum und Zeit wird durch den Körper geschaffen und gestaltet.

Der Körper an sich hat ein eigenes Bewußtsein, eine eigene Intelligenz, die sicherstellt, daß der physische Körper erhalten wird und funktionsfähig bleibt. Die Persönlichkeit als Ich-Bewußtsein greift normalerweise nicht in dieses ausgeglichene Körpergeschehen ein. Wenn aber der persönliche Ausdruck verhindert wird und die Energien zwischen Körper und Persönlichkeit nicht mehr harmonisch miteinander im Austausch stehen, treten Spannungen auf, die Körperfunktionen werden gestört und als Folge läßt die Funktionsfähigkeit des Körpers nach. Der körperliche Ausdruck verändert sich und es entstehen Symptome, die als Krankheit interpretiert werden, die aber eigentlich nur als Zustände das Ausdrucksverhalten der Persönlichkeit widerspiegeln. Der normale Zustand des Körpers ist der, in dem er optimal funktionsfähig bleibt, sich selbst erhält und seine Ausdrucksfähigkeit vollkommen ist, und dieser Zustand ist möglich, wenn die ganze Persönlichkeit sich durch den Körper harmonisch in dieser Wirklichkeit von Raum und Zeit zum Ausdruck bringt und ein Zustand von Zufriedenheit vorherrscht.

Menschliche Psyche

Wenn der Mensch als Bewußtsein in dieses Wirklichkeitsgefüge eintaucht, bringt er ein energetisches Muster mit, was ihm hilft, dieses Leben sinnvoll und ausgefüllt zu leben. Er bringt sich selbst in diesem Muster zum Ausdruck und versteht sich dadurch als Selbstbewußtsein. Dieses Ausdrucksmuster drängt nach schöpferischem Ausdruck und nach Erfahrung durch und mit sich selbst. Es besteht nicht aus Gefühlen, Gedanken, Ideen oder Glaubenssätzen, sondern ist eine Energiestruktur, auf der all diese Qualitäten aufbauen können. Diese Struktur verbindet sich aber für ihren eigenen Ausdruck mit den Energien in dieser Wirklichkeit und macht sie zu Ausdrucksenergien, die dann als materielle Energien, Gefühle und Gedanken erlebt werden, und in dieser Verschmelzung wird sie zu dem, was man die Psyche nennt. Die Psyche ist der Teil der Seele, der als Energiemuster eintaucht in diese Wirklichkeit und sich in einer bestimmten Form zum Ausdruck bringen will. Die Psyche ist menschliches Bewußtsein, was sich ausgerichtet hat auf eine bestimmte Lebenserfahrung, auf eine bestimmte Inkarnation und sich dazu an bestimmte Energiestrukturen bindet. Die Psyche hat sehr viele Aspekte und ihr Energiemuster ist sehr weitläufig. Die verschiedenen Aspekte binden zu verschiedenen Zeiten im Verlauf eines Lebens bestimmte Gruppen von Gefühlen, Gedanken und physischen Kräften an sich und abhängig davon, mit welchen dieser Kräfte sie verschmelzen, hat die Psyche dann eine bestimmte Ausdruckstendenz und erscheint in Form einer gewissen Persönlichkeit. Die Psyche ist die Verbindung wachbewußter und unterbewußter Aspekte des Menschen.

Sie äußert sich im Leben als veränderliche Persönlichkeit, als die physischen, gefühlsmäßigen und gedanklichen Energien, die ein Mensch zu einer jeweiligen Zeit an sich bindet, um damit sein eigentliches Energiegefüge zum Ausdruck zu bringen im Zusammenhang mit der Grundpersönlichkeit. Je nachdem, in welche: Lebensphase der Mensch steht und welchen Aspekt seines grundsätzlichen Energiegefüges er zum Ausdruck bringen will, verändert er seine Persönlichkeit entsprechend. Ein Mensch hat im Grunde genommen nicht eine Persönlichkeit, sondern sehr viele Persönlichkeiten, die als Aspekte zum Tragen kommen in Verbindung mit dem Grundenergiegefüge zu einer gegebenen Zeiteinheit, und davon wird der jeweilige psychische Zustand bestimmt. Die Psyche ist also veränderlich, indem die verschiedenen Qualitäten der Grundpersönlichkeit nie gleichzeitig auftreten und dominant werden, und außerdem auch die Zweitpersönlichkeit als Bindung an Gefühle, Gedanken und materielle Energien sich ständig verändert.

Menschliche Seele

Die Seele ist die Ganzheit der geistigen Aspekte, aus denen dann die Psyche geboren wird. Die Seele ist die geistige Ganzheit, die sich entschlossen hat, in Aspekten eingeboren zu werden in ein polares Wirklichkeitssystem, sich auszutauschen in dieser Wirklichkeit von Raum und Zeit über viele Leben hinweg und sich in vielen Möglichkeiten zu erfahren, Erfahrung zu sammeln, kreativ zu werden, schöpferisch zu sein und sich selbst als Selbstbewußtsein zu erleben. Die Ganzheit aller Leben eines Menschen und die Ganzheit aller Aspekte seiner Persönlichkeiten in der wachbewußten Wirklichkeit und in der Traumwelt und in allen anderen Dimensionen, gehen in dieses Meer der Seele ein. Die Seele besitzt über ihre Aspekte, die in einer Raum-Zeit-Qualität leben, eine polare Wirklichkeit als Wirklichkeit der Gegensätze, und hat aber auch in sich gleichzeitig das

Potential des Einen, des Absoluten oder des göttlichen Prinzips in sich.

Die Seele ist das große Sein, aus dem heraus sich Bewußtseinsstrukturen absondern, und als polares Bewußtsein, als persönliches Unterbewußtsein und als individuelles Wachbewußtsein Erfahrungen in eurer Wirklichkeit machen, Die Seele ist wie ein persönlicher Gott für den Menschen, der göttliche Ursprung, in dem das persönliche Bewußtsein verankert ist und ruht.

Geistiges Selbst

Das geistige Selbst ist die Summe der Grundqualitäten menschlichen Bewußtseins, das sich als Psyche verkörpert. Diese lassen sich in drei Bereiche oder Hauptqualitäten unterteilen, in ein triebhaftes Selbst, ein gegenwärtiges Selbst und in ein größeres Selbst. Das triebhafte Selbst im menschlichen Bewußtsein kümmert sich um das rein physische Überleben, darum, daß der Mensch als physischer Mensch überlebt in seinem Körper. Es lenkt entsprechend all die Energien, die der Mensch braucht, um als Mensch in einem Körper überleben zu können. Das triebhafte Selbst ist der geistige Teil im Menschen, der sich ausschließlich auf das Überleben in dieser Wirklichkeit konzentriert.

Das gegenwärtige Selbst ist die Qualität des Bewußtseins, die denkt und fühlt und weiß, daß sie denkt und fühlt. Sie kann bewußt die einzelnen Energieaspekte, die in dieser Wirklichkeit vorherrschen, zueinander in Beziehung setzen, sie zum Austausch bringen und zum Ausdruck verwenden. Das gegenwärtige Selbst kann dies zusammen mit dem triebhaften Selbst tun oder unabhängig davon, es ist das wachbewußte Ich, mit dem sich der Mensch identifiziert und das als erkennbar aktiver Teil des menschlichen Bewußtseins mit dieser Wirklichkeit umgeht.

Das größere Selbst ist die Qualität menschlichen Bewußtseins, die sich nicht ausschließlich konzentriert auf diese Raum-Zeit-Wirklichkeit, sondern auch gleichzeitig in andere Bewußtseinsbereiche hineingreift außerhalb der raum-zeitlichen Wirklichkeit. Das größere Selbst ist ein Aspekt der Seele, der sowohl in Raum und Zeit als auch außerhalb von Raum und Zeit existiert und eine Brücke schafft zwischen beiden Dimensionen.

Die Seele stellt das Göttliche Prinzip im Menschen dar, das ihn an seinen Ursprung erinnert, an den Zustand, in dem er war, bevor er in die Hypnose dieser Wirklichkeit verfallen ist.

Sensitivität als übersinnliche Wahrnehmung

Sensitivität ist eine gesteigerte Fähigkeit, Energien des Umfeldes und von Menschen wahrzunehmen im ganzheitlichen Sinne über die Möglichkeiten der körperlichen Sinne hinaus. Eine sensitive Wahrnehmung ist es, beispielsweise nicht nur zu sehen, welche Kleidung ein Mensch trägt, um ihn danach zu beurteilen, sondern auch zu empfinden, welche Gedanken, Gefühle und charakterliche Merkmale er hat, die zum Tragen dieser Kleidung führen.

Sensitive Wahrnehmung heißt zum Beispiel, nicht nur zu riechen, wie ein Nahrungsmittel duftet, sondern gleichzeitig auch zu spüren, welche Wirkung diese Nahrung auf den Körper hat und ob sie im Moment geeignet ist oder nicht.

281

Sensitiv wahrzunehmen ist möglich, wenn ein Mensch sich nicht mehr ausschließlich auf die fünf körperlichen Sinne konzentriert, sondern direkt von Bewußtsein zu Bewußtsein, von Energie zu Energie wahrnimmt, indem sein Bewußtsein über die Grenzen der physischen Körper hinausgreift und eins wird mit den Energien, die wahrgenommen werden sollen.

Spiritualität im Menschen

Spiritualität kann aufgefaßt werden als die geistige Einstellung eines Menschen, die versucht, den Hintergrund und den Ursprung des Menschlichen in einen Bezug zu setzen zum materiell-physischen Leben, die versucht, die geistigen Gesetzmäßigkeiten des Lebens sinnvoll zu integrieren in den materiellen Ausdruck des Menschen. Ein Mensch lebt dann spirituell, wenn er den Kontakt zu seinem Ursprung, den Kontakt nach Innen, den Kontakt zu seiner Grundpersönlichkeit und den Kontakt zu seiner Seele aufrecht erhält und sich entsprechend den Impulsen aus diesen Ebenen in der natürlichen materiellen Wirklichkeit sinnvoll zum Ausdruck bringt. Spiritualität darf nicht mißverstanden werden als die Abkehr von der materiellen Wirklichkeit und die vollkommene Zuwendung hin zum Geistigen, denn damit würde das Leben in dieser polaren materiellen Form sinnlos werden. Der Mensch wird nicht in die materielle Wirklichkeit geboren, um wieder zu seinem Ursprung zurückkehren zu können, sondern um sich hier zum Ausdruck zu bringen und Erfahrungen zu machen, die eine neue Form von Bewußtsein entstehen lassen. Spiritualität ist die sinnvolle Integration der geistigen Gesetze in den materiellen und in den persönlichen Ausdruck in diese Raum-Zeit-Wirklichkeit hinein, das Erkennen und bewußte Umgehen mit den geistigen Gesetzen auch in dieser Wirklichkeit.

Deshalb ist das Erkennen und bewußte Umgehen mit den geistigen Gesetzen im Selbstausdruck eines Menschen die besondere Aufgabe auch in dieser Wirklichkeit.

Inhaltsbeschreibung

2. Kapitel:

Betreuung und Förderung des Babies im ersten Lebensjahr

Aussagen zu:

- Entwicklung und Lernprozesse im ersten Lebensjahr
- Bedeutung des sozialen Umfeldes- Mutter, Vater, Geschwister, Nachbarn
- Förderung von Sinneswahrnehmung und Reaktionsverhalten
- Vor- und Nachteile von wechselnder Betreuung (Babysitter)
  und wechselndem Umfeld (Großfamilie)
- Hintergrund und sinnvoller Umgang mit dem Phänomen des "Fremdelns"
- sinnvolle Ernährung
- Bedeutung des mütterlichen Stillens
- Dauer der Stillphase
- Einführung von Festnahrung
- Ernährung nach dem Lustprinzip
- Bedeutung des Daumenlutschens und Schnullersaugens
- Ursachen für unterschiedliches Schlafverhalten
- wirksamer Umgang mit Schlafstörungen
- natürliches Schlafbedürfnis der Babies
- Einfluß des Mondes auf Empfinden und Verhalten
- Pflege der Babyhaut
- die Haut als Wahrnehmungsorgan
- Entwicklungsverlauf der Sehfähigkeit
- übersinnliche Wahrnehmung von Babies - Aura, Chakren, Geistwesen
- Entwicklung und Förderung von Kreativität, Austausch und Ausdruck
- Bedeutung von Reisen im ersten Lebensjahr
- Vorsorge bei Fernreisen - Impfungen
- Entwicklung und Förderung von sprachlichem Verständnis
  und sprachlichem Ausdruck
- Entwicklung und Förderung von Denken, Fühlen,
  ganzheitlicher Wahrnehmung und ganzheitlichem Ausdruck
- mögliche Einflüsse des Fernsehens
- sinnvolles Gleichgewicht von Behüten und Lassen
- Zahnen als Entwicklungsphase, sinnvolle Unterstützung durch die Eltern
- Betreuung ohne Lob und Tadel
- Sinn der offenen Fontanellen beim Babykopf

3. Kapitel:

Geistige und körperliche Entwicklung
im Kleinkindalter bis zum sechsten Lebensjahr

Aussagen zu:

- Wesentliche Entwicklungsprozesse in diesem Zeitraum
- Wichtigkeit der Märchen und Phantasiewelten
- Aufgabe des Kindergartens in der kindlichen Entwicklung
- Hintergrund für das zeitweise babyhafte Verhalten älterer Geschwister
- Entwicklungsverlauf und Stimulation von Sprache und logischem Denken
- kindlicher Ausdruck im Spielen und Spielzeug
- Wasser als wichtiges Spiel- und Ausdruckselement
- Selbstgespräche und Austausch mit imaginären Gestalten
- Wesen und Bedeutung von Musik
  Musik als Träger von suggestiven Inhalten, Ideen und Gefühlen
  Musik als Förderung von Entwicklungsprozessen
  Erzeugen von Klängen und Musik als Ausdruck und Lernprozeß
  Erlernen von Klang- und Musikinstrumenten
- Wesen und Wirkung von Farben
  Aussage und Bedeutung verschiedener Farben (zum Beispiel in der Kleidung und im Umfeld)
  Bedeutung von Farben und Motiven im kindlichen Malen
- Sinn von körperlicher Bewegung und körperlichem Ausdruck
- Ursachen von Klammerphasen und sinnvoller Umgang damit
- typische kindliche Fragen und mögliche Antworten zum Beispiel auf:
  Wohin geht man nach dem Sterben, was ist Gott, woher komme ich, können Tiere als Menschen wiederkommen, können Menschen mit Tieren und Pflanzen sprechen und sich verstehen
- Erziehung zu einer freiheitlichen Entfaltung
  Unterstützung ohne Lob und Tadel, Recht auf den eigenen Standpunkt
- Wesen und Möglichkeit der Traumwelt und sinnvoller Umgang damit
- Ängste und Schwierigkeiten beim Einschlafen, Durchschlafen oder Aufwachen
- äußere Bedingungen für einen tiefen, gesunden Schlaf
  Schlafunterlage, Bettzeug, Zimmertemperatur, störfreie Zonen
- Bedürfnis, im elterlichen Bett zu schlafen, Ursprung und Entwöhnung
- Bedeutung von Erbanlagen und sozialem Umfeld auf die kindliche Entwicklung und das kindliche Verhalten
- aggressives und trotziges Ausdrucksverhalten
- Eifersucht unter Geschwistern
- Veränderung von passivem Verhalten zu dynamischem Ausdruck
- soziales Gefüge der Zukunft
- Bedeutung der Namensgebung für das Kind
- Hinweise für die Erziehung und Betreuung von Kindern
  Lebenssinn, Selbstausdruck, Freiraum, Akzeptanz, Toleranz, Vorbilder,
  äußere Impulse, Herausforderungen

4. Kapitel:

Persönlichkeitsentfaltung der Kinder von Beginn der Schulzeit an bis hin zur Pubertät mit etwa vierzehn Jahren

Aussagen zu:

- wesentliche Entwicklungsprozesse und Probleme
- Förderung der Lernbereitschaft und Lernfähigkeit
- Lern- und Lehrmethoden der Zukunft
- spielerische und kreative Aspekte beim Lernen
- allgemeine Hinweise für Eltern, Lehrer und Psychologen
- alternative Lernmethoden zur Steigerung der Lernkapazität
    traumhaftes und meditatives Lernen,
    bildhaftes und suggestives Lernen,
- Wichtigkeit von Meditation, Yoga und Entspannung für Kinder
- Entwicklung und Steigerung der natürlichen Konzentration
- Sinn und Aussagekraft von Intelligenz und Schulreifetests
- Möglichkeiten und Grenzen von Sonderschulen
- Hinweise für eine rechtzeitige Einschulung
- Ursachen der zunehmenden Aggression an Schulen
- Bedeutung von Familie und Freundeskreis
- Erwachen und Erforschen der Geschlechtlichkeit
- Ursachen von psychischen und physischen Mißhandlungen an Kindern
- Pubertät
    Pubertät als Entwicklungsphase,
    Beginn und Wesen der Pubertät,
    Schwierigkeiten in der Pubertät,
    Ursachen für pubertäre Akne,
- Bedeutung von Schwarz als Farbe, zum Beispiel für Kleidung in dieser Phase
- Ursprung und Wesen der Homosexualität
- männliche und weibliche Aspekte der Persönlichkeit
- Bedürfnis nach Sexualität und körperlichem Austausch
- frühzeitige Aufklärung und Vorbereitung
- Bedeutung von Haustieren für Kinder

5. Kapitel:

Individueller Ausdruck und Selbstfindung bei Jugendlichen und Heranwachsenden

Aussagen zu:

- wesentliche Entwicklungsprozesse in dieser Zeit und danach
- Persönlichkeitsgestaltung und bewußte Lebensführung
- kreativ denken, fühlen, imaginieren
- gezielte Aufmerksamkeit und Identifikation
- freier Umgang mit Wut und Ängsten
- Ausklang der Pubertät und mögliche Probleme
- Magersucht
- Fettsucht
- Zwittergeschlechtlichkeit und Transvestismus
- Bedeutung der Traumwelt, Traumwirklichkeit und Wachtraum
  Sinn und Möglichkeiten der Traumarbeit,
  Traum als Weg zu neuen Energien,
  Traumerleben als Weg zur ganzheitlichen Persönlichkeitsgestaltung,
- Sinn und Bedeutung der Volljährigkeit
- Wege zur sinnvollen Berufswahl
- Kinder- und Jugendkriminalität
  Ursachen für Aggression und Gewalt,
  Wege zur Minderung der Kriminalität,
  Ursachen für die momentane Zunahme der Kriminalität,
  Einfluß des sozialen Umfeldes,
  hilfreicher Umgang mit straffälligen Kindern und Jugendlichen,
  familiärer Rahmen, institutioneller Rahmen,
- Rauschmittel und Drogen
  Abhängigkeit von Rauschmitteln und Drogen,
  Fluchtverhalten und Neugier als Ursachen,
  wirksame Therapieansätze.

6. Kapitel:
Gesundheit und Krankheit
als prägende Faktoren für den persönlichen Ausdruck

Aussagen zu:

- Wesen und Ursachen von Krankheit und Gesundheit
- Psyche, Körper und Umfeld als Ausdrucksebenen geistiger Energien
- Grundlagen für Heilprozesse
- allgemeine Ursachen von Kinderkrankheiten und heilsamer Umgang mit kranken Kindern
- allgemeine Symbolik von Krankheitssymptomen
- Bedeutung von speziellen Krankheitsbildern und Hinweise zur Heilung:
  Hautkrankheiten (zum Beispiel Neurodermitis, Pilzerkrankungen, Milchschorf),
  Erkrankungen der Atemwege (zum Beispiel Schnupfen, Bronchitis, Husten, Keuchhusten,
  Pseudokrupp, Asthma, Heuschnupfen),
  Allergien der Haut und Atemwege,
  jahreszeitenbedingte Erkältungskrankheiten und Infektionen,
  Entzündungen im Halsbereich (zum Beispiel Mandelentzündung, Mumps),
  lähmende Erkrankungen (zum Beispiel Kinderlähmung, Multiple Sklerose),
  Fiebererkrankungen,
  Geschwüre und Krebs,
  Hirn- und Hirnhauterkrankungen,
- Mißbildungen im Kopfbereich (zum Beispiel Wasserkopf)
- Immunschwächen und körperliche Fehlsteuerungen (zum Beispiel Aids)
- Kinderkrankheiten bei Erwachsenen
- Krankheiten im Embryostadium
- Hintergrund von ansteckenden Krankheiten
- sinnvoller Umgang mit Impfungen
- Selbstheilkräfte von Psyche und Körper
- Sinn und Wirksamkeit unkonventioneller Heilmethoden
- Einfluß der Ernährung auf die Gesundheit:
  Vitamine, Säfte, Obst und Gemüse, verschimmelte Nahrung, eingefrorene Nahrung,
  künstliche Stoffe in der Nahrung, Nahrung aus dem Mikrowellenherd, täglicher
  Flüssigkeitsbedarf, Verwendung von Zucker und Süßstoffen, Verwendung von Salz
- Einfluß von Umweltbelastungen auf die Gesundheit
- Pflege von kleinen Verletzungen und Irritationen des Körpers:
  Hautverletzungen (zum Beispiel Schürfwunden, Schnittwunden, Verbrennungen,
  Sonnenbrand, eiternde Wunden, Schwellungen, Blutergüsse, Hautallergien)
- Nasenbluten, Erbrechen, Durchfall, Kopfschmerzen, Schnupfen, Bronchitis
- starke Produktion von Ohrenschmalz
- Zahnpflege und Zahnprobleme

7. Kapitel

Geistige und körperliche Behinderungen in der Kindheit und bei Jugendlichen

Aussagen zu:

- Wesen und Ursprung von Behinderungen
- Möglichkeiten und Lebenssinn
- verschiedene Formen von Behinderung und Therapiemöglichkeiten
  sprachliche Behinderung, zum Beispiel schlechte Aussprache, Stottern, Wahrnehmungsstörungen, zum Beispiel beim Sehen oder Hören, geistige Behinderungen, Lernprobleme,
- Sinn und Möglichkeiten von Sonderschulen

Anhang

I: Erfahrungsberichte zu den Hinweisen von Harald II

- Entwicklung von Pia's Neurodermitis - Aussagen zu Seite 62, 194, 196
- Entwicklung von Mira's Pilzinfektion - Aussagen zu Seite 196
- Mira's Reaktion auf Impfungen - Aussagen zu Seite 67, 220
- Kreativer Umgang mit Märchen - Aussagen zu Seite 76, 250
- Erfahrungen mit Ernährungshinweisen - Aussagen zu Seite 226

II: Begriffserläuterungen von Harald II

- Einführung
- Individueller Ausdruck des Menschen
- Menschliches Bewußtsein als multidimensionales Sein
  Wachbewußtsein, Unterbewußtsein, kollektives Unterbewußtsein, Bewußtseinstraining, Traumbewußtsein, Körperbewußtsein
- Gedanken und Gefühle
- Geist als unbegrenztes Lebensprinzip
- Persönliches Ich und Individualität
- Intuition
- Medialität
- Persönlichkeit des Menschen
- Physischer Körper des Menschen
- Menschliche Psyche
- Menschliche Seele
- geistiges Selbst
- Sensitivität als übersinnliche Wahrnehmung
- Spiritualität im Menschen

Zu den Autoren

Erika Schütte
Harald Wessbecher
Harald II

Die Autoren

Erika Schütte

geboren 1950 in Heidelberg, Pädagogikstudium und anschließend
Ausbildung zur Sonderschullehrerin für schwerhörige und sprach-
behinderte Kinder am Sonderpädagogischen Institut in Heidelberg.
Langjährige Praxis mit sprachbehinderten Kindern als Lehrerin und
in verschiedenen Beratungsstellen. Tätig als Mentorin und Übe-
rahme von Lehraufträgen und Seminaren im sonderpädagogischen
Bereich. Neuer Aufgabenbereich seit 1986/1988: Mutter von zwei
Mädchen.

Harald Wessbecher

geboren 1954 in Weil/Rhein. Studium der Architektur mit Diplom-
abschluß in Karlsruhe. Studium am College of Psychic Studies in
London in den Gebieten esoterische Philosophie und Psychologie,
Ausbildung zum Medium, Sensitiven und Heiler. Selbständige Be-
ratungspraxis seit 1982 in Karlsruhe, ergänzt durch weitreichende
Vortrags- und Seminartätigkeit im In- und Ausland, Trainer und
Mitarbeiter am Monroe Institute in Virginia (USA) seit 1984. Spezia-
lisiert in der Erforschung veränderter Bewußtseinszustände und
außerkörperlicher Erfahrung. Als Repräsentant des Monroe Institu-
tes führte er die Hemi-Sync-Seminare zur Entwicklung der geistigen
Freiheit neben seiner eigenen Seminartätigkeit in Europa ein. 1985
Gastdozent der medizinischen Fakultät an der Brown University
Providence, Rhode Island, USA, auf dem Gebiet der psychologischen
Hintergründe von Gesundheit und Krankheit.

Harald II

Eine Informationsquelle, die in einer Art Traum- oder Trancezustand seit 1986 durch Harald Wessbecher spricht und als

Ebene II

Informationen über viele verschiedene Themenbereiche gibt, mit denen Harald Wessbecher selbst sich zum Teil noch nie bewußt beschäftigt hat. Die Aussagen werden aus einer Perspektive gemacht, für die die Gesetzmäßigkeiten von Raum und Zeit nicht die gleiche Gültigkeit zu haben scheinen. Entsprechend sind ihre Inhalte oft überraschend und sogar provozierend und stellen viele übliche Denkmodelle in Frage. Harald II hat sich in einer Trancesitzung bereit erklärt, mit und durch die o. g. Autoren dieses Buch zu gestalten. Es wurde in wesentlichen Teilen von ihm in vielen Sitzungen diktiert und zu dem vorliegenden Buch von Erika Schütte zusammengestellt und dokumentiert.

Index

BÜCHER VON HARALD WESSBECHER

LIEBE - DAS EINZIG VERBINDENDE PRINZIP

2 Vorträge von den Basler PSI-Tagen 1989

Faszinierende Gedanken über die Liebe und die Natur des menschlichen Bewußtseins kommen aus einer anderen Ebene unserer Wirklichkeit.

64 Seiten, broschiert, ISBN 3-928333-00-3

DER MENSCH ALS UNERSCHÖPFLICHE QUELLE

Impulse der Ebene II, Band I

Die Aussagen von Harald II sind oft provozierend, jedoch geeignet, ein ganzheitliches Wirklichkeitsverständnis entstehen zu lassen, das unser Selbstverständnis entscheidend verändern kann.

297 Seiten, Leinen gebunden, ISBN 3-928333-03-8

INDIVIDUALITÄT UND FREIHEIT

Erfolg durch Selbstausdruck

Das Buch beschreibt einen praktischen Leitfaden zu einem erfüllten und zufriedenen Leben. Es werden Möglichkeiten dargestellt, wie mit den eigenen Energien gezielt das Leben neu gestaltet werden kann.

140 Seiten, Leinen gebunden, ISBN 3-928333-02-X

MENSCHLICHES BEWUSSTSEIN - EINE UNSTERBLICHE IDEE

2 Vorträge des Kongresses Düsseldorf 1992

Was erwartet uns nach dem Tod? Wird unser Bewußtsein mit dem Sterben ausgelöscht oder betreten wir eine neue Dimension des Seins?

Antworten auf diese Fragen kommen aus einer anderen Ebene unserer Wirklichkeit, der Ebene II.

64 Seiten, broschiert, ISBN 3-928333-04-6

INFORMATIONEN UND BEZUGSQUELLEN BEIM VERLAG THS

AUDIO-KASSETTEN VON HARALD WESSBECHER

TIEFENENTSPANNUNG
BEST.-NR. 03211

Leicht und sicher Abstand vom Alltag

Wissenschaftler haben herausgefunden, daß viele Menschen noch niemals eine tiefe Entspannung erlebt haben. Für die Erhaltung Ihrer Leistungsfähigkeit ist diese Erholung für Körper und Geist jedoch notwendig.

Angenehme Musik und verbale Unterstützung führen Sie in einen Zustand, in dem Sie sich bereits beim ersten Anhören wohl und geborgen fühlen. *ca. 43 Min.*

LOSLASSEN
BEST.-NR. 03225

Lösen von Zweifeln und Ängsten

Klammern Sie sich fest an Ihren Vorstellungen und stehen sich manchmal selbst im Wege?

Mit dieser Kassetten-Übung lernen Sie wieder Vertrauen zu sich selbst zu entwickeln. Sie nehmen einen anderen Standpunkt ein und erhalten dadurch eine neue Perspektive. So können Sie sich leicht und sicher von Ihren Zweifeln und Ängsten lösen. *ca. 43 Min.*

FREI VON ALLERGIE
BEST.-NR. 03214

Stärkung des Immunsystems

Möchten Sie wieder einmal frei und unbekümmert über eine grüne Wiese mit Sommerblumen laufen? Möchten auch Sie den Frühling mit einem Spaziergang durch die keimende Natur begrüßen?

Dann stärken auch Sie Ihr Immunsystem und machen sich so unabhängig von Umwelteinflüssen. Musik und verbale Unterstützung führen Sie in einen Zustand, in dem Ihre Abwehrkräfte durch Suggestionsübungen gestärkt und unterstützt werden. *ca. 43 Min.*

IMPULSKRAFT
BEST.-NR. 03102

Aufmerksam und aktiv zu jeder Zeit

In schwierigen Situationen wird Ihre ganze Leistungsfähigkeit verlangt. Sie müssen dabei wach und klar, Ihre Sinne scharf und aufmerksam sein.

Durch diese Kassetten-Übung steigert sich Ihr geistiges und körperliches Reaktionsvermögen und aktiviert Sie zur Bewältigung bevorstehender Aufgaben mit mehr Autorität. *ca. 28 Min.*

Weitere Titel zu den Themenbereichen
Entspannung - Gesundheit - Traumerforschung - Psyche - Lernen

INFORMATIONEN UND BEZUGSQUELLEN BEIM VERLAG THS